리더십의 법칙 2.0

리더십의 법칙 2.0

지은이 | 존 맥스웰
옮긴이 | 정성묵
초판 발행 | 2019. 5. 23
9쇄 발행 | 2022. 12. 8
등록번호 | 제1999-000032호
등록된 곳 | 서울특별시 용산구 서빙고로65길 38
펴낸곳 | 비전과리더십
영업부 | 2078-3352   FAX | 080-749-3705
출판부 | 2078-3331

책 값은 뒤표지에 있습니다.
ISBN 979-11-86245-30-9 03320

독자의 의견을 기다립니다.
tpress@duranno.com   www.duranno.com

비전과리더십은 두란노서원의 일반서 브랜드입니다.

리더십의
법칙 2.0

존 맥스웰 지음
정성묵 옮김

비전과리더십

저자가 제대로 된 개정판을 내놓았다. 리더가 이끄는 여러 사람들, 리더가 성취하고자 하는 결과물의 수준을 끌어올리기 위한 동기 부여와 실제적인 조언 사이의 균형이 탁월하다. 이 책은 사람들을 훈련하고 지도하는 리더들에게 더없이 훌륭한 안내서이다.

_William Faulkner

밑줄 긋지 않은 부분이 거의 없을 정도이다. 책 전체에 밑줄을 긋고 싶을 정도이다. 리더라면 누구에게도 훌륭한 책이다.

_James

나는 몇 년 전《리더십의 법칙》을 읽었다. 이번 작품인 25주년 개정판을 읽고 난 후 가르치고 있는 젊은이들에게 개정판을 추천하고 있다. 기존 책의 15%를 개정하기로 한 저자는, 실제로 89%를 새롭게 썼다! 그러니 기존 책을 읽은 독자들에게 개정판을 새롭게 볼 것을 권한다. 저자는 리더십의 원리와 이를 뒷받침하는 내용, 시대 흐름에 맞는 SNS 관련 예시, 원리에서 벗어난 사례들, 리더십 연구자들과 기타 리더들의 최신 결과물 뿐 아니라 실패담을 포함한 개인적인 사례를 솜씨 좋게 엮어 내었다. 새롭게 리더가 된 독자나 자신의 리더십 능력을 한 단계 끌어올리길 원하는 독자라면, 더할 나위 없이 훌륭한 이 책을 읽고 체화하여 적용하길 바란다.

_Craig T. Owens

이 책은 25년 전에 처음 출간됐다. 최근에 개정이 됐지만 그 원리는 변하지 않았다. 100년이 지나 세상이 변해도 저자가 알려 주는 리더십의 기본 원리는 변함없이 적용 가능할 것이다.

_Ugochukwu O Eziefule

변함없는 원리, 현실적이면서 실제적이며 적용 가능한 훌륭한 예시들이 가득한 책이다. 리더십의 대가인 저자의 25년간 얻은 새로운 지식과 지혜로 재탄생했다!

_J. W. Horton

저자는 다른 사람의 말보다 자신이 경험한 현실적인 조언을 책에 담았다. 무엇보다도 경쟁이 심하고 나 중심적인 세상에서 다른 사람을 섬기는 방법을 피력하는 내용에 눈과 마음이 향한다. 저자는 가능한 폭넓게 다가가려고 노력하며, 동시에 성경적인 내용을 빼놓지 않는다. 이 책은 기독교가 영향력을 잃어가는 현시대에 성경을 우리의 삶과 어떻게 연결시킬 수 있는지 가르쳐 준다.

_Michael Taylor

CONTENTS

PART 2

리더는
계발되는 것이다

PART 3

성공한 리더를 넘어
의미 있는 리더로 성장하라

오늘의
리더들을
위한 책

내가 《리더십의 법칙》(*Developing the Leader Within You*)의 초고를 쓴 지 벌써 25년이 흘렀다는 사실이 믿기지 않는다. 그 책을 쓰기 위해 처음 펜을 들었을 때만 해도 리더십에 관한 책을 단 한 권만 쓰고 말 줄 알았다. 당시 45세였던 나는 리더의 길을 벌써 꽤 오랫동안 걸어온 상태였다.

1969년 인디애나 주의 한 시골 마을에서 목회자로 처음 세상에 발을 디딜 때만 해도 리더십에 관하여 어떠한 생각도 없었다. 그저 몸이 부서져라 열심히 일했을 뿐이다. 1970년대 내 인생의 두 번째 교회에서 일한 뒤에야 비로소 모든 흥망성쇠가 리더십에 달려 있다는 것을 깨달았다. 그때부터 나는 리더십을 집중적으로 갈고 다듬기 시작했다. 아울러 오하이오 주에서 두 번째 교회를 이끌면서 다른 사람들에게도 리더십에 대하여 가르치기 시작했다. 1980년대 초 나는 샌디에이고의 한 교회에서 리더를 맡게 되었다. 나중에 그 교회는 미국에서 가장 영향력 높은 10대 교회 중 하나가 되었다.

《리더십의 법칙》을 쓴 것이 그 교회에서 사역할 때다. 강연 요청이 쇄도하기 시작한 것도 그때이다. 나는 리더들을 훈련시키고 리더 훈련 자료를 공급하는 회사도 설립하게 되었다. 전국을 넘어 전 세계의 리더들을 훈련시키다보니 몸이 열 개라도 모자랄 지경이 되었다. 결국 1995년 교회를 사임할 수밖에 없었다. 그 뒤로 지금까지 계속해서 저술과 강연, 리더 훈련에 매진해 오고 있다.

이 책의 초판을 준비하고 저술할 당시 나는 세 개의 교회를 이끌면서 얻은 깨달음에 관해 많은 생각을 했다. 내가 얻은 깨달음은 리더십은 계발될 수 있다는 것이었다. 나는 내 안의 리더십을 열심히 계발해 왔다. 이제 다른 사람들도 자신의 리더십을 계발할 수 있도록 내 리더십 여정을 나누고 가르치고 싶은 열정이 있다.

내 리더십 여정의 처음 25년을 지나고 나서 그간 배운 것이 너무나 많다는 생각을 했다. 하지만 돌아보니 그 이후 25년 동안 배운 것이 훨씬 더 많다. 그도 그럴 것이, 그 뒤로 나는 수없이 많은 리더십에 관한 책을 집필했다. 하지만 걸음을 멈추고 진지하게 되돌아보지 않으면 자신이 얼마나 멀리까지 왔는지를 깨닫지 못하기 쉽다. 그것은 마치 25년 뒤 어른이 되어서 어린 시절의 집으로 돌아오는 것과도 같다. 어렸을 적에는 운동장처럼 넓어 보였던 집이 어른이 되어서 다시 보니 훨씬 작은 것과 같다.

이 책을 처음 쓰고 나서 배운 것을 나눌 생각을 하니 가슴이 마구 뛴다. 혼자만 알고 있기에 아까운 것이 너무도 많기 때문이다. 사실, 리더십에 관해서 이 책 한 권에 다 넣지 못할 만큼 할 말이 많다.

나는 이 책 구석구석을 완전히 뜯어고쳤다. 이것이 내가 이 책을 2.0이라고 명명한 이유다. 물론 여전히 이 책은 좋은 리더가 되기 위한 기본적인 원칙들을 담고 있다. 여전히 이 책은 내가 리더의 여정을 처음 시작하는 사람들에게 가장 먼저 추천해 주는 책이다.

특히나 다른 리더들을 훈련시키는 리더들에게 강력히 추천한다. 그 어느 때보다 리더십에 관하여 더 구체적으로 들어가기 위해 무척 애를 썼다. 예를 들어, 이 책은 인격과 태도라는 주제에 일반적으로 접근하지 않고 인격의 요소들이 어떻게 사람을 더 나은 리더로 만드는지를 보다 구체적으로 파헤친다.

아울러 관리자 양성에 관해 집중적으로 다루었던 두 장을 빼고 (나의 다른 책에서 자세히 다루고 있다) 리더의 성장에 꼭 필요한 두 주제, 곧 리더의 핵심인 섬김과 리더십의 확장인 개인적인 성장에 관한 두 장을 새롭게 추가했다. 이것이 굉장히 중요한 주제라고 생각한다.

이미 초판을 읽은 사람이라면 내가 《리더십의 법칙》 25주년을 기념하여 펴낸 이번 2.0판의 새로운 자료와 통찰에 매우 만족할 것이라고 자신한다. 내 능력 안에서 개선할 수 있을 만큼 최대한 개선했기 때문이다.

이 책을 처음 접한 사람이라면 아주 맛있고도 다양한 음식을 눈앞에 두었다고 말하고 싶다. 리더십 여행에서 크게 도약하기 위해 필요한 모든 것이 이 책에 오롯이 담겨 있다고 자신한다. 각 장의 적용 부분에서 제안하는 대로 충실히 따른다면 영향력과 능력이 단기간에 폭발적으로 성장하는 놀라운 경험을 하게 될 것이라 믿는다.

자, 이제 시작해 보자. 당신 안의 리더를 계발하기 시작하라.

DEVELOPING
THE LEADER
WITHIN
YOU 2.0

PART 1

리더십은
영향력이다

1장

영향력의 법칙

직위인가,
존경인가

리더십이란 무엇일까?
도덕적 문제는 잠시 논의로 하면,
한 가지 정의밖에 없다.
리더십은 바로 사람들을 얻는 능력이다.
 - 제임스 C. 조지스(James C. Georges)

너도 나도 한 마디씩 하지만 정작 제대로 이해하는 사람은 거의 없는 것이 있다. 모두가 계발하고 싶어 하지만 실제로 계발하는 사람은 거의 없는 것이 있다. 내 개인 파일만 뒤져도 이것에 관한 정의와 설명이 족히 50가지는 넘게 나올 것이다. 인터넷에 이 단어를 검색하면 무려 7억 6천만 개 이상의 결과가 나온다. 이것이 무엇인지 알겠는가? 바로, 리더십이다.

1992년 내가 리더십에 관한 책을 썼을 당시만 해도 기업을 비롯한 조직 내에서 성공을 거두고 싶은 사람들은 경영(management)에 주목했다. 매년 새로운 경영 기법이 등장해 유행했다. 하지만 리더십에는 관심을 갖는 사람은 찾아보기 힘들었다. 리더십은 당시 사람들의 뇌리 속에 없었다.

나는 학위가 세 개다. 학사와 석사, 나아가 박사 학위까지 있다. 하지만 1993년 처음 리더십에 관해 책을 출간하기 전에는 학교에서 리더십에 관한 수업을 단 한 번도 들어본 적이 없다. 이유가 무엇일까? 내가 다닌 어떤 대학에서도 리더십 강좌를 개설하지 않았기 때문이다.

하지만 현시대는 '리더십'이 대유행이다. 리더십 강좌가 없는 대학을 찾기가 더 힘들 정도다. 누구나 원하면 전국 1백 개 이상의 대학에서 리더십 석박사 학위를 받을 수 있다. 내가 다녔던 대학들도 지금은 모두 리더십 학위 코스를 제공하고 있다.

왜 리더십이 이토록 중요해졌는가? 더 나은 리더가 되면 삶이 변한다는 것을 사람들이 인식하고 있기 때문이다. 삶의 많은 부분이 리더십에 따라 결정된다. 사람들이 더 나은 리더로 성장하면 세상은 더 좋은 곳으로 변한다. 자신의 리더십 잠재력을 계발하면 자신에 관한 '모든 것'이 변한다. 강점은 더욱 강해지고 약점은 줄어들며 어깨를 짓누르던 업무량은 분산되고 영향력은 배가된다.

좋은 리더가 되기 위해
노력하지 않는 사람들

좋은 리더십의 가치를 이야기하는 사람은 점점 늘어나고 있지만 정작 좋은 리더가 되기 위해 노력하는 사람은 그리 많지 않다. 왜일까? 리더십 책과 강좌가 흔한 세상이 되었지만 리더십이 자신과는 상관없다고 생각하는 사람이 많기 때문이다. 그런 생각의 이면에는 네 가지 잘못된 가정을 전제한다.

첫째, 나는 '타고난 리더'가 아니기 때문에 남들을 이끌 수 없다. 리더는 타고나지 않는다. 더 정확히 말하면, 남들을 이끄는 능력은 타고난 상태로 고정되지 않는다. 물론 천부적인 재능을 타고 나서 남들보다 유리한 지점에서 출발하는 사람도 있지만, 누구나 리더가 될 잠재력을 품고 있다. 그래서 모든 사람은 노력하면 리더십을 계발하고 개선할 수 있다.

둘째, 지위와 나이가 저절로 나를 리더로 만들어 준다. 이것은 부모 세대의 흔한 사고방식이었지만 지금도 여전히 눈에 띤다. 리더의 자리에 오르기만 하면 저절로 리더가 된다고 생각하는 사람들이 있다. 하지만 좋은 리더가 되려면 열정과 기본적인 도구들이 반드시 필요하다. 지위를 얻고 나이를 먹고서도 남들을 이끌 능력이 없는 사람이 많다. 반대로, 지위가 없거나 나이가 어려도 얼마든지 좋은 리더가 될 수 있다.

셋째, 업무 경험이 저절로 나를 리더로 만들어 준다. 리더십은 성숙과 같아서, 나이를 먹는다고 해서 저절로 생기지 않는다. 나이를 헛먹은 사람이 얼마나 많은가! 근무 연수도 마찬가지다. 일을 오래했다고 해서 리더십이 저절로 생기지 않는다. 오히려 경력이 늘어날수록 리더십보다 특권 의식만 싹트는 경우가 더 많다.

넷째, 지위를 얻은 뒤에 리더십을 계발해도 늦지 않다. 이런 생각이야 말로 리더십 교사로서 나를 가장 맥 빠지게 만든다. 내가 처음 리더십 콘퍼런스를 열기 시작할 때 많은 사람이 미래에 리더가 된다면 꼭 참석하겠다고 말했다. 이런 생각의 문제점은 무엇인가? 전설적인 UCLA 농구 감독 존 우든(John Wooden)의 말처럼 "기회가 온 후 준비하면 늦는다." 지금부터 리더십을 배우기 시작하면 기회가 많아질 뿐 아니라 기회가 왔을 때 제 역할을 해낼 수 있다.

의식적으로 계발할 때
더 나은 리더가 된다

자신의 리더십을 계발하기 위해 아직 노력해 본 적이 없다면, 오늘부터 시작하면 된다. 리더십 여행을 이미 시작했다면, 자기 안의 리더를 의식적으로 계발함으로써 지금보다 더 나은 리더가 될 수 있다.

자, 그렇다면 우리 안의 리더를 어떻게 계발할 것인가? 이것이 바로 이 책의 주제다. 이 책에서 나는 리더로서 성장하기 위한 10가지 '필수 요소'를 담았다.

열 가지 중에서 가장 중요한 개념부터 살펴보자. 그 개념은 바로 '영향력'이다. 50년 넘게 전 세계의 수많은 리더들을 관찰하고 오랜 세월에 걸쳐 스스로 리더십 잠재력을 계발한 결과, '리더십은 곧 영향력'이라는 결론에 도달했다. 리더십은 영향력 그 이상도 이하도 아니다. 이와 관련된 격언이 있다. 내가 무척 좋아하는 말이다. "자신은 남들을 이끌고 있다고 생각하는데 따라오는 사람이 한 명도 없다면 그냥 산책을 하고 있는 것이다."

리더라면 따라오는 사람이 있어야 한다. 오래전에 읽은 인터뷰 기사에서 파 그룹(Par Group)의 창립자이자 회장인 제임스 C. 조지스(James C. Georges)가 했던 말이 지금도 생생하게 떠오른다. "리더십이란 무엇일까요? 도덕적 문제는 잠시 논외로 하면, 한 가지 정의밖에 없습니다. 리더십은 바로 사람들을 얻는 능력입니다."[1]

선하든 악하든 상관없이, 자신을 따라오는 사람이 있다면 일단은 리더라고 볼 수 있다. 그런 의미에서 히틀러(Hitler)도 리더였다(1938년 〈타임〉(Time)지가 히틀러를 올해의 인물로 선정했다는 것을 아는가? 그것은 당시 그가 세상 누구보다도 많은 영향력을 발휘했기 때문이다). 오사마 빈 라덴(Osama bin Laden)도 리더였다. 나사렛 예수도 리더였다. 잔다르크(Joan of Arc)도 리더였다. 에이브러햄 링컨(Abraham Lincoln), 윈스턴 처칠(Winston Churchill), 마틴 루터 킹 주니어(Martin Luther King Jr.), 존 F. 케네디(John F. Kennedy)도 리더였다. 가치관과 능력, 삶의 목표는 천차만별이었지만 이 모두는 따라오는 사람들을 얻은 리더였다. 공통적으로 이들은 영향력을 갖고 있었다.

영향력은 진정한 리더십의 출발점이다. 따라오는 사람들을 얻는 능력이 아닌 지위를 얻는 능력으로 리더십을 오해하면 리더가 되겠다고 지위나 계급과 직함을 추가하게 된다. 하지만 이런 사고방식은 두 가지 흔한 문제를 낳는다. 첫째, 리더의 자리에는 올랐는데 따르는 사람이 아무도 없다면 어떻게 할 것인가? 둘째, 끝까지 '마땅한' 지위를 얻지 못하면 어떻게 할 것인가? 세상에 긍정적인 영향을 미치기 위해 도대체 언제까지 기다려야 하는가?

이 책의 목표는 당신이 영향력의 작용 기제를 이해하고, 그런 이해를 바탕으로 더 강한 리더십을 얻는 방법을 배우게 하는 것이다. 각 장은 당신이 더 나은 리더가 되기 위한 기술과 능력을 얻도록 세심하게 계획되었다. 한 장씩 마스터할수록 당신은 점점 더 나은 리더로 성장할 것이다.

영향력에 관한 중요한 사실들

영향력이 어떻게 작용하며 그런 영향력을 어떻게 계발할지 본격적으로 살펴보기에 앞서 영향력에 관한 몇 가지 중요한 사실을 짚고 넘어가자.

첫째, 누구나 누군가에게 영향을 미친다. 나와 절친한 그로잉 리더스(Growing Leaders)의 창립자 팀 엘모어(Tim Elmore)에게서 들은 말이 있다. 사회학적 연구에 따르면 가장 내성적인 사람도 평생 1만 명에게 영향을 미친다고 한다. 놀랍지 않은가? 매일 우리는 타인에게 영향을 미치며 살아간다. 또한 타인으로부터 영향을 받으며 살아간다. 이는 리더인 동시에 누군가를 따르는 사람이 되지 않고 살아가는 사람은 아무도 없다는 뜻이다.

어떤 집단, 어떤 상황 속에도 영향력의 역학은 항상 작용한다. 예를 들어보자. 한 아이가 등교할 준비를 하고 있다. 그에게 주로 영향을 미치는 사람은 대개 엄마다. 아이가 무엇을 먹고 입어야 할지 엄마가 결정하는 경우가 많다. 학교에 도착해서는 아이가 친구들 사이에서 주로 영향력을 발휘하는 사람일 수 있다. 방과 후에 동네에서 뛰어놀 때는 힘이 센 아이가 주된 영향력을 발휘한다. 온 가족이 식탁에 둘러앉은 저녁식사 시간에는 엄마나 아빠가 주된 영향력을 행사한다.

관심을 갖고 보면 어떤 집단에서든 주된 리더를 발견할 수 있다. 지위나 자리는 중요하지 않다. 그냥 사람들이 모여서 어떻게 하는지를 관찰해 보라. 안건을 결정할 때 누구의 입김이 가장 센가? 논의를 할 때 사람들이 누구를 가장 많이 쳐다보는가? 누가 말을 하면 다들 "옳소"를 외치는가? 누구의 말에 다들 따르는가? 이런 질문에 답해 보면 해당 집단에서 누가 리더인지를 알 수 있다.

누구나 영향력을 갖고 있다. 하지만 리더로서 '자신의 잠재력을 실현하려면' 합당한 노력이 필요하다. 리더십을 계발하기 위해 노력하면 더 많은 사람에게 더 큰 영향력을 발휘할 수 있게 된다.

둘째, 우리는 다른 사람에게 얼마나 많은 영향력을 발휘하고 있는지 모를 때가 많다. 영향력의 힘을 가장 잘 확인할 수 있는 방법 중 하나는 자신이 특정한 사람이나 사건에 영향을 받은 일들에 관해 생각해 보는 것이다. 인생의 굵직한 사건들은 우리의 기억 속에 깊이 자리를 잡아 삶에 커다란 흔적을 남긴다.

예를 들어, 1930년 이전에 태어난 사람들에게 1941년 12월 7일 진주만 폭격에 관해 물어보면 그 끔찍한 뉴스를 들을 때 무엇을 하고 있었으며, 어떤 감정을 느꼈는지를 어제 일처럼 생생하게 이야기할 것이다. 1955년 이전에 태어난 사람이 주변에 있다면 1963년 11월 22일 존 F. 케네디가 총격을 당했다는 소식을 들을 때 무엇을 하고 있었는지 물어보라. 역시 생생한 이야기를 들을 수 있을 것이다. 세대마다 자신의 삶에 큰 흔적을 남긴 사건을 기억하고 있다. 챌린저 호 폭발 사건이나 9·11 테러와 같은 예를 들자면 끝이 없다. 당신의 삶 속에서는 어떤 사건이 큰 자리를 차지하고 있는가? 그 사건이 어떤 식으로 지금도 당신의 생각과 행동에 계속해서 영향을 미치고 있는가?

이번에는 당신에게 큰 영향을 미친 사람들 혹은 남들에게는 하찮은 일이지만 당신에게만큼은 큰 의미가 있는 일에 관해 생각해 보라. 나는 청소년 시절 참석했던 한 캠프를 잊을 수 없다. 그 캠프는 내 진로를 결정하는 데 결정적인 영향을 미쳤다. 중학교 1학년 때 나를 가르쳤던 글렌 레더우드(Glen Leatherwood) 선생님도 잊을 수 없다. 선생님이 처음 내게 불어넣은 소명 의식은 칠십 대가 된 지금까지도 내 삶을 이끌고 있다. 매년 크리스마스 트리 장식을 사올 때마다 어머니는 그것이 내 안에 얼마나 기분 좋은 감정을 불러일으켰는지 전혀 몰랐을 것이다. 대학 시절 한 교수에게서 받은 칭찬의 메모는 내가 자신감을 잃을 때마다 다시 전진할 힘을 일으켜 준 고마운 선물이었다. 모두 말하자면 밤을 새도 모자랄 것이다. 물론 당신도 마찬가지일 것이다.

매일 우리는 수많은 사람에게 영향을 받으며 살아간다. 때로는 작은 것이 더없이 큰 영향력을 발휘한다. 그런 영향력 하나하나가 쌓여 지금의 내가 형성되었다. 그리고 우리도 남들을 형성하며 살아간다. 뜻밖의 상황에서 예상하지 못한 사람에게 영향을 미치는 경우도 많다. 그래서 저자이자 교육자였던 J. R. 밀러(Miller)는 이렇게 말했다. "잠깐 스치고 지나갔지만 우리에게 평생의, 아니 영원한 영향을 미친 사람들이 있다. 누구도 영향력이라고 하는 신비로운 것을 완벽히 이해할 수 없다. 우리 모두에게서 끊임없이 영향력이 흘러나와 다른 인생들을 치유하고 축복하고 거기에 아름다운 흔적을 남기거나 상처를 주고 해를 끼치고 더럽힌다."[2]

셋째, 내일을 위한 최고의 투자는 영향력을 기르는 것이다. 미래를 위한 최고의 투자는 무엇일까? 주식 투자? 부동산 투자? 교육? 다 좋다. 하지만 나는 영향력을 키우는 것이야말로 최고의 투자라고 말하고 싶다. 왜일까? 무언가를 이루기 위한 최선의 방법은 남들이 기꺼이 돕게 만드는 것이기 때문이다.

워렌 G 베니스(Warren G. Bennis)와 버트 나누스(Burt Nanus)는 《리더와 리더십》 (Leaders)이란 책에서 이런 말을 했다. "리더십의 기회는 널려 있고 대부분의 사람들에게 열려 있다."[3]

기업, 자원봉사 단체, 사회 집단 등 다 마찬가지다. 기업가라면 이런 기회는 기하급수적으로 늘어난다. 문제는 이런 기회가 찾아올 때 붙잡을 준비가 되어 있는가이다. 기회를 최대한 이용하려면 리더십을 준비해야 한다. 지금부터 영향력을 기르고 그 영향력을 유익하게 사용할 방법을 배워야 한다.

딜렌슈나이더 그룹(Dilenschneider Group)의 창립자이자 회장이며 PR회사인 힐앤놀튼 스트레티지(Hill and Knowlton Strategies)의 전 CEO인 로버트 딜렌슈나이더(Robert Dilenschneider)는 오랜 세월 미국 최고의 영향력 있는 전문가 중 한 명이었다. 그는 Power and Influence(힘과 영향력)이란 책에서 리더십 계발에 유용한 '힘의 삼각형'(power triangle)이란 개념을 제시했다. 이 삼각형의 세 요소는 '커뮤니케이션'과 '인정', '영향력'이다. 딜렌슈나이더의 말을 들어보자. "커뮤니케이션을 효과적으로 하면 영향을 미치고 싶은 대상으로부터 인정을 받게 된다. 다시 말해, 상대방은 우리가 하는 일이 옳고 우리가 그 일을 제대로 하고 있다고 생각하게 된다. 우리를 유능하고 효과적이며 인정받아 마땅한 사람, 즉 '강한' 사람으로 보게 된다. 힘은 커뮤니케이션과 인정, 영

향력 사이의 연관성을 기억하고 활용할 때 찾아온다."⁴

　젊은 시절 나는 더 나은 리더가 되기 위해 이 방법을 따랐다. 특히 커뮤니케이션이 내 재능 중 하나였다. 내 커뮤니케이션 능력이 향상될수록 더 많은 인정을 받을 수 있었다. 곧 리더십 강연 요청이 사방에서 쇄도했다. 하지만 동시에 나는 리더십의 열쇠가 단순한 커뮤니케이션과 인정, 영향력의 조합보다 훨씬 더 복잡하다는 점을 느꼈다. 그래서 영향력이 어떻게 작용하는지, 그리고 더 중요하게는 어떻게 하면 영향력을 계발할 수 있는지를 보여 주는 모델에 관해 고민하기 시작했다. 우리 훈련 프로그램에 참여한 사람들이 영향력에 투자하면 어느 분야에서든 두각을 나타낼 수 있으리라는 확신이 있었다.

리더십의
다섯 가지 단계

　　　　　나는 영향력에 관하여 더 철저히 연구하기 시작했다. 나의 리더 경험을 돌아보는 동시에 내가 존경하는 리더들을 유심히 관찰했다. 그 결과, 영향력이 다섯 단계에 걸쳐 발전할 수 있다는 사실을 발견했다. 나는 그 다섯 단계를 '5단계 리더십'이라는 도구로 정리했다. 이 도구는 리더십의 역할을 이해하기 위한 영향력의 모델을 제공해 준다. 이 모델을 바탕으로 각자의 영향력을 강화하기 위한 자신만의 로드맵을 만들 수 있다. 나는 30년 넘게 이 리더십 모델을 가르쳤으며, 그 효과를 톡톡히 본 사람들의 숫자는 가히 셀 수 없을 정도이다. 당신에게도 큰 도움이 되었으면 한다.

자, 이제 이 다섯 가지 단계를 차례로 살펴보자.

1단계 :
직위

가장 초보적인 수준의 리더십은 직위를 바탕으로 한 리더십이다. 왜 이 것이 가장 낮은 단계일까? 직위는 아직 실질적 영향력이 생기기 전의 리더십을 의미하기 때문이다. 과거에는 높은 자리에 앉기만 하면 사람들이 무조건 따랐다. 하지만 지금은 세상이 완전히 달라졌다. 이제 사람들은 직위만 가진 리더를 딱 '의무'만큼만 따른다.

1969년 내가 처음 리더의 자리에 올랐을 때 사람들은 나를 존중하고 잘 따랐다. 하지만 당시 겨우 스물두 살이었던 내게 실질적인 영향력은 없었다. 내가 모르는 것이 얼마나 많은지에 대해 사람들은 나보다 더 정확히 알고 있었다. 그러다 나는 첫 회의 자리에서 내가 얼마나 영향력이 없는지를 절실히 깨달았다. 안건을 제시하며 회의를 시작했다. 그러고 나서 클로드 (Claude)가 발언을 시작했다. 클로드는 특별할 것이 없는 나이 지긋한 농부였는데 회의실의 모든 사람은 마치 그가 리더인 것처럼 그에게 시선을 집중했다. 무엇이든 그가 하는 말에는 큰 무게가 실렸다. 클로드는 자신의 의견을 강요하거나 힘을 행사하지 않았다. 그렇게 하지 않아도 사람들이 자발적으로 따랐기 때문에 그럴 필요가 없었다.

지금은 당시 내가 가장 낮은 단계의 리더였다는 사실이 더없이 분명히 눈에 들어온다. 당시 내가 가진 것은 열정과 근면 외에 직위가 전부였다. 그 시절 나는 1단계 리더십에 관해 그 어느 때보다도 많은 것을 배웠다. 직위만

5단계 리더십

단계별 내용:

5단계
정점
—— 존경 ——
사람들이 리더의 인격과
가치관 때문에 따른다.

4단계
인물 계발
—— 번식 ——
리더가 자신들을 위해서 해 준 일 때문에
사람들이 따른다.

3단계
성과
—— 결과 ——
리더가 조직을 위해서 한 일 때문에 사람들이 따른다.

2단계
허용
—— 관계 ——
사람들이 원해서 따른다.

1단계
직위
—— 권리 ——
사람들이 의무감으로 따른다.

으로는 한계가 있다는 사실을 깨닫는 데 그리 오랜 시간이 걸리지 않았다.

어떤 직위에 임명되면 권위가 생긴다. 하지만 그 권위는 직무기술서 범위 안에서의 권위일 뿐이다. 지위를 가진 리더는 특정한 '권리'를 갖고 있다. 이를테면 규칙을 강제할 권리가 있다. 사람들에게 일을 하라고 명령할 권리도 있다. 무엇이든 받은 힘을 사용할 권리가 있다.

하지만 진정한 리더십은 부여받은 권위를 뛰어넘는다. 진정한 리더십은 남들이 기꺼이, 그리고 믿고 따르는 사람이 되는 것이다. 진정한 리더들은 지위와 영향력의 차이를 안다. 이것이 보스와 리더의 차이다. 보스는 일꾼들을 조종하지만 리더는 일꾼들을 코치한다. 보스는 권위에 의존하지만 리더는 호의를 바탕으로 한다. 보스는 "나"라고 말하지만 리더는 "우리"라고 말한다. 보스는 모든 문제에 대해 책임을 따지지만 리더는 책임을 지고 문제를 해결한다. 보스는 성과를 내는 법을 알지만 리더는 성과를 내는 법을 보여 준다. 보스는 "가라"라고 말하지만 리더는 "가자"라고 말한다.

직위는 리더십의 출발점으로는 괜찮지만 오래 머물 만한 곳은 못 된다. 관할권과 규칙, 전통, 조직도에만 의존하는 사람은 직위의 한계를 넘어서지 못한다. 관할권 같은 것 자체는 전혀 나쁘지 않다. 모두 권위의 근간이 되기 때문이다. 하지만 그런 것이 리더십 기술을 대신할 수는 없다.

자신이 직위에 너무 의존하는 리더인지 어떻게 알 수 있을까? 직위에만 의존하는 리더에게서는 흔히 세 가지 특징이 발견된다.

첫째, 직위에만 의존하는 리더는 재능보다 직함을 자신감의 근원으로 삼는다. 제1차 세계대전에 참여한 이등병에 관한 재미있는 이야기가 있다. 자신의 참호에서 불빛을 본 이등병은 호통을 쳤다. "어서 성냥불을 꺼!" 그런데 가만히 보니 규칙을 어긴 사람은 다름 아닌 '블랙 잭' 퍼싱('Black Jack' Pershing) 장군이었다. 깜짝 놀란 이등병이 사시나무 떨 듯이 떨자 퍼싱 장군은 그의 등을 토닥이며 말했다. "괜찮네. 내가 소위가 아닌 걸 다행으로 여기게."

능력과 영향력이 높은 사람일수록 자신감이 넘친다. 신임 소위라면 이등병 앞에서 자신의 계급을 과시하고 싶을지 모르지만 장군 정도 되면 그럴 필요성을 느끼지 못한다.

둘째, 직위에만 의존하는 리더는 자신의 영향력보다 윗사람의 영향력에 의존한다. 1948년부터 1955년까지 자이언츠(Giants)를 진두지휘했고 야구 명예의 전당에까지 오른 레오 듀로서(Leo Durocher) 감독이 한번은 미국 육군 사관학교에서 열린 시범 경기에서 1루에서 선수에게 지시를 내리고 있었다. 그때, 경기 내내 그를 도발하던 한 시끄러운 사관생도가 또 다시 야유를 보냈다. "당신 같은 애송이가 어떻게 메이저리그에 온 거요?" 결국 폭발한 듀로서는 이렇게 맞받아쳤다. "국회의원이 날 임명했다, 어쩔래?"[5]

리더의 자리에 임명되었다고 해서 저절로 영향력이 생기는 것은 아니다. 자신만의 영향력이나 권위는 없고 그저 자신을 임명한 사람의 권위에만 의존하는 리더 아닌 리더들이 있다. 그들은 팀원들이 따라오지 않으려고 할 때마다 "위에서 시킨 일이니 따라야 한다"라는 말만 되풀이한다. 이렇게 남에게서 빌린 권위는 얼마 있지 않아 허물어진다.

셋째, 직위에만 의존하는 리더는 정해진 권한 이상으로 사람들을 이끌 수 없다. 리더가 직위에만 의존하면 대개 팀원들은 규정에서 요구하는 수준까지만 따를 뿐 그 이상은 따르지 않는다. 리더가 정해진 업무 외의 일을 시키거나 야근을 지시할 때 팀원들이 자신의 업무가 아니라고 거절한다면 십중팔구 그 리더는 직위에만 의존하는 리더다. 리더가 리더십을 직위로만 보면 팀원들은 그 직위에 따른 '권한' 내의 지시만 따를 뿐이다. 그런 리더가 비전을 제시한다면 사람들은 한 귀로 듣고 한 귀로 흘린다.

당신에게서 이 세 가지 특징 중 하나라도 발견되는가? 그렇다면 당신은 직위에 너무 의존하고 있을 가능성이 높다. 이제부터라도 영향력을 길러 나가야 한다. 그러기 전까지 팀의 사기는 밑바닥에 머물고 벌이는 일마다 지지부진할 것이다. 이런 답답한 상황을 바꾸려면 다음 단계의 리더십을 추구해야만 한다.

2단계 :
허용

내 친구이자 멘토인 프레드 스미스(Fred Smith)는 "리더십은 의무가 아닌 일을 하게 만드는 능력이다"라고 말했다.[6] 이것이 2단계 리더십인 허용의 핵심이다.

직위 단계에 머물러서 더 이상 영향력을 키우지 않는 리더들은 대개 협박으로 사람들을 이끈다. 그들은 '쪼는 순서'(pecking order)를 따르는 닭들과도 같다. 노르웨이 심리학자 토를레이프 셸데루프 에베(Thorleif Schjelderup-Ebbe)가 계발한 '쪼는 순서' 원칙은 모든 종류의 집단을 기술하는 데 두루 사용된다. 이는 아주 간단한 원칙이다. 우두머리 닭은 어떤 닭을 쪼든 반격을 당하지 않는다. 2인자는 우두머리 외에 모든 닭을 쫄 수 있다. 이런 식으로 계급이 내려가다가, 가장 약한 닭은 모두에게 쪼임만 당할 뿐 어떤 닭도 쫄 수 없다.

반면, 허용의 리더십은 좋은 '관계'를 바탕으로 이루어진다. 이 단계 리더들은 "사람들은 당신이 그들에게 얼마나 관심이 있는지를 알기 전까지는 당신이 얼마나 아는지에 관심이 없다"고 말한다. 진정한 영향력은 머리가 아닌 마음에서 시작된다. 진정한 영향력은 규칙과 규제가 아닌 개인적인 관계를 통해 성장한다. 이 단계의 초점은 서열이 아닌 관계이다. 이 단계의 리더들은 팀원들의 필요와 욕구를 채워 주는 데 시간과 에너지를 집중한다. 그들은 팀원 한 명 한 명과 관계를 쌓기 위해 노력한다.

이런 리더십을 발휘하지 못한 좋은 사례 중 하나는 초기 포드 자동차 회사(Ford Motor Company)의 헨리 포드(Henry Ford)다. 당시 포드는 일꾼들이 기계처럼 일하길 원했고, 그들의 일터 밖 삶까지도 철저히 통제하고자 했다. 그리고 그의 초점은 전적으로 모델 T에 맞추어져 있었다. 그는 모델 T가 완벽한 차라고 생각해서 그 어떤 변화도 주지 않으려고 했다. 사람들이 검정 말고 다른 색상을 요구하기 시작하자 그가 "검정색 외에는 선택의 여지가 없습니다"라고 말했다.

진정한 관계를 맺지 못하는 사람은 강한 리더십을 발휘할 수 없다. 물론 리더가 아니라도 사람들에게 관심을 쏟을 수 있지만 사람들에게 관심을 쏟지 않으면 진정한 리더가 될 수 없다. 사람들은 어울릴 수 없는 사람과 함께하지 않는다.

2단계 리더십을 통해 사람들과 관계를 쌓아 신뢰를 얻으면 그들에게 진정한 영향력을 발휘하기 시작한다. 협력의 분위기, 긍정적인 분위기가 만들어진다. 모두의 사기가 진작된다. 사람들이 일터에 더 오래 머물고 더 열심히 일하게 된다.

리더의 자리에 임명되었다면 더 위의 상관에게 사람들을 이끌어도 좋다는 허락을 받은 것이다. 2단계에서 영향력을 얻었다면 사람들에게 자신들을 이끌어도 좋다는 허락을 받은 셈이다. 사람들의 허락은 실로 강력한 힘이 있다. 하지만 주의해야 한다. 3단계로 넘어가지 않고 이 단계에 너무 오래 머물면 의욕이 강한 사람들을 답답하게 만들 수 있다. 이제 생산에 관한 이야기를 해 보자.

3단계 :

성과

리더십의 1-2단계에서는 거의 모든 사람이 성공을 거둔다. 리더십 능력을 거의 혹은 전혀 타고나지 않고서도 얼마든지 '직위'와 '허용'을 얻을 수 있다. 자신의 사람들을 아끼고 그들과 협력할 의지가 있다면 누구든지 영향력을 얻기 시작할 수 있다. 하지만 그 영향력은 한계가 있다. 실제로 일을 진척시키려면 성과 단계의 리더십으로 올라가야 한다.

3단계의 리더들은 맡은 일을 완수할 수 있다. 아울러 팀원들이 맡은 일을 완수하게 도울 수 있다. 3단계의 리더들은 팀원들과 함께 '성과'를 낼 수 있다. 이때부터 조직이 실질적으로 성장하기 시작한다. 생산성이 올라가고, 목표를 달성하며, 이윤이 증가하고, 사기가 높아진다. 이직률이 낮아지고 팀원들의 충성도가 높아진다.

리더가 1-3단계의 리더십을 제대로 발휘하면 조직은 큰 성공을 거둔다. 자신의 분야에서 경쟁자들 보다 앞서기 시작한다. 그럴수록 운동력은 점점 커지고 성장하기 시작한다. 문제를 더 빨리 해결하게 된다. 이기는 것이 일상이 된다. 리더 입장에서는 사람들을 이끌기가 더 쉬워진다. 사람들의 입장에서는 리더를 따르는 것이 더 즐거워진다. 일터에 긍정적인 에너지가 넘친다.

관계적인 사람 혹은 성과 중심적인 사람인가에 따라 허용 단계나 성과 단계 중 하나에 끌리게 되어 있다는 점에 유의할 필요가 있다. 천성적으로 관계를 중시하는 사람은 서로 어울리는 것만 좋아할 뿐 성과에는 큰 관심이 없을 수 있다. 사람들이 즐겁게 어울리고 있는데 성과가 저조한 곳에서 일하고 있는가? 그렇다면 당신의 리더는 2단계에서 3단계로 나아가지 못한 사람일 가능성이 높다.

반대로, 성과는 높은데 관계는 엉망인 곳이라면 그곳의 리더는 2단계를 거치지 않고 3단계에 이른 사람일 수 있다. 하지만 관계에 성과를 더해 사람들이 서로를 좋아하면서도 성과 목표를 향해 열심히 달려간다면 그야말로 강력한 조합이 아닐 수 없다.

세상의 모든 조직은 성과를 낼 수 있는 사람을 원한다. 내가 가장 좋아하는 이야기 중 하나는 구치(Gooch)라는 신입 외판원에 관한 이야기다. 그가 본사에 보낸 첫 판매 보고서는 글자가 엉망이었다. 이를 본 판매부서 부장은 깜짝 놀랐다. "우리 물거늘 하나두 사려구 하지안는데 겨우 며깨 파라씁니다. 이제 시카우고로 가려구함니다(I seen this outfit which they ain't never bot a dim's worth of notuin from us and I sde tuem some goods. I'm now goin to chicawgo)."

판매 부장이 이 사원을 해고할까 심각하게 고민하고 있는데 시카고에서 그의 보고서가 왔다. "여기 와서 오심만불 어치 파라씁니다(I cum hear and sole them hatt a millyon)."

판매 부장은 이 사원을 해고하기도 그렇고 해고하지 않기도 그래서 사장에게 보고했다. 이튿날 아침, 회사 게시판에 그 무식한 판매원이 쓴 두 편지가 붙어 있고 그 위에 사장의 메모가 붙어 있었다. 현실 감각이 떨어지는 판매 부서 직원들은 사장의 다음과 같은 메모를 읽고 깜짝 놀랐다.

우리는 물거늘 팔기보다 글짜를 바로 쓰는대만 넘우 신경을 써씁니다.

이러케 일을 자라고 인는 이 사라메 편지를 모두 똑또기 보고 다들 나가서 이와 동일하게 일하길 바람니다(We ben spendin two much time trying to spel instead of trying to sel. Let's watch those sails. I want everybody should read these letters from Gooch who is on the rode doin a grate job for us and you should go out and do like he done).

나는 이 이야기를 워낙 좋아해서 얇은 합판에 새겨 강연할 때마다 꼭 챙겨서 다닌다. 물론 판매 부서를 이끄는 사람은 판매도 잘하고 글자도 제대로 쓰는 판매원들을 원할 것이다. 하지만 내가 무슨 말을 하려는 것인지 이해했으리라 믿는다. 우리의 상관에게나 우리가 이끄는 사람들에게나 결과는 무엇보다도 중요하다.

사람들은 협력을 잘하고 좋은 성과를 거두는 팀에서 일하기를 원한다. 사람들은 그런 팀의 리더를 따르기를 원한다. 예를 들어, 당신과 당신의 친구가 농구 시합에서 같은 편을 고를 때 나와 프로 농구 선수 중에서 한 명을 고를 수 있다고 해 보자. 프로 농구 선수와 오래전 고등학교 시절에 농구를 해 보고 50년도 더 넘게 농구공을 잡아본 적이 없는 사람 중에서 당신이 누구를 고를지는 말 안 해도 뻔하다. 누구나 좋은 성과를 낼 줄 알고, 팀원들도 성과를 내도록 동기 유발을 할 수 있는 리더를 원한다.

4단계 :

인물 계발

1, 2, 3단계의 영향력을 얻으면 능력 있는 리더로 인정받을 수 있다. 뛰어난 성과를 많이 거둘 수 있기 때문이다. 하지만 이보다 더 높은 리더십의 단계들이 있다. 다시 말해 위대한 리더들은 단순히 성과를 거두는 것 이상

의 모습을 보인다.

성별에 상관 없이 매우 다양한 종류의 리더가 존재한다. 체형이며 몸집, 경험 수준, 인종과 국적, 지능까지 천차만별이다. 그렇다면 위대한 리더와 단순히 좋은 리더를 가르는 결정적인 요인은 무엇일까?

리더는 자신의 힘으로 위대해지는 것이 아니라 사람들의 힘을 끌어올려 주는 능력을 통해 위대해진다. 후계자 없는 성공은 궁극적으로는 실패라고 말할 수 있다. 오래 가는 무엇인가를 만들기 위해서, 계속해서 성장하고 발전하는 팀이나 조직을 구축하기 위해서는 다른 사람들을 계발하는 것이 리더의 주된 목표가 되어야 한다. 다른 사람들이 자신의 잠재력을 일깨우고, 자신의 일을 더 효과적으로 하며, 궁극적으로는 그들 자신이 리더로 발돋움할 수 있도록 도와주어야 한다. 이런 인물 계발은 '번식'으로 이어진다.

인물 계발은 긍정적인 파급 효과를 일으킨다. 리더가 사람들을 계발하기 시작하면 팀과 조직 전체가 완전히 새로운 차원으로 올라선다. 한 팀에서 여러 팀을 만들 만큼 새로운 리더들을 길러내게 된다. 한 부문이나 부서에서 여러 부문이나 부서를 만들 만큼 새로운 리더들을 길러내게 되는 것이다. 모든 것이 리더십에 따라 흥하거나 망하기 때문에 더 나은 리더가 늘어나면 조직 전체가 나아질 수밖에 없다.

인물 계발은 또 다른 긍정적인 효과를 낳는다. 바로, 리더에 대한 충성심이 높아진다. 사람들은 자신의 삶을 개선해 주는 사람에게 충성하기 때문이다. 리더의 영향력 단계가 높아지는 모습을 통하여 관계가 어떤 식으로 발전하는지를 확인할 수 있다. 1단계에서는 팀원들은 '의무감'으로 리더를 따른다. 2단계에서는 팀원들은 '원해서' 리더를 따른다. 3단계에서는 리더가 팀을 위해서 해 준 일로 인해 팀원들이 리더를 '존경'한다. 4단계에서는 리더가 개인적으로 자신들을 위해서 해 준 일로 인해 리더에게 '충성'한다. 사람들이 개인적으로 성장하게 도와주면 그들의 마음과 정신을 얻을 수 있다.

물론 모든 리더가 4단계에 오르기 위해 노력하는 것은 아니다. 대부분의 리더는 4단계가 존재하는지조차 모른다. 그들은 자신과 팀의 생산성에만 매달려 인재를 계발해야 한다는 점을 인식하지 못한다. 혹시 당신이 이런 리더인가? 당신이 4단계에서 성공하기 위해 스스로에게 던져야 할 인물 계발에 관한 몇 가지 질문을 마련했다.

1. 자신의 성장에 대한 열정을 품고 있는가?

성장하는 사람만이 사람들을 제대로 성장시킬 수 있다. 우리가 성장의 열정을 품고 있으면 주변 사람들이 그것을 느끼게 되어 있다. 나는 70대이지만 성장을 향한 열정은 아직도 스무살과 같다.

2. 나의 성장 곡선이 신뢰성을 주는가?

만약 우리가 성장을 도와주겠다고 말하면 사람들은 먼저 우리에게 실제로 그럴 만한 능력이 있는지부터 따진다. 다시 말해, 신뢰성을 확인한다. 제임스 M. 쿠제스와 베리 Z. 포스너는 《리더십 챌린지》(The Leadership Challenge)에서 쿠제스-포스너 리더십 제1법칙에 대하여 설명하고 있다. 그 법칙은 사람들이 메신저를 믿지 않으면 메시지도 믿지 않는다는 것이다. 또한 그들은 신뢰성에 관해 이렇게 말한다. "충성, 헌신, 에너지, 생산성이 신뢰성에 달려 있다."[7]

3. 사람들이 나의 성장으로 인해 매력을 느끼는가?

사람들은 성장과 배움의 모습을 보이는 리더에게서 배우기를 원한다. 나의 비영리 조직인 이큅(EQUIP)이 페블 비치(Pebble Beach)에서 개최했던 한 리더십 오픈(Leadership Open) 모임 때 사람들은 우리 CEO 마크 콜의 놀라운 성장 속도에 관해 저마다 한마디씩 했다. 이러한 성장은 많은 사람을 불러 모으는 강력한 힘이 있다.

4. 다른 사람을 계발하고 싶은 영역에서 성공했는가?

내가 갖지 못한 것을 타인에게 줄 수는 없다. 나는 사람들을 계발시킬 때는 커뮤니케이션과 저술, 리더십 같은 주로 내가 성공한 분야에서 도움을 준다. 그렇다면 내가 절대 조언을 하지 않는 분야는 무엇인지 아는가? 나는 노래나 전자 기기, 골프 같은 분야에서는 완전 문외한이다. 누구도 이런 분야에서 내게 조언을 구하지 않는다. 나에게 조언을 구해 봐야 시간 낭비이기 때문이다.

5. 다른 사람과 시간을 보내는 차원을 넘어 그들을 위해 시간을 투자하고 있는가?

대부분의 사람은 다른 사람들과 '함께' 시간을 보낸다. 하지만 다른 사람을 위해 시간을 '투자'하는 사람은 별로 없다. 4단계 리더십에서 성공하고 싶다면 남들에 대한 '투자자'가 되어야 한다. 다시 말해, 남들에게 가치를 더해 줄 뿐 아니라 투자 수익을 기대해야 한다. 물론 개인적인 이익을 얻자는 것이 아니라 타인의 개인적인 성장, 그들의 리더십 향상, 그들의 일적 생산성 향상, 그들이 팀과 조직에 더해 주는 가치로 수익을 얻자는 것이다.

나는 40세의 나이에 이러한 깨달음을 얻었다. 당시의 나는 내 시간이

유한하고 내가 더 이상 열심히 그리고 오래 일할 수 없을 만큼 한계에 달했다는 사실을 알게 되었다(이것에 관해서는 2장에서 더 이야기하도록 하겠다). 내가 얻은 유일한 답은 사람들에게 투자함으로써 나 자신을 성장시키는 것이었다. 주변 사람들이 나아질수록 팀이 나아졌고, 내게도 유익이었다.

6. 배움의 자세로 살고 있는가?

배울 줄 아는 사람은 최고의 선생이 된다. 다른 사람을 계발하기 원하는가? 배움의 자세를 유지하라. 배우기를 원하고 배워야 할 것에 관심을 집중하며 배운 것을 기꺼이 나눌 줄 알아야 한다. 그리고 누구에게 나누어야 할지도 알아야 한다.

7. 솔직한 롤 모델이자 코치가 될 의지가 있는가?

다른 사람들을 계발한다고 해서 모든 답을 아는 사람처럼 굴 필요는 없다. 오히려 모르는 것은 솔직히 인정하고 자신이 계발하는 사람들에게서 배울 줄 알아야 한다. 배움은 양방향으로 이루어진다. 타인을 계발하면서 자기 계발을 병행하면 그 과정이 그렇게 즐거울 수가 없다.

8. 내가 계발한 사람들은 성공적인가?

사람들을 계발하는 궁극적인 목적은 그들의 삶을 변화시키기 위함이다. 가르침은 곧 누군가의 삶이 '개선'되도록 돕는다는 뜻이다. 진정한 계발은 삶의 '변화'를 돕는 일이다. 그렇다면 삶이 실제로 변했는지 어떻게 알 수 있을까? 그 사람이 성공하고 있는지를 보면 된다. 시간과 공을 들인 사람의 성공은 그의 삶이 변했다는 확실한 증거이며 무엇보다도 리더 자신에게는 가장 큰 보상이다.

자, 당신은 어떤가? 이 여덟 가지 질문 중 더 많은 질문에 "예"라고 대답할수록 사람들을 더 잘 계발할 수 있다. 혹시 "예"보다 "아니오"가 더 많다 해도 낙심할 필요는 없다. 성장을 위해 꾸준히 최선을 다한다면 얼마든지 4단계에서 성공을 거둘 수 있다.

특히, 이것은 장기적인 성장으로 가는 길이다. 사람들을 리더로 계발하면 조직, 사람들의 삶, 리더의 영향력이 지속적으로 성장한다. 따라서 이 단계를 이루고 유지하기 위해 부단히 애를 써야 한다.

5단계 :
정점

리더십의 마지막 단계는 정점이다. 과거의 나는 원래 이 단계를 '인격'(Personhood)으로 명명했었다. 하지만 '정점'이 이 단계를 더 잘 표현해 준다고 생각한다. 가장 높은 이 단계는 '평판'을 바탕으로 한다. 이 단계는 공기가 희박할 만큼 높은 곳이다. 극소수만 이 단계에 이를 수 있다. 평생 뛰어난 리더십을 발휘하며 남들을 4단계 리더로 키운 사람만이 자신의 조직을 넘어 5단계의 리더가 될 수 있다.

정점에 이른 사람들은 자신의 조직뿐만 아니라 아예 자신의 분야와 나라, 심지어 자신의 생애 너머까지 영향력을 발휘한다. 예를 들어, 비즈니스 세계에서는 잭 웰치(Jack Welch)가 5단계 리더다. 정치 분야에서는 넬슨 만델라(Nelson Mandela), 사회 운동 분야에서는 마틴 루터 킹 주니어, 예술과 공학 분야에서는 레오나르도 다빈치(Leonardo da Vinci), 교육과 철학 분야에서는 아리스토텔레스(Aristotle)를 5단계 리더로 꼽을 수 있다.

누구나 노력하면 리더십의 5단계에 이를 수 있을까? 그렇지 않다. 그렇다면 우리가 이 단계에 이르기 위해 노력해야 할까? 물론이다. 하지만 집착해서는 안 된다. 타인의 존경은 억지로 만들어 내거나 강요할 수 없기 때문이다. 존경은 사람들의 마음에서 저절로 우러나오는 것이기 때문에 우리의 통제권 밖에 있다. 따라서 우리는 2, 3, 4단계의 영향력을 얻고 평생 유지하는 데 집중해야 한다. 그렇게 한다면 우리가 할 수 있는 최선을 다한 셈이다.

리더십 단계
오르기

이 5단계 리더십 모델을 통해 영향력이 어떤 식으로 작용하는지를 늘 기억하기를 바란다. 이 모델은 리더십의 한 패러다임이자 실제로 리더십으로 '가는' 길이다. 지금까지 이 모델이 무엇인지 살펴보았으니 이제 실제로 이 모델을 사용해 리더십의 단계를 밟아 올라갈 때 도움이 될 만한 몇 가지 팁을 제시하고자 한다.

- 5단계 리더십 모델은 개인적으로나 직업적으로나 삶의 모든 영역에 적용될 수 있다.
- 리더십 단계는 각 사람에 따라 다르다.
- 각 사람과의 관계 속에서 리더십의 단계가 오를 때마다 영향력이

증가한다.

- 새로운 단계에 이르렀다고 해서 이전 단계를 방치해서는 안 된다. 이 단계들은 서로를 떠받쳐 준다. 한 단계가 다른 단계를 대체하는 방식이 아니다.
- 더 높은 단계에 빨리 오르기 위해 한 단계를 건너뛴다면, 장기적인 관계를 위해 결국 뒤로 돌아가서 그 단계를 연마해야 한다.
- 높은 단계일수록 이르기까지 오랜 시간이 걸린다.
- 직업을 바꾸거나 새로운 무리에 들어갈 때마다 가장 낮은 단계에서 다시 시작해야 한다.
- 한 단계를 얻은 뒤에는 유지하려는 노력이 필요하다. 리더의 길에 '도착'은 없다. 리더십에 관해서 영원한 것은 없다.
- 한 단계에서 영향력을 얻을 뿐 아니라 잃을 수도 있다.
- 영향력을 얻기는 쉽지만 잃는 것은 순식간이다.

현재 5단계 리더십 모델은 내게 제2의 천성처럼 되었다. 새로운 사람들을 만나자마자 거의 무의식적으로 관계를 이루기 위한 노력을 시작한다. 관계를 이루면, 그 다음에는 곧바로 생산 단계로 돌입하여 함께 무엇을 이루기 위해 노력한다. 그리고 그들에게 가치를 더해 주고 투자할 방법을 찾기 시작한다. 나는 누구나 이런 식으로 영향력을 키울 수 있다고 믿는다. 의지와 노력만 있으면 누구나 할 수 있다.

'나의 영향력'이라는 시를 읽은 적이 있다. 저자가 누구인지는 모르지만 그 안에 담긴 메시지가 내 마음에 크게 와 닿았다. 소개해 보겠다.

오늘이 다 가기 전에

내 삶은 또 십여 명의 삶에 영향을 미치겠지.

석양이 지기 전에

좋든 나쁘든 수많은 흔적을 남기겠지.

내가 항상 바라는 소원

내가 항상 드리는 기도는,

주님, 내 삶이 다른 사람의 삶에 도움이 되길,

선한 영향력을 발휘하길 원합니다.[8]

우리는 목표가 있다. 우리는 성공만이 아니라 의미 있는 삶을 원한다. 우리는 세상을 더 아름답게 변화시키는 리더가 되기를 원한다. 우리의 리더십 수준은 그 무엇보다도 영향력에 달려 있다. 이것이 영향력이 그토록 중요한 이유다.

우리가 평생 얼마나 많은 사람에게 영향을 미치게 될지는 알 수 없다. 우리가 할 수 있는 일은 단지 기회가 왔을 때 최선의 결과를 얻을 수 있도록 미리 영향력을 기르는 것뿐이다. 영향력 있는 한 사람의 힘은 실로 엄청나다. 아리스토텔레스를 보라. 그의 영향을 받은 알렉산더 대왕은 세상을 정복했다.

영향력을 계발하라

5단계 리더십 모델을 적용하기 위한 어려움 중 하나는 각 사람에 대해 영향력의 수준을 높여가야 한다는 점이다. 삶에서 만나게 되는 모든 사람들에게 우리는 영향력을 미친다. 하지만 처음에는 한정된 사람들에 대해서만 영향력을 키우는 데 집중하는 것이 좋다.

지금 두 사람만 정해서 그들에 대해 집중적으로 영향력을 행사하길 권한다. 예를 들어 사장이나 중요한 팀원, 동료, 고객 등 직업적으로 만나는 중요한 사람을 한 명만 정해 보라. 또 배우자나 자녀, 부모, 이웃 등 개인적인 삶에서 가장 중요한 사람을 한 명만 정하라(그렇다. 배우자나 자녀에 대해서는 지위 수준의 영향력밖에 발휘하지 못할 수 있다. 그럴 경우, 더 높은 수준의 영향력을 얻거나 회복해야 한다). 의욕이 넘치고 능력도 받쳐 주는 사람이라면 3명을 선택해도 좋다.

먼저 그들에 대해 현재 당신이 어느 단계의 리더십을 발휘하고 있는지 판단하라. 그 뒤 다음 가이드라인에 따라 그들에 대한 리더십의 단계를 높이고 영향력을 강화하라.

√ 1단계 : 직위 – 권리를 바탕으로 한 리더십

- 자신의 역할이나 직무를 완벽히 알라.
- 주어진 일을 항상 훌륭하게 하라.
- 자신의 리더십에 대한 책임을 받아들이라.
- 모든 상황에서 리더십을 배우라
- 개인적인 역학에 영향을 미치는 역사의 흐름을 인식하라.
- 지위나 직함에 의존해서 사람들을 이끌려고 하지 말라.

√ 2단계 : 허용 – 관계를 바탕으로 한 영향력

- 다른 사람을 소중히 여기라.
- 질문을 던짐으로써 타인의 시각을 통해 보는 법을 배우라.
- 규칙보다 사람을 중시하라.
- '나'에서 '우리'로 시선을 바꿔 다른 사람들과 함께 가라.
- 타인의 성공을 목표로 삼으라.
- 섬기는 리더십을 실천하라.

√ 3단계 : 성과 – 결과를 바탕으로 한 영향력

- 개인적인 성장에 대한 책임을 받아들이고 성장을 위한 노력을 시작하라.
- 자신부터 시작해서 모든 팀원이 성과에 책임을 지게 하라.
- 본보기로 이끌고 결과를 만들어 내라.
- 각 사람이 가장 잘할 수 있는 분야를 찾아 최선을 다하게 만들라.

√ 4단계 : 인물 계발 – 재생산을 바탕으로 한 영향력

- 사람이 가장 중요한 자산이라는 개념을 받아들이라.
- 자신의 성장 과정을 솔직히 공개하라.
- 사람들에게 성장과 리더십의 기회를 제공하라.
- 각 사람을 성공할 가능성이 가장 높은 곳에 배치하라.

√ 5단계 : 정점 – 존경을 바탕으로 한 영향력

- 자신이 이끄는 사람들 중 가장 촉망되는 20퍼센트에 영향력을 집중시키라.
- 그들이 높은 단계의 리더가 되도록 가르치고 격려하라.
- 조직의 성장을 위해 영향력을 사용하라.
- 조직의 울타리 너머에서 변화를 일으키기 위해 영향력을 사용하라.

리더십 계발에 관해 더 많은 도움을 받고 싶다면 MaxwellLeader.com을 방문해 보라.
그 사이트에서 무료 자료들을 이용할 수 있다. 특히, 리더십 자가진단은 꼭 해 보기를 권한다.

DEVELOPING

THE LEADER

WITHIN

YOU 2.0

PART 2

리더는
계발되는
것이다

2장

우선순위의 법칙

당신의 시간을 주도하라

한 가지, 오직 한 가지만 추구하는 자는
생이 끝나기 전에 그것을 이룰 수 있으리라
　- 윌리엄 힌슨(William H. Hinson)

매일 하고 싶은 일과 해야 할 일을 충분히 할 수 있는 시간이 있는가? 물론 그런 사람은 거의 없다. 나는 원하는 일을 모두 할 만큼 시간이 충분하다고 말하는 리더를 한 명도 본 적이 없다. 앞서 말했듯이 나는 40세의 나이에 혼자서 더 이상 열심히, 그리고 더 이상 오래 일할 수 없을 만큼 일을 하고 있다는 사실을 깨달았다. 그래서 사람들에게 투자하기 시작했다. 그때 생각한 것은 나 자신과 시간을 관리하는 법을 개선해야 한다는 것이었다.

사람들은 시간 관리에 관한 이야기를 많이 한다. 하지만 사실 우리는 시간을 관리할 수 없다. 무엇인가를 관리한다는 것은 그것을 통제하고 변화시킨다는 뜻이다. 그런데 시간에 관해서는 관리할 것이 없다. 누구에게나 시간은 동일하게(하루에 24시간) 주어지기 때문이다. 여기에서 한 시간도 더하거나 뺄 수 없다. 시간이 가는 속도를 늦추거나 올릴 수도 없다. 시간은 있는 그대로일 뿐이다.

코치이자 강연자인 제이미 코넬(Jamie Cornell)은 이렇게 말했다. "시간은 관리할 수 없는 것이며 더 가질 수도 없다. 관건은 우리가 내리는 선택이다. 우리는 스스로 알든 모르든 매일 매순간을 어떻게 사용할지 선택하며 살아간다."[1]

모든 리더가 던져야 할 질문은 "내 일정표가 꽉 찼는가?"가 아니라 "누구와 무엇으로 내 일정표를 채울까?"이다. 시간이 충분하지 않은 것 같다면 먼저 나 자신을 돌아봐야 한다. 즉 나의 선택과 일정표, 우선순위들을 돌아봐야 한다. 시간이 아니라 이것들이 우리가 통제할 수 있는 것들이다. 매일 우리에게 주어지는 24시간을 어떻게 사용할지 결정해야 한다. 다시 말해, 우선순위들을 제대로 정해서 시간을 최대한 효과적으로 활용해야 한다. 특히 리더들에게는 중요한 일이다. 리더의 행동 하나하나가 많은 사람에게 영향을 미치기 때문이다.

한 콘퍼런스에서 강연자가 다음과 같이 말했다. "사람들에게 시키기 가장 어려운 것이 두 가지 있다. 하나는 생각하게 하는 것이고, 다른 하나는 일을 중요한 순서대로 하게 하는 것이다."

우선순위에 관한 말이다. 좋은 리더들은 항상 한 발 앞서서 생각하여 무엇이 우선인지를 결정한다. 다음의 예를 보라.

- 실용적인 사람들은 원하는 것을 어떻게 얻을지를 안다.
- 철학자들은 무엇을 원해야 하는지를 안다.
- 리더들은 무엇을 원해야 할지와 그것을 어떻게 얻을지를 안다.

그런 의미에서 당신이 리더로서 무엇을 원해야 할지를 발견하도록 돕고 싶다. 다시 말해, 당신의 우선순위들을 파악하도록 돕고자 한다. 그러고 나서는 당신이 그 우선순위들을 효과적으로 해내도록 돕고 싶다. 그렇게 되면 당신의 삶과 리더십은 크게 개선될 것이다.

우선을 요구하는
압박들

삶의 압박에서 자유로운 사람은 없다. 우리는 모두 주변의 온갖 요구와 시급한 문제를 다루며 살아가야 한다. 그렇기 때문에 무엇이 정말로 중요한 일인지 헷갈리기 쉽다. 나는 우선순위에 관해 다음과 같은 몇 가지 사실을 발견했다.

첫째, 대부분의 사람들은 대부분의 것들의 중요성을 과대평가한다. 매일 우리는 하고 싶은 일과 해야 할 일의 긴 목록을 마주한다. 하지만 이 모든 것이 중요하지는 않다. 심리학자 윌리엄 제임스(William James)는 "지혜의 열쇠는 무엇을 무시해야 하는지를 아는 것이다"라고 했다.[2] 우리는 사소한 일들에 많은 시간을 사용한다. 조심하지 않으면 엉뚱한 것들을 위해 시간을 소비하며 살다가 결국은 후회의 눈물을 흘릴 수밖에 없다.

예로부터 서커스에서 가장 인기 있는 프로그램은 사자 곡예다. 곡예사는 무시무시한 사자로 득실거리는 우리 안에 들어가 그 사자들을 마음대로 부린다. 이때 많은 곡예사들은 의자를 가지고 들어 간다. 나는 그것의 이유를 적은 글을 본 적이 있다. 곡예사가 의자의 다리를 사자를 향해 들면 사자는 네 다리를 한꺼번에 보며 어딜 공격해야 할지 몰라 갈팡질팡하다가 결국 살기를 거둔다고 한다.

우리에게도 똑같은 일이 벌어질 수 있다. 누구나 해야 할 일의 목록이 끝이 없고 책상 위에는 보고서가 산더미처럼 쌓여 있으며 휴대폰은 쉴 새 없이 울려대고 사람들이 요구사항을 들고 끊임없이 찾아오는 날을 경험한 적이 있을 것이다. 그 많은 요구 앞에서 우리는 무기력한 상태에 빠질 수 있다.

몇 년 전 팀원 중에서 가장 유능한 사람인 셰릴(Sheryl)이 나를 찾아왔다. 그의 얼굴은 지친 기색이 역력했다. 이야기를 나누어 보니 그녀는 과중한 업무에 시달리고 있었다. 나는 그녀에게 맡은 업무와 프로젝트를 다 나열해 보라고 말했다. 그러고 나서 함께 그 모든 일의 우선순위를 정했다. 그 효과는 즉각적이었다. 그녀의 어깨를 짓누르는 거대한 짐이 곧바로 떨어져 나갔다. 가장 중요한 것에만 집중하고 나머지는 천천히 처리해도 된다는 사실을 깨달았을 때 그녀의 얼굴에서 피어오른 안도의 빛은 지금도 생생히 기억이 난다.

둘째, 작은 일에 지나친 관심을 쏟으면 큰 문제가 발생한다. 살다보면 사소한 것들이 우리를 무너뜨릴 때가 많다. 비극적인 예가 1972년 12월 29일 저녁 이스턴 항공(Eastern Airlines) 401편의 추락 사건이다. 163명의 승객과 13명의 승무원을 태우고 뉴욕을 떠난 비행기는 목적지인 마이애미에 거의 도착해서 한 가지 문제를 일으켰다. 바퀴가 제대로 펴졌음을 알려 주는 등이 켜지지 않은 것이다. 비행기가 에버글레이즈 습지 상공을 선회하는 동안 승무원들은 바퀴가 펴졌는지 확인하기 위해 노력했다.

승무원들은 실제로 바퀴가 펴지지 않은 것인지 아니면 표시등이 망가진 것인지를 점검했다. 한참 작업 끝에 표시등에서 전구를 제거했지만 바퀴가 펴졌는지는 여전히 확신할 수 없었다. 결국 기장은 기관사를 동체 아래로 내려 보내 앞바퀴가 내려왔는지 눈으로 확인하게 했다. 노련한 세 명의 승무원은 문제의 원인을 파악하려고 애쓰다가 훨씬 더 중요한것을 잊고 말았다. 바로, 고도였다. 비행기는 자동 조종 장치로 공중을 선회하다가 점점 고도가 떨어졌다. 결국, 승무원들이 그 문제를 알아챈 지 10초 뒤 비행기는 에버글레이즈 습지에 곤두박질하고 말았다. 그 사고로 1백 명 이상이 목숨을 잃었다. 이후 조사관들은 전구 고장이 유일한 문제점이었다는 사실을 발견했다.

로버트 J. 맥케인(Robert J. McKain)은 이렇게 말했다. "큰 목표를 이루지 못하는 대부분의 이유는 두 번째로 중요한 일을 먼저 하기 때문이다."[3] 아니,

우리는 세 번째 혹은 네 번째로 중요한 일을 먼저 하곤 한다. 그렇게 덜 중요한 일을 가장 중요한 일보다 우선하게 되면 큰 문제가 발생한다.

셋째, 모든 것을 우선으로 삼으면 결국 아무것도 우선이 아닌 셈이다. 시끄러운 도시의 삶에 지친 한 가족이 돈을 모아 오랜 꿈을 실현했다. 그들은 비좁은 아파트를 팔아 서부의 한 목장을 구입해 드넓은 시골에서 가축을 키우며 유유자적하게 사는 꿈이 있었다. 이사한 지 한 달 뒤 도시에서 살던 친구들이 찾아와 목장 이름을 어떻게 지었냐고 물었다. 그러자 목장 주인은 이렇게 대답했다.

"나는 플라잉 더블유로 짓고 싶었는데 아내는 수지 큐로 하자고 하더군. 첫째 아이는 바 제이로 해야 한다고 우기고 막내 아이는 레이지 와이로 짓기를 원하더군. 그래서 플라잉 레이지 와이 더블유 바 제이 수지 큐 목장으로 짓기로 합의를 봤네."

이야기를 듣고 놀란 친구는 "그렇군! 어쨌든 가축은 어디에 있는가?"라고 물었다. 그러자 목장 주인은 이렇게 대답했다. "지금은 없네. 낙인을 찍다가 다 죽었거든."

사실 이 예화는 시시한 구닥다리 유머이다. 하지만 '모든 것'을 우선으로 삼으면 사실상 우선순위에 '아무것도' 없는 셈이라는 점을 이보다 더 잘 보여 주는 이야기도 드물다. 선택을 하지 않으면 '아무것도' 제대로 해낼 수 없다.

넷째, 때로는 우선순위를 올바로 정하기 위해서 응급 상황이 필요하다. 위기에 처해서야 비로소 자신의 우선순위들에 관해 다시 생각하는 사람이 많다. 1912년 4월 14일 밤에 그런 일이 벌어졌다. 그날 거대한 여객선 '타이타닉'(Titanic) 호는 대서양에서 빙산과 충돌했다. 그날 구명보트에 올라탄 한 여성의 이야기는 매우 흥미롭다. 그 여성은 구명보트가 출발하기 직전 중요한 물건을 가지러 객실에 다녀오게 해 달라고 애원했다. 결국 3분의 시간을 얻은 그녀는 사람들이 급하게 빠져나오며 떨어뜨린 돈과 온갖 귀중품을 밟으며 복도를 뛰어갔다. 객실에 도착한 후 보석은 쳐다보지도 않고 오렌지 3개를 집어 들고 재빨리 구명보트로 돌아왔다.

몇 시간 전만 해도 그 여성은 오렌지를 트럭째 준다고 해도 그중에서 가장 값싼 보석 하나도 내놓지 않았을 것이다. 하지만 상황이 바뀌면서 우선순위도 변했다. 이처럼 우리도 응급 상황이 오면 변할 수 있다.

우선순위에 관한 원칙들

아기는 주먹을 꽉 쥔 채로 태어나지만 어른은 손을 편 채로 죽는다고 한다. 삶은 우리가 더없이 중요하게 여기는 것들을 하나씩 빼앗아간다. 당신 안의 리더를 키우고 싶다면 비극이 찾아올 때까지 기다리지 말고 오늘부터 당장 우선순위를 다시 세우라. 다음과 같은 원칙들을 인정하면서 오늘부터 적극적으로 변화를 시도하라.

첫째, 열심히 일하는 것보다 현명하게 일하는 것이 더 큰 결과를 낳는다. 소설가 프란츠 카프카(Franz Kafka)는 이런 말을 했다. "생산성은 전에는 못하던 것을 할 수 있는 것이다."

이 말을 이해했다면 어떻게 행동할 것인가? 똑같은 방식으로 더 열심히 해 봐야 아무 소용이 없다. 알베르트 아인슈타인(Albert Einstein)은 정신 이상의 정의는 똑같은 행동을 계속하면서 다른 결과를 기대하는 것이라는 말을 했다.

그렇다면 어떻게 해야 더 좋은 결과를 얻을 수 있을까? 일을 하는 방식을 '다시 생각해야' 한다. 현명하게 해야 한다. 더 나은 방식을 찾고 매순간을 최대한 활용해야 한다. 마케팅 전문가 댄 케네디(Dan Kennedy)는 말했다. "모두가 허비하는 시간을 체계적으로 사용하면 우위를 점할 수 있다."[4]

우위를 원하지 않는 리더가 있을까?

둘째, 다 가질 수는 없다. 아들 조엘(Joel)이 어릴적 일이다. 함께 가게에 갈 때마다 나는 "다 가질 수는 없단다"라는 말을 해야만 했다. 사람이 다 그렇지만 조엘도 원하는 것의 목록을 줄이는 것을 힘들어 했다. 하지만 나는 어떤 일에서든 성공의 95퍼센트는 자신이 진정으로 원하는 것이 무엇인지를 아는 것이라고 믿는다. 특히 사람들을 이끄는 자기의 리더에게는 이것이 특히 더 중요하다.

오래전 프랑스 알프스(French Alps)의 몽블랑(Mont Blanc) 정상 등반을 위해 준비 중이던 한 무리의 사람들에 관한 이야기를 읽었다. 등반 전날 밤 프랑스인 가이드는 등반 성공을 위해 꼭 필요한 것을 설명해 주었다. "정상을 밟으려면 등반에 꼭 필요한 것만 가져가야 합니다. 나머지는 두고 가서야 합니다. 아주 어려운 산행입니다."

하지만 한 젊은 영국인은 전문가의 조언을 귀담아듣지 않았고, 이튿날 아침 꼭 필요한 장비 외에도 화려한 색상의 담요, 큼지막한 치즈 여러 덩이, 와인 한 병, 카메라 두어 개와 렌즈 여러 개, 초콜릿 바 여러 개를 잔뜩 챙겨서 나타났다. 그 모습을 본 가이드가 인상을 찌푸렸다. "그걸 다 갖고는 정상에 오를 수 없습니다. 정상을 밟고 싶다면 꼭 필요한 것만 가져가야 합니다."

하지만 그 영국인은 혈기가 왕성한데다 고집도 셌다. 그는 할 수 있다는 걸 보여 주겠다며 앞장서서 출발했다. 나머지 일행은 가이드의 지시에 따라 꼭 필요한 것만 들고 출발했는데 어느 순간부터 길에 물건이 하나둘 떨어져 있는 것이 보였다. 처음에는 화려한 색상의 담요가 나타났다. 그다음에는 와인 병과 치즈 덩어리들. 마지막으로, 초콜릿 바들이 떨어져 있었다. 일행이 정상에 도착해 보니 그 영국인이 있었다. 현명하게도 그 영국인은 끝까지 고집을 부리지 않고 도중에 불필요한 것을 버렸던 것이다.

오래전 우선순위에 관한 훌륭한 교훈을 전해 주는 윌리엄 H. 힌슨(William H. Hinson)의 다음 시를 읽었을 때의 감동이 지금도 잊히질 않는다.

한 가지, 오직 한 가지만 추구하는 자는

생이 끝나기 전에 그것을 이룰 수 있으리라.

하지만 닥치는 대로 다 추구하면

무엇을 뿌리든

메마른 후회의 열매를 거두리라.

인간이든 리더로든 성공하려면 선택을 해야 한다. 우선순위를 정해야 한다. 모든 것을 다 가질 수는 없다.

셋째, 좋은 것은 언제나 가장 좋은 것의 적이다. 대부분의 사람들은 좋은 것과 나쁜 것, 옳은 것과 그릇된 것을 분간할 수 있다. 하지만 두 가지 좋은 것 사이에서 하나를 고르기란 여간 어렵지 않다. 둘 다 좋다면 무엇을 선택해야 하는가?

이와 관련된 좋은 예화 중 하나는 전기가 발명되기 전 암벽 천지의 해안에서 일하던 등대지기에 관한 이야기다. 그는 한 달에 한 번씩 등대를 밝힐 기름을 공급받았다. 등대는 마을에서 그리 멀지 않았기 때문에 종종 마을 사람들이 찾아왔다. 어느 날 밤, 마을에 사는 할머니가 찾아와 집이 너무 춥다며 기름을 조금만 나누어 달라고 사정을 했다. 등대지기는 불쌍한 마음에 기름을 조금 나누어 주었다. 또 한번은 한 아버지가 실종된 아들을 찾아야 한다며 기름을 빌려 달라고 부탁했다. 또 다른 사람은 공장의 기계를 돌리기 위한 기름이 필요하다고 부탁했다. 이런 요청을 들어주는 것은 다 좋은 일이다. 매번 등대지기는 이런 좋은 일을 위해 기름을 나누어 주었다.

한 달이 끝날 무렵 등대지기는 기름이 얼마 남지 않았다는 것을 발견했다. 결국 그 달의 마지막 날 밤에 기름이 똑 떨어져 등대의 불이 꺼지고 말았다. 마침 그날 밤 폭풍우가 일어나 배 한 척이 바위에 부딪혔다. 그로 인해 안타까운 생명이 스러졌다.

당국에서 조사를 위해 찾아오자 등대지기는 매우 후회하며 잘못을 빌었다. 하지만 조사원들의 반응은 냉엄했다. "당신은 오직 한 가지 목적을 위해 기름을 공급받았습니다. 그것은 바로 등대의 불을 켜는 것입니다!"

성공해서 바빠질수록 두 가지 좋은 것 중에서 선택하는 법을 배워야 한다. 항상 둘 다 가질 수는 없다. 무엇을 선택해야 할까? 때로는 가장 좋은 것을 위해 좋은 것을 포기해야만 한다는 사실을 잊지 말라.

넷째, 주도적인 사람이 반응적인 사람을 이긴다. 계획에 관해서 모든 사람은 주도적이거나 반응적이다. 주도적이라는 것은 곧 선택한다는 뜻이다. 반응적이라는 것은 곧 패배를 의미한다. 해야 할 일이 생기면 하는 것이 아니라 해야 할 일을 찾아서 해야 한다. 뛰어난 리더가 되기 위해서는 주도적이어야 한다. 주도적인 사람과 반응적인 사람의 차이점을 모은 아래 표를 보라.

주도적인 사람	반응적인 사람
준비한다	수습한다
미리 계획한다	상황을 보고 행동한다
전화기를 들어 연락을 한다	전화벨이 울릴 때까지 기다린다
문제를 예상한다	문제에 반응한다
기회를 좇는다	기회가 올 때까지 기다린다
일정표에 자신의 우선순위를 적는다	일정표에 사람들의 요구사항을 적는다
사람들에게 시간을 투자한다	사람들과 시간을 보낸다

주도와 반응의 차이가 별로 대단하지 않다고 생각한다면, 당신이 휴가를 떠나기 전 한 주간에 관해 생각해 보라. 필시 그때가 일터에서 가장 생산적인 시간일 것이다. 왜 그럴까? 우선순위와 마감일이 분명해지기 때문이다. 휴가를 떠나기 전에 결정을 내리고 프로젝트를 마무리하고 책상을 치우고 답신을 해 주고 필요한 것을 동료들에게 부탁해야 한다.

왜 우리는 항상 이런 식으로 살지 못하는 것일까? 분명, 이렇게 살 수 있다. 다만, 그렇게 되려면 마음가짐의 변화가 필요하다. 단순한 효율이 아니라 효과의 측면에서 생각해야 한다. 주어진 일을 제대로 하는 것보다

해야 할 일을 제대로 찾아서 해야 한다. 열정적이고 주도적이어야 한다.

다섯째, 시급한 것보다 중요한 것이 우선이어야 한다. 리더로서 맡은 책임이 많아질수록 해야 할 일이 많다. 따라서 여러 가지 중요한 일을 동시에 할 수 있는 능력은 모든 리더가 배워야 할 기술 중 하나다. 그러려면 일들을 체계적으로 분류할 필요성이 있다.

어느 상황에서도 일들을 재빨리 분류할 수 있는 간단한 방법 하나를 소개한다. 간단하지만 매우 효과적인 방법이다. 이는 얼마나 중요하고 얼마나 시급한지를 판단하는 방법이다. 무능력한 리더들은 아무 생각 없이 시급한 일부터 손을 댄다. 하지만 뛰어난 리더들은 각 일에 대해 두 요소를 함께 가늠한 뒤에 적절하게 행동한다. 구체적인 방법은 다음과 같다.

- **매우 중요/매우 긴급** : 이런 일을 가장 먼저 처리하라.
- **매우 중요/덜 긴급** : 마감일을 정하고 매일의 일과에 넣으라.
- **덜 중요/매우 긴급** : 최소한의 인력과 시간 투자로 이런 일을 빠르고도 효율적으로 해낼 수 있는 방법을 찾으라. 가능하다면 타인에게 위임하라.
- **덜 중요/덜 긴급** : 이런 업무는 가능하면 없애거나 위임하라. 꼭 직접 해야 한다면 일주일에 한 시간씩 나누어서 하고, 황금 시간대에 하지는 말라. 매일 아침 해야 할 일의 목록을 검토하고 각 업무를 중요도/긴급성의 기준에 따라 나누는 데는 그리 많은 시간이나 노력이 필요하지 않다. 이렇게 하면 업무의 우선순위를 신속하게 정해서 하루의 계획을 세울 수 있다.

매일의 할 일을 우선순위에 따라 검토한다면 그 효과는 이루 말할 수가 없다. 닥치는 대로 하는 삶은 무엇 하나 제대로 하지 못하기 때문이다. 하지만 올바른 우선순위가 중요하다는 점만 알고 그런 우선순위를 정하기 위한 구체적인 해법을 모른다면 계속해서 적극적인 리더가 아닌 반응적인 리더로 남을 수밖에 없다. 그래서 더 넓은 시각으로 우선순위를 정할 수 있도록 도와줄 몇 가지 도구를 소개하고자 한다.

주도적인 우선순위 해법 1
20/80 법칙

의사결정에 관하여 많은 경력을 지닌 한 사람이 내게 간단명료한 조언을 해 주었다. 무엇을 해야 할지 결정해서 그것을 하고, 무엇을 하지 말아야 할지 결정해서 그것을 하지 말라! 썩 괜찮은 조언이지만 사실, 우선순위를 정하는 것은 그리 간단하지 않다. 무엇을 하고 하지 말아야 할지는 흑백으로 정확히 구분되기보다는 여러 회색 지대가 존재하는 경우가 많기 때문이다.

오래전 나는 경영학 수업에서 이탈리아 경제학자 빌프레도 파레토(Vilfredo Pareto)의 이름을 딴 '파레토 법칙'에 관하여 듣게 되었다. 이것은 흔히 20/80법칙이라고 부른다. 나는 그 개념의 가치를 즉시 알아보고 내 삶에 적용해 보았다. 그로부터 45년이 지난 지금도 나 자신 혹은 내가 코치하는 사람들이나 조직의 우선순위를 정할 때 이 법칙을 가장 유용한 도구로 사용한다. 파레토 법칙을 비즈니스에 적용하면 다음과 같다.

"가장 중요한 20퍼센트의 우선순위들에 시간과 에너지, 돈, 인력을 집중시키면 그 20퍼센트가 생산의 80퍼센트를 책임져 줄 것이다."

파레토 원칙의 몇 가지 실례를 소개한다. 물론 이 중에는 유머러스한 예도 있지만 모두가 분명한 사실이다.

시간 : 우리 시간의 20퍼센트가 성과의 80퍼센트를 만들어 낸다.

상담 : 사람들의 20퍼센트가 우리 시간의 80퍼센트를 사용한다.

생산 : 생산품의 20퍼센트가 수익의 80퍼센트를 만들어 낸다.

독서 : 독서의 20퍼센트가 모든 내용의 80퍼센트를 담고 있다.

일 : 우리 일의 20퍼센트가 만족의 80퍼센트를 준다.

프레젠테이션 : 프레젠테이션의 20퍼센트가 효과의 80퍼센트를 낳는다.

기부자 : 기부자의 20퍼센트가 돈의 80퍼센트를 낸다.

세금 : 사람들의 20퍼센트가 세금의 80퍼센트를 낸다.

리더십 : 사람들의 20퍼센트가 80퍼센트를 결정한다.

야유회 : 사람들의 20퍼센트가 음식의 80퍼센트를 먹는다.

어떤 상황을 봐도 20/80법칙이 적용된다는 것을 확인할 수 있을까? 이유는 무엇일까? 나도 모른다. 그냥 그렇다. 이 법칙은 리더로서 우리가 하는 모든 일에 작용하기 때문에 우리는 이 법칙을 꼭 이해해야만 한다. 10가지 우선순위들에 20/80법칙을 적용해서 시각적으로 표현해 보면 다음과 같다.

파레토 법칙

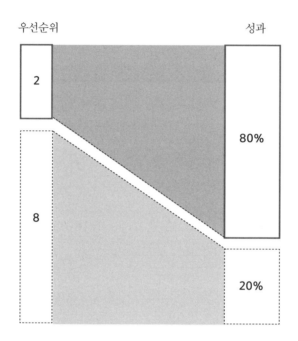

우선순위   성과

위의 그림에서 실선 안에 있는 것은 가장 중요한 두 개의 우선순위이
다. 이 두 개의 항목에 시간과 에너지, 돈, 인력 등을 투입하면 네 배의 생
산성을 거둘 수 있다. 반면, 나머지 여덟 개의 항목은 최소한의 성과만 낳
는다.

그 의미는 분명하다. 해야 할 일의 목록에서 상위 20퍼센트가 성과의
80퍼센트를 낳기 때문에 이 20퍼센트에 집중해야 한다. 인력의 상위 20퍼
센트가 성과의 80퍼센트를 낳기 때문에 그들에게 시간과 에너지를 집중해

야 한다. 고객의 상위 20퍼센트가 80퍼센트의 수익을 낳기 때문에 그들에게 초점을 맞추어야 한다. 제품의 상위 20퍼센트가 수익의 80퍼센트를 낳기 때문에 그 제품의 판매에 집중해야 한다.

이 법칙에서 가장 큰 작용을 하는 영역은 인력이다. 직원들은 조직에 똑같이 기여하지 않는다. 상위 20퍼센트가 가장 큰 업무량을 담당하고 가장 큰 성과를 거둔다. 그런데 안타깝게도, 가장 많은 시간과 관심이 필요한 사람들은 대개 하위 20퍼센트다. 반면, 상위 20퍼센트는 스스로 움직이기 때문에 리더의 손길이 가장 덜 필요하다. 그렇다면 누구에게 주로 투자해야 할까? 물론 상위 20퍼센트다.

파레토 법칙을 인력에 적용하는 방법은 다음과 같다.

- 생산성에서 상위 20퍼센트 사람들을 찾아내라.
- 이 상위 20퍼센트에 인력과 관련된 시간 중 80퍼센트를 사용하라.
- 이 상위 20퍼센트에 인력 계발 비용의 80퍼센트를 사용하라.
- 상위 20퍼센트가 상위 20퍼센트의 성과를 거둘 수 있는 일을 찾아 그 일에 시간의 80퍼센트를 쓰도록 도우라.
- 그들이 나머지 80퍼센트의 일을 남들에게 위임하여 자신이 가장 잘할 수 있는 일에 집중할 수 있도록 하라.
- 상위 20퍼센트에게 차세대 상위 20퍼센트를 위한 현장 훈련을 제공하게 하라.

당신의 팀이나 부서, 조직에서 상위 20퍼센트를 어떻게 찾아야 할까? 이를 위해 이번 장의 마지막에 워크시트를 실어 놓았다. 상위 20퍼센트에 투자하는 것이 매우 중요하므로 이 활동을 꼭 해 보기를 권한다. 팀원이 5명이라면 그중 첫번째가 상위 20퍼센트다. 팀원이 10명이라면 첫 번째와 두 번째가 상위 20퍼센트일 것이다. 팀원이 20명이면 4명을 추려야 한다. 이쯤 하면 무슨 말인지 알 것이다.

상위 20퍼센트가 우리가 투자하고 자원을 집중해 주고 리더십의 기회를 제공해야 할 사람들이다. 이것을 어떻게 하느냐에 따라 팀의 성패가 갈린다.

주도적인 우선순위 해법 2
- 3R

나와 같은 세대의 사람들은 학교에서 3R이라는 것을 들어보았을 것이다. 3R은 읽기(Reading), 쓰기(wRiting), 셈(aRithmetic)을 말한다(그렇다. 세 개의 R 중 두 개는 R로 시작하지 않는다). 주도적으로 우선순위들을 찾아 그것들에 집중할 수 있도록 도와주는 또 다른 3R을 소개한다. 가장 중요한 우선순위들을 찾으려면 삶을 더 큰 시각에서 보아야 한다.

자, 내가 소개하는 3R은 요구(requirement)와 성과(return), 보상(reward)이다(이 3R은 모두 실제로 R로 시작된다). 이 세 가지 R에 따라 스스로에게 세 가지 질문을 던지면 가장 중요한 우선순위들을 찾을 수 있다.

내가 꼭 해야 할
일인가?
모든 역할에는 타인에게 양도할 수 없는 책임이 따른다. 절대 남에게 위임할 수 없는 일이 있다. 당신에게는 무엇이 그런 일인가?

나는 샌디에이고 스카이라인교회(Skyline Church)에 부임했을 때 인사 위원회에 이런 질문을 했다. "누구에게도 위임할 수 없이 오직 제가 해야만 하는 일은 무엇입니까?"

긴 시간의 토론 끝에 내가 직접 해야만 하는 것을 몇 가지로 간추릴 수 있었다. 예를 들어, 나에게는 대부분의 주일에 설교하는 것, 교회의 비전을 정하는 것, 깨끗한 삶을 사는 것이 요구되었다. 이것들은 다른 사람이 아닌 오직 내가 해야만 하는 일이었다.

리더에게 요구되는 최종적인 책임이 있다. 사장이나 이사회를 위해 일하는 경우에는 그들에게 물어보면 그 책임이 무엇인지 파악하는 데 도움이 될 수 있다. 혼자서 일하거나 자신의 사업체를 운영하고 있다면 그 책임을 파악하기가 좀 더 어려울 수 있다. 하지만 그 책임을 아는 것이 매우 중요하다. 그렇지 않으면 엉뚱한 것들에 집중하면서 시간과 재능, 에너지를 허비할 수밖에 없다.

가장 큰 성과를 거두려면
어떻게 해야 하는가?

내가 무엇을 잘하는가? 아니, 무엇을 진정으로 잘하는가? 어디에 내 시간과 에너지를 투자할 때 가장 큰 성과를 거둘 수 있는가? 나는 나 자신에게 늘 이런 질문을 던진다. 그것은 단순한 활동이 아니라 생산성이 중요함을 알기 때문이다.

나는 커뮤니케이션과 저술, 리더십, 이렇게 세 가지에 시간과 재능과 에너지를 쏟을 때 가장 큰 성과를 거둘 수 있다. 이런 활동이 나와 내 조직에 가장 큰 성과를 안겨 준다. 이런 활동이 나의 스위트스팟이다. 그 외에 다른 것을 할 때는 기껏해야 이류라는 소리밖에 듣지 못한다.

자신이 어떤 활동을 할 때 가장 큰 성과를 거둘 수 있는지를 아는 것이 매우 중요하다. 당신이 무엇을 할 때 사람들이 늘 칭찬하는가? 동료들이 당신에게 계속해서 요청하거나 부탁하는 일이나 책임은 무엇인가? 당신이 어떤 일을 할 때 가장 좋은 효과나 가장 큰 매출을 낳는가? 스스로에게 이런 질문을 던지면 자신이 가장 잘할 수 있는 일을 찾는 데 도움이 된다.

어떤 일이
가장 만족스러운가?

즐기지 않기에는 인생이 너무 짧다. 우리는 즐기는 일을 가장 잘할 수 있다. 즐길 수 있는 일은 큰 내적 보상, 즉 정신적, 감정적, 영적 보상을 안겨 준다. 나는 이 영역에서 사람들을 코치할 때 주로 이런 기준을 제시한다.

먼저, 돈을 받지 않고도 기꺼이 할 수 있는 일을 찾으라. 그러고 나서 남들이 기꺼이 돈을 지불할 수 있도록 그 일에 관하여 실력을 갈고 다듬으라. 가장 큰 보상을 안겨 주는 일을 찾기 위한 또 다른 단서는 다음과 같다. 어떤 일을 할 때 내가 이 일을 위해 타고났다는 생각이 드는가?

우리의 장기적인 커리어 목표는 요구, 성과, 보상에 관한 질문들의 답들을 일치시키는 것이 되어야 한다. 해야 할 일과 잘하는 일, 즐기는 일이 일치할 때 생산성과 만족감은 최고조에 달한다. 물론 이런 일을 일치시키려면 반드시 시간과 노력이 필요하다. 이번 장의 끝부분에 당신이 이 세 가지 R을 얼마나 잘하고 있는지 평가하기 위한 로드맵을 수록했다. 이 로드맵을 시작으로 세 가지 R을 정렬시키기를 바란다.

주도적인 우선순위 해법 3
- 여유를 만들라

꽤 긴 세월 나는 매달 마지막 주에 시간을 들여 다음달을 위한 계획을 세우는 습관을 가졌다. 우선순위과 필요사항을 말 매시간 간격으로 촘촘히 일정표에 기입했다. 그렇게 하고서 내가 시간을 얼마나 아껴서 쓰는지 모른다며 뿌듯해 했다. 그렇게 일정을 빡빡하게 잡아서 쉴 새 없이, 그리고 밤늦게까지 일하면 모든 일을 빨리 마쳐서 삶의 여유가 생기리라고 생각했다.

이런 무의미한 활동을 몇 년간 한 뒤에야 내가 스스로를 속이고 있다는 것을 깨달았다. 일이 계속해서 늘어나서 남는 시간을 다 채우고 만다는 파킨슨의 법칙(Parkinson's law)이 사실이라는 점을 마침내 알게 된 것이다. 일부러 여유를 만들지 않으면 평생 여유를 가져볼 수 없다는 것을 알았다.

의사이자 저자인 리처드 스웬슨(Richard Swenson)은 여유라는 개념에 관해 많은 글을 썼다. 그는 《여유》(Margin : Restoring Emotional, Physical, Financial, and Time Reserves to Overloaded Lifes)라는 책에서 이렇게 말했다. "여유는 우리의 짐과 한계 사이에 존재하는 공간이다. 여유는 허용된 것 중에서 필요한 부분 외에 남는 부분이다. 여유는 뜻밖의 상황을 위해 예비로 마련해 두는 것이다. 여유는 쉼과 고갈 사이의 틈, 편한 숨쉬기와 질식 사이의 공간이다. 여유는 과중의 반대다."[5]

나는 일정표의 모든 공간을 다 채우는 습관을 버리고 공백을 남겨 두는 새로운 습관을 길러야 했다. 리더인 내가 먼저 그렇게 하지 않으면 팀원들은 그렇게 할 리가 없었다. 초의 양쪽 끝에 불을 다 붙여 봐야 생각만큼 더 밝아지지는 않는다는 것을 알게 된다. 나는 삶 속에 여유를 두는 변화를 단행해야 했다.

《리더십 불변의 법칙》(The 21 Irrefutable Laws of Leadership)에서 나는 우선순위의 법칙에 관해 "리더라면 활동이 꼭 성과로 이어지는 것은 아님을 알아야 한다"라고 말했다.[6] 그런데 비록 내가 이 법칙에 관한 글을 썼기는 하지만 이 법칙을 제대로 실천하기까지는 20년이 넘는 시간이 걸려야 했다. 나처럼 일하기 좋아하고 마감일의 압박이 있을 때 일을 더 잘하며 성과를 내려는 욕구가 강한 사람들에게 여유란 쉬운 것이 아니다. 하지만 리더로서 맡은 책임이 클수록 자신의 삶 속에서 여유를 만들 책임도 커진다.

이 영역에서 나는 여전히 완벽하지 않다. 하지만 내 삶 속에 충분한 여유를 두기 위해 부단히 노력하고 있다. 올바른 우선순위를 따라 사는 삶으로써 잠재력을 이루는 리더가 되려면 여유를 만드는 법을 배워야 한다. 그 이유는 다음과 같다.

첫째, 여유는 자기 인식을 높여 준다. 감성지능(EQ)은 나와 다른 이의 감정을 인식하고 이해하며, 나아가 그런 인식을 바탕으로 남들에 대한 자신의 행동을 관리하는 능력이다.

리더십과 관련해서 감성지능만큼 중요한 능력도 드물다. 훈련과 컨설팅 조직인 탤런트스마트(TalentSmart)는 1백만 명 이상의 감성지능을 검사한 결과, 높은 성과를 내는 사람들의 90퍼센트가 감성지능이 높다는 사실을 발견했다.[7]

감성지능의 좋은 점 가운데 하나는 리더십과 마찬가지로 계발될 수 있다는 것이다. 감성지능의 가장 중요한 특성은 자기 인식이다. 자신의 감정에 대한 분명한 인식과 이해는 반성은 특히 혼자서 하는 반성을 통해 발달된다. 물론 일이 너무 많아서 여유가 없으면 그런 시간을 낼 수 조차 없다. 여유가 있어야 반성을 통해 감성지능을 기를 수 있다.

둘째, 여유는 생각할 시간을 준다. 내가 만난 리더들은 하나같이 행동 성향이 강했다. 물론 나도 마찬가지다. 하지만 행동만 하고 그 행동에 관해 생각해 보지 않으면 뛰어난 리더가 될 수 없다. 리더는 모든 일에 있어 남들보다 더 많이 그리고 먼저 볼 수 있어야 한다. 그러려면 남들보다 더 많이 그리고 먼저 생각을 해야 한다. 칙필에이(Chick-fil-A) 창립자 트루에트 캐시(Truett Cathy)는 내게 이런 말을 했다. "우리는 시장 행위자가 되기 전에 먼저 생각의 리더가 되어야 합니다." 여유를 만들면 그렇게 될 수 있다.

현재의 모습은 우리의 지난 생각이 형성한 것이며, 내일의 모습은 현재 우리의 생각이 형성할 것이다. 이것이 내가 반성과 사고를 위해 노력하고, 나의 수많은 책에서 그에 관한 이야기를 한 이유이다. 좋은 사고자가 되기 위해서는 틈날 때마다 조금씩 생각하는 것이 아니라 여유롭게 생각할 시간을 내야 한다. 생각을 위해 꽤 긴 시간을 따로 떼어야 한다. 아침부터 저녁까지 이리저리 뛰어다니기만 한다면 더 좋은 사고자가 될 수 없다.

셋째, 여유는 심신을 회복하게 해 준다. 우리는 눈코 뜰 새 없이 바쁜 세상 속에서 살고 있으며, 리더들은 누구보다도 바쁜 사람들이다. 에너지 프로젝트(Energy Project)의 창립자이자 CEO인 토니 슈워츠(Tony Schwartz)는 에너지와 성과에 관해 많은 연구와 저술 활동을 했다. 한번은 그가 〈뉴욕 타임스〉(New York Times)지에 기고한 글에서 이런 말을 했다. "버거울 만큼 많은 일을 동시에, 그것도 버티기 힘든 페이스로 하다가 무너지는 사람이 점점 늘어나고 있다."

이런 문제에 대한 그의 해법은 이러했다. "역설적이게도, 더 많은 일을 해내기 위한 최선의 방법은 일을 적게 하는 시간을 더 많이 내는 것이다. 어느 분야에서나 낮 시간에 운동을 하고, 오후 시간에 짧은 낮잠을 자고, 수면 시간을 늘리고, 사무실 밖에 나가 있는 시간을 늘리고, 휴가를 더 오래 더 자주 가는 것 등의 전략적인 휴식이 생산성과 업무 성과, 그리고 물론 건강에 좋다는 연구 결과가 계속해서 나오고 있다."[8]

슈워츠가 추천한 방법들은 모두 여유를 필요로 한다. 슈워츠는 인간이 많은 에너지를 지속적으로 사용하는 것이 아니라 에너지를 사용하고 회복하기를 반복하도록 설계되었다고 말한다. 따라서 최선의 성과를 내려면 충전할 방법을 찾아야 한다. 이를테면 교제나 운동, 휴가, 여행, 음악 같은 것이 방법일 것이다. 자신의 배터리를 충전시켜 주는 것이라면 무엇이든지 좋다. 단, 그것으로 자신을 충전하려면 시간적 여유가 필요하다.

여유를
만드는 법

앞서 말했듯이 나에게는 여유를 만드는 것이 꽤 힘든 일이다. 하지만 여유를 만들어야 올바른 우선순위를 유지하고 더 좋은 리더가 될 수 있다는 점을 알기 때문에 여유를 쟁취하기 위해 늘 애를 쓴다. 내가 사용하는 두 가지 방법을 소개하고 싶다. 당신에게 꼭 도움이 될 것이라고 믿는다.

첫째, 늘 평가하고 제거한다. 나는 삶을 간소화할 방법을 늘 찾는다. 내 스위트스팟 밖에 있는 것들에 시간을 허비하지 않으려고 노력한다. 나의 세 가지 R에 맞지 않는 것들을 모두 남들에게 맡기거나 없앤다. 또한 가능할 때마다 20/80법칙을 사용하여 내 삶을 간소화한다. 당신도 충분히 할 수 있다. 먼저, 자신에게 다음과 같은 질문을 던져 보라.

- 내 소유물 중에서 가장 큰 가치를 낼 수 있는 20퍼센트는 무엇인가?
- 내 옷을 입는 시간의 80퍼센트를 차지하는 20퍼센트의 옷은 무엇인가?
- 내가 여가 활동으로 얻는 행복 중에서 80퍼센트를 책임져 주는 20퍼센트의 여가 활동은 무엇인가?
- 내게 가장 큰 기쁨을 주는 20퍼센트의 지인은 누구인가?

십중팔구 이런 질문에는 금방 대답할 수 있을 것이다. 단지 전에는 이런 생각을 해 본 적이 없어서 이런 질문을 던지지 않았을 뿐이다. 가장 많은 것을 얻을 수 있는 영역에 집중하라. 그리고 나머지 영역에서 여유를 만들라. 나머지의 옷이나 재물은 나누어 주라. 삶의 복잡성을 줄이라.

둘째, 내 일정표의 20퍼센트를 공백으로 남기기 위해 노력한다. 이제 나는 예전처럼 일이 생기는 대로 일정표를 채우지 않는다. 이제는 어떻게든 공백을 만든다. 파레토 법칙에 따라 내 목표는 내 시간의 20퍼센트를 늘 여유 시간으로 남겨 주는 것이다. 당신도 같은 퍼센티지를 쟁취하라고 권하고 싶다.

예를 들면 이렇다. 매일 여유 시간을 만들 경우, 하루에 평균 16시간 동안 깨어 있다면 매일 3시간 20분을 아무런 스케줄이 없는 시간으로 남겨두어야 한다. 일주일 단위로 계획하고 싶다면, 매주 22시간 30분을 여유 시간으로 남겨야 한다. 한 달 단위라면, 총 6일의 여유를 두어야 한다. 1년 단위라면 72일을 스케줄 없이 지내야 한다.

이렇게 말하는 사람이 있을지도 모르겠다. "나는 할 수 없어. 하루에 세 시간 혹은 한 달에 6일은 무리야. 1년에 70일 이상을 쉬는 것은 불가능해."

나도 그렇게 생각한다. 이것이 여유 시간을 유지하기가 그토록 어려운 이유이다. 토니 슈워츠의 생각도 같다. "지금보다 더 쉬는 것은 대부분의 사람들에게 반직관적인 일이다. 그것은 쉬는 시간을 낭비로 보는 대부분 회사의 노동 윤리와도 상충한다. 예를 들어, 모든 직원의 3분 1이상은 보통 책상 위에서 점심식사를 해결하며, 50퍼센트 이상은 휴가지에서도 일해야 한다고 생각한다."[9]

우리에게는 충분한 쉼이 꼭 필요하다. 정신없이 바쁘기만 해서는 올바른 우선순위를 유지할 수 없다. 에너지가 넘치는 행동가들은 멈춰서 자신의 활동을 점검하고 우선순위를 돌아보며 무엇을 어떻게 할지 재고하는 것을 힘들어 한다. 하지만 가끔 한 번씩이 아니라 매일, 매년 그렇게 해야만 한다. 우선순위는 계속해서 변하기 때문이다.

하지만 우선순위의 원칙들을 배우고 계속해서 적용하면 개인적인 삶에서든 직업적인 삶에서든 큰 성과를 거둘 수 있다. 좋은 우선순위만큼 리더에게 큰 성과를 안겨 주는 것도 없다. 이것이 내가 좋은 우선순위가 리더십의 열쇠라고 말하는 이유다.

우선순위의 능력을 계발하라

바쁜 것과 과로를 미덕으로 여기는 현대 문화 속에서 올바른 우선순위를 찾고 유지하기란 여간 힘들지 않다. 그래서 이번 장의 내용은 단계적으로 적용하는 것이 적절하다.

√ 우선순위의 원칙을 받아들이라.

먼저, 당신이 올바른 우선순위에 따라 살아오지 못한 영역들을 확인하라. 매일의 일 습관을 어떻게 바꾸어야 할지 고민하라. 이번 장의 우선순위 원칙을 바탕으로 한 다음의 다섯 가지 질문에 답해 보라.

1. 어느 부분에서 내가 더 열심히가 아니라 더 현명하게 일해야 하는가?

2. 다 가지려고 하지 않기 위해서 무엇을 바꾸어야 할까?

3. 내가 가장 좋은 것을 하기 위해 그만 해야 할 좋은 것들은 무엇인가?

4. 반응적인 사람이 아닌 주도적인 사람이 되기 위해 어떻게 해야 할까?

5. 시급하지만 중요하지 않은 것들을 그만 하기 위해 어떻게 해야 할까?

√ 파레토 법칙 워크시트

파레토 법칙은 개인적인 삶이나 직업적인 삶의 대부분의 영역에 적용할 수 있다. 하지만 리더로서 가장 중요한 영역은 인력 영역이다. 당신이 이끄는 사람들 중에서 상위 20퍼센트를 찾아내야 한다.

    1. 아래 칸에 당신의 팀에 있는 모든 구성원의 이름을 쓰라.

ABC	번호	이름

    2. 왼쪽 끝의 칸에는 다음 중 해당하는 철자를 적어 넣으라.

        이 사람이 팀을 떠나가거나 내게 등을 돌리면 …

a. 팀이 휘청거리고 팀의 성과가 크게 떨어질 수 있다.

b. 팀의 성과에 악영향을 끼치지만 팀이 휘청거리지는 않는다.

c. 팀에 악영향을 끼치기는커녕 오히려 도움이 된다.

모든 이름 옆에 해당되는 철자를 쓰라.

3. 이제 중요도에 따라 A그룹에 해당하는 사람들의 순서를 매기라. 가장 중요한 사람은 1, 그 다음으로 중요한 사람은 2와 같은 식으로 적으라. 그런 다음에는 B그룹의 순서를 매기라. 그 다음은 C그룹이다.

4. 상위 20퍼센트의 이름(팀원이 총 5명이라면 한 명, 10명이라면 두 명과 같은 식으로) 옆에 ★ 표시를 하라.

5. 다른 종이에 이 상위 20퍼센트에 가치를 더해 주고 그들을 계발할 수 있는 2-5가지 방법을 적어 보라.

6. C그룹의 사람들이 더 능력을 발휘할 수 있는 다른 팀으로 옮길 수 있도록 도울 수 있다면 도우라.

√ 3R 워크시트

다음 쪽에 당신의 책임들을 나열하라. 그런 다음 각 칸에 그것들을 평가한 점수를 적으라. '요구' 항목부터 시작하여 3(높은 중요도), 2(중간 중요도), 1(낮은 중요도)의 점수를 매기라. 그런 다음 '성과'와 '보상' 항목에 대해서도 똑같이 평가하라. 모든 책임들을 세 항목에 대해 평가한 다음에는 점수를 합산하라. 맨 왼쪽 칸에 합산 점수에 따른 순위를 적으라.

#	책임	요구	성과	보상	결과

예를 들면, 다음과 같은 식으로 할 수 있다.

책임	요구	성과	보상	결과
새 고객 확보	3	3	4	=8
고객과의 계약 성사	3	3	3	=9
이메일 응답	1	1	1	=3
직원 관리	3	2	1	=6
직원들의 리더십 계발	1	3	3	=7
프로젝트 관리	2	2	2	=6
월간보고	3	1	1	=5

가장 점수가 높은 책임들을 보라. 당신의 일상 활동이 이것들과 일치하는가? 이 질문을 쉽게 넘어가지 말라. 찬찬히 생각하라. 답을 확실히 모르겠다면 솔직하게 답해 줄 수 있는 친구나 가족, 동료에게 물어보라. 평가를 다 한 뒤에는 당신의 삶을 이런 우선순위들에 일치시킬 방법을 고민하여 적어 보라.

√ 여유 확보

당신의 일정표를 점검하라. 공백이 얼마나 있는가? 공백이 20퍼센트 미만이라면 일정을 가지치기할 필요성이 있다(어떤 종류의 일정표도 사용하지 않고 있다면 오늘부터라도 사용하라. 지금 당신에게는 일정표를 만드는 것이 가장 우선순위이다). 이번 장의 활동 결과를 바탕으로 무엇을 가지치기하고 무엇을 유지할지 결정하라.

3장

인 격 의 법 칙

리더는
인격의 깊이 이상으로
성공할 수 없다

젊은 리더들에게 어떤 사람이 되어야 할지 고민하기 전에
먼저 무엇을 할 수 있는지부터 꿈꾸라고 하면
그들을 실패의 길로 내모는 셈이다
  - 루스 헤일리 바턴(Ruth Haley Barton)

2016년 10월 12일 나는 교황 프란치스코(Pope Francis)를 만나 잠시 대화하는 영광을 누렸다. 보기 드문 겸손과 인격을 갖춘 그를 나는 오랫동안 존경해 왔다. 전통적으로는 추기경이 새로 교황으로 선출되면 교황 직을 받아들이겠냐는 물음에 "수용한다"(Accepto)라는 말로 대답한다. 그런데 교황 프란치스코의 대답은 달랐다. "저는 큰 죄인입니다. 하지만 우리 주 예수 그리스도의 무한하신 자비와 인내를 믿습니다. 그래서 회개하는 심정으로 받아들이겠습니다."[1]

교황 프란치스코는 교회 리더들 사이에서 인격 변화의 강한 바람을 일으켰다. 변화를 향한 그의 열정에 감동된 나는 그에게 존 맥스웰 재단(John Maxwell Foundation)을 위해서 기도해 달라고 요청했다. 존 맥스웰 재단은 내가 과테말라나 파라과이 같은 나라에서 긍정적인 변화의 바람을 일으키기 위해 설립한 비영리 조직이다. 감사하게도 교황은 내 요청을 흔쾌히 받아들였다.

리더십의
인격

나는 교황 프란치스코를 만나기에 앞서 그에 관해 많은 조사를 했다. 그 과정에서 경영 컨설턴트이자 스트라테고스(Strategos)의 창립자인 게리 하멜(Gary Hamel)이 〈하버드 비즈니스 리뷰〉(Harvard Business Review)지에 기고한 글을 읽게 되었다. 그 글에서 하멜은 교황 프란치스코가 교회 리더들을 만난 자리에서 리더십에 내재한 문제들을 이야기한 일을 소개했다. 교황은 그 문제들을 "질병"이라고 불렀다. 총 15개였는데 대부분이 인격과 관련이 깊었다.

1. 자신이 불멸이거나 그 무엇에도 영향을 받지 않거나 절대적으로 대체불가하다는 생각 - 이는 겸손과 섬김의 적이다.

2. 과도한 바쁨 - 이는 스트레스와 불안으로 이어진다.

3. 정신적(그리고 감정적) "석화"(石化) - 이는 무정함을 낳는다.

4. 과도한 계획과 완벽주의 - 이는 고집으로 이어진다.

5. 서투른 조정 능력 - 개인주의와 비협력을 조장한다.

6. "리더십 알츠하이머" - 누가 자신에게 리더가 될 기회를 주었는지를 잊어버린다.

7. 라이벌 의식과 허영 - 직함과 특전이 리더들의 주된 목적이 된다.

8. 삶의 정신분열증 - 리더들이 위선적인 삶을 산다.

9. 험담과 불평 - 비겁한 리더들은 뒤에서 남들을 헐뜯는다.

10. 상관 우상화 - 리더들이 상관들의 눈에 들어 앞서가기 위해 아부한다.

11. 타인에 대한 무관심 - 리더들이 오직 자신만 생각한다.

12. 풀이 죽은 얼굴들 - 리더들이 '아랫 사람들'을 가혹하게 대한다.

13. 축적 - 안정을 추구하기 위해 물질을 축적한다.

14. 닫힌 원 - 리더들이 공통의 정체성과 협력보다 자신의 파벌을 우선시한다.

15. 낭비와 자기과시 - 리더들이 더 큰 힘과 인정을 추구한다. [2]

깊은 통찰력이 담긴 목록이 아닐 수 없다. 교황 프란치스코는 성직에 오래 몸을 담으면서 모든 종류의 리더를 경험한 것이 분명하다. 이 목록을 읽고 나서 나의 인격을 돌아보게 되었다. 과연 내가 건강한 리더인가? 나는 하멜의 글에서 자기 성찰을 돕기 위한 다음과 같은 질문을 발견했다.

- 함께 일하는 부하 직원에게 우월감을 느끼는가?
- 일, 그리고 삶의 다른 영역들 사이의 균형이 깨져 있는가?
- 진정한 인간적 친밀함보다 형식을 중시하는가?
- 직관과 임기응변은 무조건 거부하고 계획에만 너무 의존하는가?
- 울타리를 허물고 다리를 놓는 데 시간을 너무 적게 사용하는가?
- 멘토를 비롯한 남들에게 진 빚을 주기적으로 인정하지 않는가?
- 내 특전과 특권에서 너무 많은 만족을 얻는가?
- 고객과 가장 중요한 직원들을 밀리하는가?
- 타인의 동기와 성과를 폄하하는가?
- 부당한 복종과 굴종을 보이거나 강요하는가?
- 자신의 성공을 타인의 성공보다 중시하는가?
- 일터를 즐거운 분위기로 만들지 못하는가?
- 보상과 칭찬을 공유하는 데 이기적인 모습을 보이는가?
- 공동체가 아닌 파벌주의를 조장하는가?
- 주변 사람들에게 이기적으로 행동하는가?[3]

이런 질문은 인격의 중요성을 새삼 깨닫게 해 준다. 특히, 리더들은 남들에게 좋든 나쁘든 더 큰 영향을 미치기 때문에 인격이 매우 중요하다. 사실, 자신을 이끄는 리더십이야말로 삶에서 가장 힘든 일 가운데 하나다. 남들에게 어떻게 행동하라고 말하기는 쉬워도 스스로 그렇게 행동하기는 힘들다. 나는 이 점을 매일 절감한다.

나는 인격을 유지하기 위해 매일같이 인격의 중요함을 다시 떠올리려고 노력한다. 특별히 신앙인이기 때문에 성경에서 인격에 관한 지혜를 발견했다. 다음 목록은 데이비드 카달리(David Kadalie)의 'Leader's Resource Kit'(리더의 도구 키트)의 내용이다. 공감이 가지 않거나 불쾌하다면 그냥 건너뛰어도 무방하다.

- 우리의 마음은 기만적일 수 있다(렘 17:9; 시 139:23, 24).
- 우리는 그릇된 이유로 리더의 자리를 추구하기 쉽다(마 20:17-28).
- 인격은 가장 많은 공격을 받는 영역이다(롬 7장; 갈 5:16-24).
- 인격은 크리스천 리더십의 기초다(딤전 3:1-13; 딛 1:6-9).
- 인격이 없으면 기술, 재능, 은사와 함께 찾아오는 시험에 넘어지고 만다(롬 12:3-8).
- 위선의 삶에 빠지고, 언젠가 심판을 받게 된다는 사실을 잊어버리기가 너무도 쉽다(히 4:13).
- 인간들은 인격을 기르는 일을 무시하고 다른 부분들의 발전에만 치중하기 쉽다(딤전 4:7-8).
- 힘든 시기에는 무엇보다도 인격의 힘이 중요하다(고후 4:16-17).[4]

인격을 갈고 다듬는 일은 끝이 없지만 그만한 가치가 있다. 마하트마 간디(Mahatma Gandhi)는 "인격자는 어떤 자리에 가든 그 자리에 어울리는 사람이 된다"라는 말을 했다.

나는 훌륭한 리더가 되고 싶지만 자주 부족함을 느낀다. 그래서 끊임없이 인격을 가다듬고 싶고, 당신에게도 인격을 위해 노력하라는 말을 하고 싶다. 이러한 노력도 내가 원하는 것을 얻기 위해서가 아니라 내가 원하는 '사람'이 되기 위해서이다. 사람들을 소중히 여기고 무엇보다 자신을 이끄는 리더십을 발휘하며 좋은 가치들을 받아들이기 위해 노력할수록 인격은 성장하고 발전한다.

인격 가치
선언문

좋은 인격을 가진다고 해서 삶이나 리더십에서 꼭 성공한다고 말할 수는 없다. 하지만 인격을 제대로 갖추지 못하면 결국 개인의 삶과 사회적 역할이 무너진다는 사실만큼은 분명하다. 다행히 좋은 소식이 있다. 현재의 인격이 부족하다 해도 얼마든지 바뀔 수 있다. 과거는 중요하지 않다. 오늘부터 더 좋은 길로 갈 수 있다. 내가 좋아하는 격언을 인용하자면 "과거로 되돌아가서 새롭게 시작할 수는 없지만 누구나 지금부터 새로운 끝을 만들어갈 수 있다."

좋은 인격에 투자할 가치가 있는 세 가지 이유를 살펴보자.

강한 신뢰를 쌓기 원한다면
좋은 인격은 필수요소다
최근 몇몇 경영자들이 모인 자리에서 가장 신뢰하는 세 사람을 말해 보라고 했다. 누구나 가족과 친구를 꼽았는데, 놀랍게도 자신의 리더나 동료를 가장 믿을 만한 사람으로 꼽은 사람은 단 한 명도 없었다.

이번에는 그들의 평안과 행복에 가장 큰 영향을 미치는 세 사람을 말해 보라고 했다. 그러자 모두가 자신의 리더나 동료를 꼽았다. 나는 결정적인 질문을 던졌다. "제가 '여러분'의 팀원들에게 같은 질문을 던지면 그들이 여러분을 가장 신뢰할 만한 세 사람으로 꼽을까요?"

잠시 장내에 정적이 흘렀다. 모두가 정신이 번쩍 드는 표정이었다. "여러분이 팀원들의 리스트에 들어가면 어떤 변화가 일어날까요?"

그 경영자들은 사람들이 자신의 동료와 리더를 믿으면 일터의 분위기가 좋아지고 생산성이 높아지며 이직률이 낮아질 것이라고 입을 모아 말했다. 바로 그렇다. 사실, 사람들이 회사를 그만두는 것은 회사가 싫어서라기보다는 사람들이 싫어서다. 이직률의 가장 큰 원인은 신뢰의 부족이다.

스티븐 M. R. 코비(Stephen M. R. Covey)는 《신뢰의 속도》(The Speed of Trust)에서 낮은 신뢰가 어떤 시간적 금전적 손실을 일으키는지 분석하면서 9·11 사태라는 더없이 적절한 사례를 사용했다. 9·11 테러 이후 항공기 안전에 대한 국민들의 신뢰는 땅에 떨어졌다. 그는 9·11 테러 전에는 비행기 이륙 30분 전에 공항에 도착해도 탑승 수속을 밟는 데 아무런 문제가 없었다고 말한다. 하지만 공항 보안이 강화된 뒤로 그는 국내 항공편은 2시간 전, 국제 항공편은 3시간 전에 공항에 도착해야만 한다. 그는 "신뢰가 떨어지자 속도가 떨어지고 비용은 올라갔다"라고 말한다.[5]

우리는 신뢰가 마치 개별적인 것처럼 말한다. 하지만 그렇지 않다. 신뢰는 신뢰를 보내는 사람과 신뢰를 받는 사람 사이의 관계다. 손바닥이 마주쳐야 소리가 나듯이 신뢰에도 두 사람이 필요하다. 한 사람이 위험을 무릎쓰고 신뢰를 보내고, 그 신뢰를 받는 사람이 신뢰성 있는 행동으로 보답하면 깊은 신뢰 관계가 형성된다.

또한 신뢰는 한 방향으로 이루어지지 않는다. 두 사람이 역할을 번갈아서 하게 된다. 즉 신뢰를 받으면 자신도 상대방에게 신뢰를 보내게 된다. 신뢰는 양방향 관계다. 둘 중 누구라도 신뢰에서 어긋난 행동을 하면 신뢰는 사라지고 만다. 제임스 M. 쿠제스와 베리 Z. 포스너는 리더십에서 신뢰가 얼마나 중요한지를 다음과 같이 설명한다.

> 우리는 오직 자신이 위험을 무릅쓰고 다른 사람을 믿을지에 대해서만 판단할 수 있다. 사람들이 나를 어떻게 판단할지는 그들의 몫이다. 이는 사람들이 우리를 믿게 만들기 위해서는 그들이 믿어 주기를 기다리지 말고 우리가 먼저 다가가야 한다는 뜻이다. 많은 리더들이 말했듯이 "신뢰는 모험이다. 리더가 먼저 모험을 걸어야 한다." 리더는 모험을 걸 만한 상대를 늘 찾아야 한다. 사람들에게 신뢰의 씨앗을 뿌리면 놀라운 성과를 거두기 위한 협력의 장이 형성된다.[6]

오랫동안 나는 리더들에게 사람들과의 상호작용 속에서 신뢰의 '계좌'를 만들어야 한다고 가르쳐 왔다. 상호작용이 한 번 이루어질 때마다 상대방과의 계좌에 신뢰가 예금되거나 출금된다. 계속해서 신뢰를 예금하기 위한 최선의 방법은 꾸준히 좋은 인격의 본을 보여 주는 것이다. 왜 그러한가? 사람들은 리더의 말보다 행동을 보고 신뢰를 느끼기 때문이다. 나는 기업가이자 자선가였던 앤드류 카네기(Andrew Carnegie)의 말에 전적으로 동감한다. "나이를 먹을수록 사람들의 말에 덜 주목하고 그냥 그들의 행동을 눈

여겨 보아야 한다."

말은 믿을 수 없는 경우가 너무나 많다. 저널리스트 아서 고든(Arthur Gordon)은 이렇게 말했다. "말보다 쉬운 것은 없다. 하지만 매일 그 말대로 사는 것보다 어려운 것은 없다. 우리가 오늘 하는 약속을 내일도, 그리고 그 이후에도 매일같이 새롭게 지켜나가야 한다." 이것이 리더십에서 한 줌의 본보기가 한 트럭의 조언에 맞먹는 이유다.

관계의 초기에는 말이 행동보다 큰 무게를 지닌다. 상대방을 잘 모르기 때문에 상대방의 말로 그가 어떤 사람인지를 판단하게 될 수 있다. 하지만 관계가 계속되면 행동이 말보다 더 큰 무게를 지니기 시작한다. 사람들은 리더의 행동에 주목한다. 리더의 말과 행동이 일치하지 않으면 리더십에 혼선이 발생한다. 그런 불일치가 계속되면 사람들은 혼란스러워할 뿐 아니라 아예 떠나기 시작한다.

언행불일치와 깨진 신뢰의 반대편 끝에는 도덕적 권위가 있다. 이것은 가장 높은 수준의 리더십이다. 훌륭한 인격을 꾸준히 보이고 남들과의 신뢰 계좌에 계속해서 예금을 할 때 이런 수준에 오를 수 있다. 처음에는 카리스마로 사람들이 따라오게 만들 수 있지만, 신뢰가 뒷받침되어야만 사람들은 계속해서 따라온다. 진정한 도덕적 권위를 갖춘 리더가 "나를 따르라"라고 한마디만 하면 사람들이 구름처럼 몰려든다. 사람들은 언행이 일치하는 리더가 가는 방향이 옳은 방향이라고 믿기 때문이다. 누구나 리더로서 도덕적 권위를 얻을 수 있을까? 그렇지는 않다. 그럼에도 우리는 좋은 인격을 기르고 보이기 위해 최선을 다해야 한다. 그래야 최소한 도덕적 권위를 얻을 가능성이 생긴다.

사실, 인격과 도덕적 권위에 관한 나의 시각은 예전과 많이 달라졌다.

과거의 나는 신뢰가 흑백으로 분명하게 나뉜다고 생각했다. 하지만 나이를 먹어 좀 더 성숙해진 지금은 생각이 달라졌다. 신뢰와 인격의 작용에 관한 통찰이 예전보다는 깊어졌다. 내 생각이 왜, 어떻게 달라졌는지 많은 사람들과 나누고 싶다. 분명 나의 바뀐 생각에 동의하지 않을 사람들도 있을 것이다. 하지만 상관없다. 나이를 먹어 좋은 점 중 하나는 모든 사람이 내 생각에 동의하지 않아도 연연하지 않게 된다는 것이다.

단지 '얻으면 좋은 것'이라고 생각했다

리더십 여행을 시작한 지 얼마 되지 않았을 때는 신뢰의 중요성을 제대로 깨닫지 못했다. 신뢰를, 그저 얻으면 좋은 것 정도로만 생각했다. 신뢰를 원하지 않는 사람이 어디에 있겠는가? 하지만 지금은 리더에게 신뢰가 필수적이라는 점을 이해하고 있다. 신뢰는 있으면 좋고 없어도 상관없는 것이 아니다. 신뢰를 잃으면 리더의 자리를 떠나야 한다.

신뢰는 팀원들의 참여, 관계, 충성도, 성과 같은 리더십의 실질적인 측면들에 결정적인 영향을 미친다. 신뢰는 리더십의 기초다. 강한 기초는 사치품이 아니다. 있으면 좋고 없어도 되는 것이 아니다. 기초는 필수적인 것이다.

내가 아닌 사람들에게 달려 있다고 생각했다

팀원들은 자신을 무조건 신뢰해야 하지만 자신이 팀원들을 신뢰하려면 팀원들이 신뢰성을 보여야 한다고 생각하는 리더들이 있다. 특히, 영향력으로 이끌지 않고 지위나 직함에 의존하는 리더들이 그런 생각에 빠지기 쉽다. 그런 식으로라면 신뢰를 쌓을 책임이 전적으로 내가 아닌 타인에게 있다.

신뢰를 쌓는 것은 리더의 책임이다. 좋은 리더가 되는 열쇠는 팀원들이 아닌 리더에게 있다. 리더가 먼저 팀원들을 믿어 주어야 한다. 그리고 리더가 먼저 신뢰를 얻을 만한 행동을 보여야 한다. 좋은 리더는 양방향으로 모험을 한다. 리더가 믿을 만한 행동을 하면 팀원은 자연스럽게 주목한다. 또 리더가 먼저 믿어 주면 팀원들이 행동한다. 물론 리더십 성공의 열쇠는 행동을 통한 성과다.

천천히 쌓인다고만 생각했다

신뢰가 천천히 쌓이는 경우가 대부분인 것이 사실이지만 항상 그렇지는 않다. 즉, 예외가 존재한다. 예를 들어, 내가 믿는 사람들이 어떤 사람에 대한 신뢰를 보장해 준다면 나는 일단 그를 믿는다. 물론 그 사람을 계속해서 만나다보면 신뢰를 거둘 만한 이유가 나타날 수도 있다. 하지만 그 전까지는 그를 신뢰하게 된다.

신뢰가 빠르게 쌓일 수 있는 또 다른 예는, 한 사람이 다른 사람을 위해 매우 이타적인 일을 행하는 경우다. 나는 젊은 시절에 그런 일을 경험했다. 한 리더가 모임에서 중요한 시점에 나의 편에 서 주었다. 덕분에 나는 다른 사람들의 지지를 받을 수 있었다. 나는 그의 지지를 받을 만한 일을 한 일이 없었고 그가 나의 편을 들어서 얻을 이익이 전혀 없었기 때문에 감사하기 짝이 없었다. 그 일로 그는 즉시 나의 신뢰를 얻었다.

우리는 타인을 이타적으로 돕는 사람이 될 수 있다. 그렇게 하면 세상은 더 좋은 곳이 된다. 리더가 아무런 속셈 없이 팀원들을 이타적으로 도울 때 신뢰 관계가 급속도로 발전할 수 있다.

한 번의 실수가 무조건 신뢰를 파괴한다고 생각했다

물론 한 번의 실수로 신뢰가 무너지는 경우도 많다. 하지만 항상 그런 것은 아니다. 신뢰 수준이 낮은 경우에는 한 번의 실수로도 신뢰가 무너지기 쉽다. 하지만 신뢰 수준이 높은 경우에는 오랫동안 쌓은 신뢰가 한 번의 실수로 무너지는 일이 좀처럼 없다.

나와 같은 세대라면 닉슨(Nixon)대통령과 워터게이트(Watergate) 스캔들을 기억할 것이다. 스캔들이 발발하자 미국의 리더들에 대한 신뢰는 바닥을 쳤다. 당시 내가 너무도 존경하는 빌리 그레이엄(Billy Graham)이 이런 말을 했다. "누구에게나 약간의 워터게이트는 있다."

모두가 수긍할 수밖에 없는 말이었다. 그 말로 인해 리더에 대해 품고 있던 사람들의 환상이 깨졌다. 빌리 그레이엄 같은 사람에게도 약간의 워터게이트가 있다면 나는 말할 것도 없다. 그리고 당신도 마찬가지일 것이다.

항상 옳은 행동만 하는 것은 우리의 본성으로서는 불가능하다. 하지만 항상 옳은 행동을 하려고 노력해야 한다. 그리고 타인과의 신뢰 계좌에 꾸준히 예금을 하면 한두 번 실수를 해도 신뢰가 무너지지는 않는다. 한편, 누구나 실수를 한다는 것을 알면 리더로서 나의 인간적인 부분을 용서할 수 있다. 아울러 타인이 실수할 때 좀 더 관용을 베풀 수 있다.

이제는 예전과는 다른 관점에서 인격을 바라본다. 인격 형성은 평생이 걸리는 과정이다. 소통전문가 롭 브라운(Rob Brown)은 Build Your Reputation(평판을 쌓으라)에서 이 과정을 다음과 같이 설명했다.

일과 비즈니스의 세계에서 평판은 하루아침에 쌓이지 않는다. 우연히 생기지도 않는다. 기반을 쌓는 것을 생각해 보라. 집을 짓는 것을 생각해도 좋다. 벽돌을 한 장씩 차곡차곡 놓아야 한다. 말 한마디, 대화 한 번에 평판이 조금씩 쌓인다. 그렇지 않고 빠르게 쌓으면 그것이 얼마나 튼튼하겠는가?

우리가 원하는 것은 한 번의 기적이 아니다. 바보도 한 번은 고용되거나 초빙될 수 있다. 하지만 여기저기서 찾는 최고의 사상가와 최고의 승진 후보는 하루아침에 될 수 없다. 꽤 오랜 시간과 노력이 필요하다. 하지만 그만한 가치가 있다!

환상은 금물이다. 높은 평판을 얻으려면 꾸준하고도 집중적인 노력이 필요하다. 토끼와 거북이의 이야기에서처럼 느려도 꾸준한 자가 이긴다. 이것은 단거리 경주가 아니라 마라톤이다. 끊임없이 힘을 내야 한다.[7]

리더십의 많은 부분이 훌륭한 인격에 달려 있다. 인격을 통해 신뢰가 쌓인다. 인격은 재능을 보호해 준다. 인격은 내적 평안을 일으킨다. 우리는 인격의 한계 이상으로 성장할 수 있다. 리더는 인격의 깊이 이상으로 성공할 수 없다. 훌륭한 리더들은 좋은 인격을 통해 세상을 변화시키며, 또한 인격은 그들이 무너지지 않도록 보호해 준다.

성공적인 리더들은
인격의 네 차원을 갖추고 있다

팀 어윈(Tim Irwin)은 *Derailed*(탈선)에서 인격에는 네 차원이 있다고 말했다. 진정성, 자기 관리, 겸손, 용기가 그것이다.[8] 이 네 가지 차원을 통해 인격 형성 과정을 설명하고자 한다. 각 차원을 차례로 살펴보자.

진정성

나는 진정성을 갖추지 못한 리더를 많이 보았다. 많은 리더가 조금의 틈도 보이지 않으려고 애를 쓴다. 조금이라도 틈을 보이면 큰일이 나는 줄 안다. 사람들이 자신의 부족한 면을 보면 신뢰를 잃는다고 생각한다. 하지만 자신의 실패를 숨기려고 하면 위선자로 보일 뿐이다. 그들은 성공을 숨기면 그만큼 신뢰를 얻지 못한다고 생각한다. 하지만 성공만 부각시키면 오만하고 다가가기 어려운 사람으로 보일 수 있다. 리더는 이런 상황을 어떻게 다루어야 할까?

이와 관련해서 리더들에게 꼭 하고 싶은 조언이 있다. 리더여, 두 선 사이에서 살려고 노력하라! 리더의 길을 걸을 때 내 오른쪽에는 성공의 선이 있다. 그 선에 가까이 다가가면 모든 일이 잘 풀린다. 성공과 승리를 거두게 된다. 한편, 내 왼편에는 실패의 선이 있다. 그 선에 가까이 다가가면 무엇이든지 잘 풀리지 않는다. '머피의 법칙'처럼 나쁜 일이란 나쁜 일은 죄다 일어나고, 그것도 최악의 시기에 일어난다. 이 두 극단을 다음과 같이 정리해 보았다.

실패의 선	성공의 선
약함	강함
좌절	사기 충천
아무도 보지 않기를 바란다	모두가 보기를 바란다
다시는 이런 일이 일어나지 않기를 바란다	이런 상황이 영원히 지속되기를 바란다
내 최악의 모습	내 최선의 모습

대개 우리는 두 선 사이에서 살아간다. 성공의 선 위에 있을 때는 우리가 항상 성공할 수 있다고 착각하지 않도록 조심해야 한다. 운동선수가 금메달을 따거나 슈퍼볼에서 우승한 운동선수는 자신이 매번 눈부신 활약을 할 수 있다고 착각할 수 있다. 하지만 그런 사람은 없다.

우리는 실패의 선 위를 걸을 때도 있다. 누구나 실수를 한다. 누구나 나쁜 선택을 할 때가 있다. 누구나 부족할 때가 있다. 하지만 자신을 실패자로 본다면 아침에 이불 밖으로 나오고 싶지 않을 것이다. 따라서 자신이 실패자라는 생각에 빠지지 말아야 한다. 성공의 선과 실패의 선은 둘 다 극단이다. 우리는 현재의 성공이나 실패가 보여 주는 것만큼 훌륭하거나 형편없지 않다.

진정성은 두 선 사이에서 투명한 삶을 사는 것이다. 젊은 시절 나는 남들에게 성공담만 이야기하길 원했다. 사람들에게 나에 대한 강렬한 인상을 심어 주고 싶었다. 하지만 나이를 먹을수록 반대로, 내 실패담을 통해 다른 이들을 격려하고 싶다. 나는 공인이기 때문에 사람들이 내 최상의 모습만 볼 때가 많다. 때때로 사람들은 나를 지나치게 추켜세운다. 그때마다 심적 부담을 느낀다. 나는 사람들이 내 성공만이 아니라 성공의 발판이 된 실패를 보기를 원한다.

나는 스스로를 여러 깨진 조각으로 이루어진 모자이크로 여긴다. 작가이자 블로거인 로살리나 채(Rosalina Chai)는 모자이크에 관한 아름다운 글을 썼다. 통찰력이 보통 깊지 않다.

모자이크는 정교한 동시에 웅장하다. 모자이크가 이토록 섬세하게 아름다운 것은 원래 조각들이 깨져 있는 것이기 때문이다. … 우리 인간도 이와 마찬가지가 아닌가? … 그런데 우리는 자신의 깨진 상태를 왜 그토록 싫어하는 것인가?

깨어짐이 인간 존재의 본질적인 부분이라는 점을 받아들이면 어떤 일이 일어날까? 깨어짐을 더 이상 나쁜 것으로 치부하지 않는다면 어떤 일이 일어날까? 한 가지만은 확실하다. … 더 많은 평안을 얻을 수 있다.

깨어짐을 받아들이는 것은 다른 사람의 깨어짐을 보고 자신감을 얻는 것을 말하지 않는다. 그것은 인간 공통의 상태를 인정하는 것을 말한다. 나 자신의 깨어짐을 받아들이고, 그로 인해 자신을 가혹하게 판단하지 않으면 어떤 형태의 깨어짐을 경험한 사람에게든 더 많은 연민을 베풀 수 있다.[9]

온전함은 완벽함을 의미하지 않는다. 온전함은 깨어짐을 삶의 뗄 수 없는 일부로 받아들이는 것을 의미한다. 내 친구 맥스 루케이도(Max Lucado)의 말을 빌자면 "하나님은 우리가 계속해서 뽐내며 걷기보다 가끔씩 절뚝거리며 걷기를 원하신다." 나는 나의 절뚝거림을 받아들이기 위해 계속해서 노력하는 중이다.

흠이 없는 사람은 아무도 없다. 착한 사람들도 나쁜 행동을 한다. 똑똑한 사람들도 어리석은 행동을 한다. 우리 모두는 잘못인 줄 알면서도 행동할 때가 있다. 이 사실을 생각하면 겸허해질 수밖에 없다. 자신의 이런 모습을 남들에게 솔직히 보여 주는 것이 진정성이다.

저자이자 강연자인 루스 헤일리 바턴(Ruth Haley Barton)은 다음과 같이 말했다. "젊은 리더들에게 어떤 사람이 되어야 할지 고민하기 전에 먼저 무엇을 할 수 있는지부터 꿈꾸라고 하면 그들을 실패의 길로 내모는 셈이다." 이는 좋은 자기 관리를 통해 인격을 길러야 한다는 뜻이다.

인격의 핵심은 지능이 아니라 옳은 선택이다. 여러 백악관 부서에서 일했던 정치 분석가 데이비드 거겐(David Gergen)은 지능과 인격이 같은 것이라면 닉슨과 클린턴(Clinton)이 미국 역대 최고의 대통령일 것이라고 꼬집었다. "능력도 중요하지만 일단 능력의 검증을 거친 뒤의 후보자에게는 인격이 훨씬 더 중요하다."[10]

지능 지수는 높은데 인격 지수는 낮은 리더가 너무도 많다. 인격 지수를 높이려면 자기 관리를 실천해야 한다. 가장 좋은 자기 관리법 중 하나는 궤도를 이탈하지 않도록 인격의 가드레일을 설치하는 것이다. 고속도로에서 가드레일은 자동차가 벼랑 아래로 떨어지지 않게 도와준다. 가드레일을 설치하면 충돌을 할지언정 죽지 않을 가능성이 높아진다.

나는 인격을 위한 최고의 가드레일이 압박 상황 '이전에' 내리는 결정이라고 생각한다. 가치에 관한 힘든 결정을 미리 내리면 자신을 관리하기가 훨씬 쉬워진다. 자신의 가치가 무엇인지 제대로 모르면 좋은 인격을 유지하는 것이 불가능하다.

정직에 가치를 두고 있는가? 그렇다면 당신의 가드레일은 무엇인가? 무엇은 절대 하지 않을 생각인가? 유혹이 오기 전에 미리 결정하라.

관계를 중시하는가? 그렇다면 당신의 가드레일은 무엇인가? 관계를 유지하기 위해 무엇을 반드시 해야 한다고 생각하는가? 자신의 가치를 확인한 다음, 유혹이 오기 전에 어떤 선을 절대 넘지 않을지 미리 정하라.

나는 《오늘을 사는 원칙》(*Today Matters*)에서는 이 개념을 다루었다. 가치에 관한 나의 결정은 대개 10대와 20대에 주로 이루어졌다. 하지만 내가 자주 빠지는 인격적 결함들에 대해서는 지금도 계속해서 관리하고 있다. 예를 들어, 내 나이 정도가 되어 어느 정도 성공을 거두면 사람들이 찬사를 보내기 시작한다. 나는 그런 것에 교만해지지 않도록 늘 조심한다. 나의 멘토인 프레드 스미스는 재능이 인격보다 클 수 있다는 말을 했다. 다시 말해, 인격에 흠이 많아도 성과를 얻을 수 있다. 나는 내가 어떤 사람인지를 잘 알고 있다. 나는 일부 사람들이 칭찬하는 것만큼 훌륭한 사람이지 못하다. 나는 내가 가진 모든 재능이 어디까지나 하나님이 주신 것이며 내게 과분한 것임을 잘 알고 있다. 나는 내 이미지를 쌓기보다 인격을 쌓는 데 집중하려고 늘 노력한다. 유혹에 흔들리지 않기 위해 스스로에게 다음과 같은 질문을 수시로 던진다.

일관성 : 누구와 있든 나는 일관된 모습을 보이는가?

선택 : 내게 유익이 되는 선택보다는 남들에게 좋은 선택을 하는가?

공로 : 내 성공에 대한 타인의 노력과 기여를 늘 인정해 주는가?

위 질문에 "그렇다"라고 답하면 이런 영역에서 옳은 길로 가고 있을 가능성이 높다.

당신은 어떤 인격적 함정에 자주 빠지는가? 어떤 가치를 소중히 여기고 있는가? 유혹을 만나기 전에 어떤 결정을 내려야 하는가? 자신을 관리하기 위해 스스로에게 어떤 질문을 끊임없이 던져야 하는가? 이것이 리더로서 생각해야 할 가장 중요한 일들이다. 이런 가드레일을 갖추어 벼랑 아래로 떨어지지 않고 옳은 길을 걷는다면 계속해서 사람들을 바르게 이끌면서 세상을 더 아름답게 변화시킬 수 있다.

겸손

자신의 이익만을 위해서 일하는 리더와 일하고 싶은 사람은 아무도 없을 것이다. 사람들은 겸손한 리더와 일하기를 원한다. 그렇다면 겸손의 의미는 무엇인가? 로버트 F. 무르나우(Robert F. Morneau)는 *Humility: 31 Reflections on Christian Virtues*(겸손)에서 겸손을 매우 적절하게 정의했다. "그것은 다음과 같은 엄연한 사실에 따라 사는 습관적인 특성이다. 우리는 창조주가 아니라 피조물이라는 사실과 우리의 삶은 선악, 빛과 어두움의 혼합물이라는 사실, 우리는 보잘것없는 존재이지만 과분한 존엄을 받았다는 사실, … 겸손은 인간의 상태를 철저히 인정하는 것이다."[11]

모든 사람은 흠이 있다. 그리고 실수를 저지른다. 이것이 인간이다. 그런데 그래도 괜찮다! 데일 카네기(Dale Carnegie)는 이런 말을 했다. "어떻게 자존감을 얻는지 말해 주면 당신이 어떤 사람인지 말해 주겠다."

어디서 어떻게 인정을 찾는지는 인격에 큰 영향을 미친다. 젊은 시절 나는 큰 성공을 거두고 싶었다. 내게는 성공이 가장 중요했다. 처음에는 성공이 나의 전부이자 지상 목표였다. 하지만 내가 얼마나 큰 성공을 거두느냐보다 타인의 삶을 얼마나 변화시킬 수 있느냐가 더 중요하다는 사실을 차츰 깨달았다.

예술가 존 러스킨(John Ruskin)은 이렇게 주장했다. "나는 진정 위대한 사람의 첫 번째 증거가 겸손이라고 믿는다. 여기서 내가 말하는 겸손은 자신의 힘을 의심하는 것이 아니다. 진정으로 위대한 사람들은 위대함이 자신에게 속한 것이 아니라 자신을 통해 흘러나가는 것이라는 특별한 생각을 갖고 있다."

대부분의 사람들에게 겸손은 노력을 통해 얻어야 하는 것이다. 겸손은 자신의 약점을 인정하고 타인의 약점을 감싸 주면서 오랜 시간에 걸쳐 길러야 하는 것이다.

대학 시절 나는 토머스 아 켐피스(Thomas à Kempis)의 다음 글을 처음 읽었다. "당신 자신도 당신이 원하는 모습으로 만들 수 없으니 다른 사람을 당신이 원하는 모습으로 만들 수 없다고 해서 분노하지 말라."

당시 나는 다른 사람들을 변화시키기를 원했기 때문에 이 글에 뒤통수를 세게 얻어맞은 것 같은 충격을 받았다. 나 자신을 변화시키는 일에 집중해야 함을 깨달았다. 자신을 변화시키려면 자신이 변해야 할 만큼 흠이 많은 사람이라는 점을 인정해야만 한다. 다시 말해, 겸손이 필요하다. 또한 겸손을 기르면 자신이 이끄는 사람들을 더 잘 섬길 수 있게 된다.

용기

용기는 좋은 인격을 만들어 준다. 용기는 두려움이나 피로, 불확실성 앞에서 옳은 일을 하게 해 준다. 인격은 편안하고 조용한 상황에서 길러지는 것이 아니다. 오직 경험과 시련, 고통을 통해서만 영혼이 강해질 수 있다.

모든 리더의 삶 속에는 자신도 가보지 않은 길로 사람들을 데리고 가야만 하는 순간들이 있다. 나도 그랬다. 나의 능력이나 경험, 힘, 믿음, 지혜, 자격이 한없이 부족하게 느껴지는 순간이었다. 그때는 내 약함을 인정하고 하나님과 다른 사람들에게 도움을 구한 뒤에 용기를 모아 행동해야 한다.

계속해서 인격의 삶을 살려면 끊임없는 반성과 정직함, 옳은 일을 할 용기가 필요하다. 그릇된 선택을 한 뒤에는 좋은 인격을 회복하기 위해 노력해야 한다. 이렇듯 인격을 기르는 것은 시간과 의지, 노력이 필요한 일이다.

최근 우리 존 맥스웰 팀(John Maxwell Team)의 코치 중 한 명이 훈련 프로그램에 참석한 뒤에 리더십과 인격에 관한 시 한 편을 보내왔다. 인격을 기르고 유지하기 위해 필요한 용기를 잘 표현한 시가 아닌가 싶다.

거울과 나

거울을 보면 무엇이 보이는가?

양면의 내가 보인다.

한 면은 내가 되고 싶은 모든 것이다.

하지만 나의 가장 큰 문제점이 나를 바라보고 있다.

앞서기 위해 급히 달려갈 때가 있다.

그러다 보면 따라가야 할 때 이끌고 있는 나 자신을 발견한다.

용기가 필요하다. 어찌해야 나 자신을 극복할 수 있을까?

어찌 해야 남들을 진정성 있게 이끌 수 있을까?

나의 최상과 최악을 늘 기억하리.

그렇게 하면 겸손하게 성장할 수 있으니.

나의 유익보다 타인의 유익을 더 구하리.

그리고 내가 약한 부분에서는 도움을 구하리.

타인을 잘 이끌고 옳은 일을 하는 것, 이것이 나의 가능성.

그것을 위해 수시로 거울 앞에 서리.

오래 리더로 남게 해 줄 인격을 기르고 싶은가? 그렇다면 인격의 네 차원인 진정성과 자기 관리, 겸손, 용기를 기르라. 잘못했다고 인정하기를 두려워하지 말라. 잘못을 인정하는 것은 내가 어제보다 더 지혜로워졌다고 말하는 것과도 같다.

인격은
내면의 거인을 만든다

고대 그리스 철학자인 플루타르크(Plutarch)는 "우리가 내적으로 이루는 것이 외적 현실을 바꾼다"라는 말을 했다. 인격은 외적으로 드러나기 전에 먼저 내면에서 쌓인다.

〈뉴욕 타임스〉 칼럼니스트 데이비드 브룩스(David Brooks)는 내적 자아와 외적 자아의 차이를 기술한 바 있다. 그는 자신에게 큰 영향을 미친 랍비 조셉 솔로베이치크(Joseph Soloveitchik)의 책 *Lonely Man of Faith*(고독한 신앙인)을 바탕으로, 사람들이 내적 자아와 외적 자아의 끌어당김을 느끼는데 두 자아는 구약성경에 나오는 아담의 다른 면들이라고 말했다. 창세기는 아담의 창조를 두 번 묘사하는데, 이는 우리 모두의 내면이 분열된 상태를 가리킨다. 브룩스는 이 두 가지 자아를 아담I과 아담II로 불렀다. 그의 말을 들어 보자.

아담I은 짓고, 창조하고, 생산하고, 발견하기를 원한다. 그는 높은 지위와 승리를 원한다. 아담II는 내적 아담이다. 아담II는 특정한 도덕적 특성들을 기르기를 원한다. 아담II는 흔들림 없는 내적 인격, 옳고 그름에 대한 조용하지만 분명한 관념을 갖기를 원한다. 즉, 아담II는 좋은 일을 할 뿐 아니라 좋은 사람이 되기를 원한다. 아담II는 친밀히 사랑하고, 남들을 희생적으로 섬기고, 초월적인 진리에 순종하며 살고, 피조 세계와 자신의 가능성을 존중하는 조화로운 내적 영혼을 갖기를 원한다.[12]

세상은 우리 안의 아담I에게 갈채를 보낸다. 하지만 나는 아담II 곧, 인격을 기르는 것이 더 중요하다고 믿는다. 인격이 우리를 지탱해 준다고 생각하기 때문이다. 인격은 우리 모두의 안에 있는 첫 아담에게 힘과 지혜를 제공한다. 브룩스에 따르면 내적 인격은 다음과 같다.

> 정반대 논리에 따라 산다. 그 논리는 경제적 논리가 아닌 도덕적 논리다. 받기 위해서 주어야 한다. 내면의 힘을 얻기 위해 외적인 무엇인가에 항복해야 한다. 갈망하는 것을 얻기 위해 자신의 갈망을 정복해야 한다. 성공은 가장 큰 실패로 이어진다. 그 실패는 바로 교만이다. 실패는 가장 큰 성공으로 이어진다. 그 성공은 바로 겸손과 배움이다. 자신을 이루기 위해서는 자신을 잊어야 한다. 자신을 찾기 위해서는 자신을 잃어야 한다.[13]

내적 목소리는 우리의 내면을 더 키우기를 원한다. 반면, 외적 목소리는 우리의 외면을 더 키우기를 원한다. 둘 중 우리가 귀를 기울이는 목소리가 이기게 되어 있다. 내적 목소리가 "내가 잘못을 했어"라고 말할 때 재빨리 잘못을 바로잡으면 자신이 위선자라는 자괴감에 빠지지 않고 인격의 균형을 다시 회복할 수 있다.

외적 목소리는 내면이야 어떻게 되든 외면만 커 '보이면' 된다고 말한다. 이 목소리를 따르면 인지부조화와 건강하지 못한 위선에 빠진다. "내 말과 행동은 같지 않아. 같을 필요도 없어. 원래 그런 거야. 겉만 번지르르하게 하면 돼."

이것이 외적 목소리다. 이 목소리를 따르는 삶은 누구에게나 좋지 않지만, 특히 리더들에게는 치명적이다. 이 목소리를 따르는 리더는 진정성과 배움의 태도를 잃고 자기합리화만 하게 된다.

나는 항상 이런 긴장과 사투를 벌인다. 내 말과 행동이 항상 일치하지는 않지만 더 일관된 삶을 살려고 부단히 노력한다. 아직 완벽하지는 않지만 계속해서 발전하고 있다. 나는 이미지 관리만 부추기는 외적 목소리에 귀를 기울이지 않는다. 대신, 인격을 강조하는 내적 목소리에 귀를 기울이려고 노력한다.

인격을 길러 내면이 외면보다 큰 사람이 되기 위해서는 내 약점들을 다루어야만 한다. 실패를 받아들이고 그것을 통해 배워야 한다. 더 나은 길을 선택해야 한다. 나는 서로 올바른 길을 가도록 격려하고 채찍질해 주는 한 친구와 오랫동안 인생길을 함께 걸어왔다. 매달 그 친구는 내게 인격과 관련된 다섯 가지 질문을 던졌다. 그중에서 그가 언제나 마지막으로 던지는 질문은 "이 네 가지 질문 중에서 하나라도 거짓으로 답한 것이 있는가?"이다. 나는 종종 "그렇다"라고 답한다. 그때는 즉시 사과하고 나서 처음부터 다시 시작한다. 이 마지막 질문이 내가 분열된 삶에 빠지지 않도록 막아 준다.

운동가이자 용기와 회복 센터(Center for Courage and Renewal)의 창립자인 파커 J. 파머(Parker J. Palmer)는 분열된 삶에 빠질 때 일어나는 일을 다음과 같이 기술했다.

> 분열된 삶을 살면 뼈저린 대가를 치르게 된다. 스스로 사기꾼이 된 기분을 느끼고, 들킬까봐 전전긍긍하며, 나의 진짜 모습을 거부하고 있다는 데서 자괴감에 빠지게 된다. 주변 사람들도 대가를 치르게 된다. 그들도 나의 분열로 불안정해진 땅위를 걸어가야 하기 때문이다. 나 자신의 정체성도 부정하는데 어떻게 다른 사람의 정체성을 인정해 줄 수 있겠는가. 나 자신의 인격이 엉망인데 어떻게 다른 사람의 인격을 믿을 수 있겠는가. 내 삶의 한가운데 단층선이 관통하고 있다. 내 말과 행동이 내가 품은 진리에서 벗어나 그 틈이 벌어질 때마다 내 주변의 것들이 흔들리고 무너지기 시작한다.[14]

내면에 강한 인격을 기르면 자존감을 얻을 수 있다. 그 자존감은 성과나 성취가 아닌 옳은 선택을 하는 데서 비롯한다. 브룩스는 이렇게 말했다. "자존감은 전보다 좋아진 것, 시련의 시기에 믿을 만해진 것, 유혹의 시기에 올바르게 된 것에서 비롯한다. 자존감은 도덕적으로 믿을 만한 사람 속에서 형성된다. 자존감은 외적 승리가 아닌 내적 승리로 만들어진다."[15]

내적 인격에 초점을 맞추면 우리의 영혼을 돌볼 수 있다. 존 오트버그(John Ortberg)는 《내 영혼은 무엇을 갈망하는가》(Soul Keeping)에서 이 문제에 관한 날카로운 통찰력을 보여 주었다.

> 영혼은 의지(의도)와 정신(생각과 감정, 가치와 양심), 몸(얼굴, 보디랭귀지, 행동)을 하나의 삶으로 통합시키는 것이다. 이 세 가지가 온 피조 세계를

향한 하나님의 뜻과 조화를 이루면 영혼이 건강하고 질서정연하게 된다. 하나님, 그리고 삶 속의 다른 사람들과 연결되면 건강한 영혼을 갖게 된다.[16]

계속해서 오트버그는 설명했다. "우리 세상은 '영혼'이란 단어를 '자신'이라는 단어로 바꾸었지만 둘은 같은 것이 아니다. 자신에게 시선을 고정할 수록 영혼을 방치하게 된다."[17]

건강한 영혼은 온전하다. 분열되어 있지 않다. 건강한 영혼은 내적 완전성(integrity)을 갖추고 있다. 완전성은 단순한 도덕성이 아니다. 완전성은 "완전이라는 특성이나 상태, 깨지지 않은 상태, 온전함, 전부"로 정의된다.[18] 완전성의 라틴어 어원은 온전한 숫자 곧 '정수'(integer)와 같다. 완전성은 분열됨의 정반대다. 분열된 삶은 우리를 영혼으로부터 분리시킨다. 반면, 온전한 삶은 우리의 내면을 더 크게 만들어 인격을 강화시킨다.

내적 온전함을 잃어버린 영혼은 외적으로도 흔들린다. 오트버그는 이런 상태를 기계 황소를 타는 것에 빗대었다. "영혼에 중심이 없는 사람은 삶이 돌진할 때 황소에서 내동댕이쳐진다. 아무리 꽉 붙잡아도 결국 내동댕이쳐진다. 중심이 없는 영혼은 외적인 것들에서 정체성을 찾는다."[19]

당신은 어디에서 정체성을 찾는가? 이미지? 성취? 남들의 인정? 아니면 내적 인격에서 정체성을 찾는가? 옳은 선택을 내리고, 자신을 개선하고, 약속을 지키고, 영혼의 건강을 돌보는 일에 초점을 맞추고 살아가는가? 외적인 것에 초점을 맞추면 내적인 것을 경시하게 된다. 하지만 내적인 것에 초점을 맞추면 외적인 것도 반드시 좋아지게 되어 있다.

최근 시카고 컵스(Chicago Cubs) 사장 테오 엡스타인(Theo Epstein)에 관한 기사를 읽은 적이 있다. 2016년 시카고 컵스가 1908년 이후 처음으로 월드시리즈 우승컵을 들어 올리자 사람들은 엡스타인을 인정하기 시작했다. 엡스타인은 시카고 컵스로 오기 전에 보스턴 레드 삭스(Boston Red Sox)를 비롯한 여러 팀에서 활동했지만 큰 빛을 보지는 못했다. 하지만 시카고 컵스에 합류할 즈음에는 인격의 중요함을 배운 후였기 때문에 이전과는 크게 달라져 있었다.

엡스타인은 인격의 중요성을 언급하면서 이렇게 말했다. "예전에 처음 보스턴에서 일할 때는 인격에 대하여 무지했습니다. 이기는 법은 간단하다고 생각했지요. 그저 상대팀보다 더 많이 출루하는 타자들과 스트라이크를 잡아내고 땅볼을 유도할 줄 아는 투수들만 얻으면 된다고 생각했습니다. 한마디로, 재능이 최고라고 생각했습니다. 하지만 해를 거듭할수록 인간적인 요소가 얼마나 중요하고, 선수들이 이기는 것만이 아니라 서로를 아끼고 관계를 쌓고 솔직한 대화를 나누면 팀으로서 얼마나 더 많은 것을 이룰 수 있는지를 점점 더 깨달아갔습니다. 그런 팀을 이루면 전체가 부분의 합보다 더 커지게 됩니다."[20]

엡스타인은 2011년 10월 컵스 사장으로 영입되었다. 2012년 1월 그는 구단의 경영자와 감독, 트레이너, 운영 책임자를 만났다. 그들과 하루는 타자, 하루는 투수, 하루는 방어와 주루, 하루는 인격에 관해 심도 깊은 이야기를 나누었다. 그것이 엡스타인이 팀을 위해 세운 궁극적인 목표를 이루기 위한 기초가 되었다. 그 목표는 물론 월드 챔피언이었다.

젊은 팀 시카고 컵스와 함께한 다섯 번째 시즌에서 엡스타인은 그 목표를 이루었다. 〈스포츠 일러스트레이티드〉(Sports Illustrated)지의 톰 버두치(Tom Verducci)는 7번째 경기 8회에 인디언스(Indians)가 동점을 만들고 9회가 끝난 뒤 폭우로 경기가 잠시 중단되었을 때 결정적인 일이 벌어졌다고 분석했다. 젊은 컵스 팀은 흔들리지 않았다. 그들은 움츠러들지 않았다. 그들이 무엇을 했을까? 선수들끼리 회의를 소집했다. 버두치에 따르면 "컵스 팀은 프로그레시브 필드(Progressive Field)의 원정팀 덕아웃 뒤편의 작은 대기실에서 선수끼리만 모여 어깨동무를 했다."

버두치는 그것을 "협력과 인격에 대한 엡스타인의 이상을 가시적으로 확실히 보여 준 모습"이라고 표현했다. 10회에서 컵스는 2점을 따냈다. 그것으로 충분했다. 컵스는 결국 8:7로 우승컵을 차지했다.

컵스의 인격은 절체절명의 순간에 진가를 발휘했다. 팀원이든 팀의 리더든 우리는 이런 인격을 길러야 한다.

당신 안의 인격을 계발하라

어떻게 해야 내면의 인격을 기를 수 있을까? 나는 인격의 핵심이 세 가지 요소로 압축된다고 생각한다. 좋은 가치를 받아들이고, 자기 리더십을 발휘하고, 사람들을 가치 있게 여기는 것이 그 요소들이다.

√ 좋은 가치를 받아들이라

개인적인 가치를 정하지 않았다면 지금이라도 해 보라. 당신이 타협할 수 없는 것들은 무엇인가? 어떤 선은 절대 넘지 않을 것인가? 무엇을 추구할 것인가?

이미 가치를 정했다면 그것을 점검하라. 무엇이 변했는가? 더해야 할 것이 있는가? 빼야 할 것이 있는가?

√ 자기 리더십을 발휘하라

자기 리더십의 핵심은 하기 싫어도 옳은 일을 하고, 하고 싶어도 그릇된 일은 하지 않는 것이다. 나는 이것을, 이미 내린 결정을 관리하는 것이라고 부른다. 무슨 뜻인지 설명해 보겠다. 가치를 정했다면 무엇을 하고 무엇을 하지 않을지 이미 정한 셈이다. 이제 남은 일은 힘든 순간을 맞았을 때 그 결정대로 실천하는 것이다.

힘든 순간에도 결정한 대로 행할 수 있으려면 어떻게 해야 할까?

√ 사람을 가치 있게 여기라

사람을 우선시하면 자신에게서 눈을 뗄 수 있다. 사람을 우선시하면 이기적으로 굴기가 힘들어진다. 그렇게 하면 인격이 길러진다. 어떻게 하면 사람들을 가치 있게 여길 수 있을지 고민하라.

4장

변화의 법칙

긍정적 변화를
꿈꾸는 리더가
조직을 세운다

개선은 곧 변화다.
따라서 완벽해지려면 자주 변화해야 한다
  - 윈스턴 처칠

오래전 오거스타 내셔널 골프 클럽(Augusta National Golf Club)에서 루 홀츠(Lou Holtz)의 게스트로 골프를 칠 기회가 있었다. 대학 미식축구 팬이라면 홀츠를 잘 알 것이다. 홀츠는 미국인의 우상이다. 1988년 홀츠는 노트르담 파이팅 아이리시(Fighting Irish) 미식축구 팀의 감독으로 무적의 시즌을 보내고 전국 챔피언까지 거머쥐었다. 내가 자주 인용하는 홀츠의 명언 중 하나는 그와 처음 점심식사를 할 때 들은 말이다. "훌륭한 선수들의 감독도 해 보고 형편없는 선수들의 감독도 해 봤는데 좋은 선수들과 함께할 때 더 좋은 감독이 된다."

홀츠는 익살스럽고 재미 있기로 유명하다. 나는 오거스타에서 홀츠와 함께 평생 잊을 수 없는 3일을 보냈다. 낮에는 세상에서 가장 좋은 골프 코스 중 한 곳에서 골프를 즐겼는데 홀츠 때문에 쉴 새 없이 배꼽을 잡고 웃었던 기억이 난다. 첫날 홀츠가 가장 먼저 공을 쳤다. 그런데 그가 공을 티에 올려 놓고 치자마자 홀을 향해 걸어가기 시작했다. '뭐 하는 거지?' 나는 속으로 그렇게 생각하면서 함께 골프를 치던 홀츠의 친한 친구 하비 맥케이(Harvey Mackay)를 보고 말했다. "우리가 칠 때까지 기다리지 않고 가시네요." 그러자 맥케이는 이렇게 대답했다. "원래 그래요. 가만히 있질 못하죠."

정말로 그랬다. 사흘 내내 홀츠는 공을 치고 곧바로 홀을 향해 걸어갔다. 당연히 우리는 공이 홀츠를 향해 날아갈 때마다 그를 향해 "공 가요!"라고 소리를 쳐야 했다. 하지만 그는 두 팔로 뒤통수를 감쌀 뿐 계속해서 걸었다. 평생 처음 보는 광경이었다.

우리가 꾸물거리기라도 하면 홀츠는 "뒷사람과 보조 좀 맞춰요"라고 애걸했다. 우리가 퍼트를 하기 전에 너무 오래 자세를 잡을 때마다 홀츠는 "제발 내가 죽기 전에 퍼팅을 해 주지 않겠소?"라고 애원했다. 그때마다 우리는 배꼽을 잡아야 했다.

변화를 일으키는
리더

　　　　　　그 골프 시합도 잊을 수 없지만 오거스타에서 가장 기억에 남는 것은 밤늦게 오두막에 옹기종이 모여 앉아 홀츠에게 감독 시절에 관한 이야기를 듣는 것이었다. 홀츠는 1969년부터 2004년까지 6개 대학의 감독을 지냈다. 그런데 그 팀 중 그가 지휘권을 넘겨받을 때 좋은 성적을 거둔 팀은 하나도 없었다. 그중에서 아칸소대학이 5:1 승리라는 가장 좋은 기록을 보유하고 있었다. 나머지 대학은 거의 백전백패를 기록 중이었다. 그 중 두 팀은 1:10으로 진 부끄러운 기록을 보유하고 있었다. 그런데 놀랍게도 이 모든 팀이 홀츠 감독의 부임 두 번째 해부터 좋은 성적을 거두어 선발 경기에도 초청되었다. 놀라운 성과가 아닐 수 없다. 한두 번 이런 성공으로 이끄는 것만 해도 대단한데 여섯 번이나 팀을 성공하게 하다니!

　형편없는 미식축구 팀을 그토록 단기간에 승리하는 팀으로 만들기 위해 필요한 변화는 무엇일까? 나는 그것이 알고 싶어 우리의 '오두막 대화'에 귀를 기울였다.

　루 홀츠는 긍정적인 변화를 일으키는 법을 아는 리더이다. 그는 내가 흔히 '유턴 리더'라고 부르는 종류의 리더다. '유턴 리더'란 나락으로 떨어지는 조직을 맡아 부정적인 운동력을 멈추게 하고 방향을 바꾸어 긍정적인 상승 운동을 일으킬 수 있는 사람이다. 노트르담대학에서 홀츠와 함께 일했던 커리어 코치 조지 캘리(George Kelley)는 홀츠가 모든 위대한 감독에게서 보이는 세 가지 특성을 갖추고 있다고 말했다. 즉 홀츠는 아무것도 당연시하지 않고, 탁월한 선생이며, 매우 체계적이다.[1] 무엇보다도 홀츠는 긍정적인 비전가다. 그는 자신이 이끄는 팀의 문화를 바꾸었다. 그리고 그 새로운 문화는 팀의 승리를 만들었다.

긍정적인 변화의 매개체로서 조직을 회복시키는 것이야말로 위대한 리더의 궁극적인 시험대다. 이미 옳은 방향으로 가는 사람들 앞에 서서 계속해서 가라고 격려하는 것은 누구나 할 수 있는 일이다. 하지만 잘못된 방향으로 향하고 있는 사람들을 옳은 방향으로 되돌릴 수 있는 리더는 별로 없다.

변화를 이끄는 것은
힘든 일이다

변화를 이끌어 본 사람은 누구나 그것이 보통 힘든 일이 아님을 알고 있다. 하지만 나는 사람들이 천성적으로 변화를 거부하는 것은 아니라고 생각한다. 최근 두 컷짜리 한 만화를 본 적이 있다. 첫 번째 컷에서 리더가 "변화를 원하는 사람이 있는가?"라고 묻자 모두가 손을 든다. 하지만 두 번째 컷에서 리더가 "변화하기를 원하는 사람이 있는가?"라고 묻자 아무도 손을 들지 않는다.

인간의 성향을 잘 보여 주는 만화다. 우리는 긍정적인 변화의 혜택은 원하지만 자신을 변화시키는 고통은 원하지 않는다. 그 이유는 무엇일까? 몇 가지 이유가 있다.

어색하고

신경이 쓰이는 변화

변화는 어색하다. 더도 말고 당신의 손에게 물어보라. 믿지 못하겠다면 한번 실험해 보라. 두 손으로 깍지를 껴 보라. 어느 쪽 엄지가 위로 올라오는가? 모든 사람은 깍지를 낄 때 항상 한쪽 엄지가 위로 올라온다. 당신은 어떤가? 오른손 엄지가 왼손 엄지의 위에 위치하는가? 어느 쪽 엄지를 위로 올라오게 깍지를 낄 대 자연스러운가? 사람은 항상 한쪽 엄지가 위로 올라오게 깍지를 낀다.

이번에는 두 엄지의 위치를 바꾸어 보라. 깍지를 풀고 다시 깍지를 끼되 이번에는 평소와 다른 엄지를 위에 올라오게 하라. 느낌이 어떤가? 분명 어색할 것이다. 보통 사람과 같다면 부자연스러워서 원래대로 돌아가고 싶어질 것이다.

골프와 관련해서 비슷한 상황을 겪은 적이 있다. 나는 고등학교를 졸업할 때 골프 클럽 세트를 선물로 받고서 레슨도 받지 않고 무작정 골프를 치기 시작했다. 운동신경이 꽤 좋은 편이라 당장 필드에 나가 골프를 칠 수 있었다. 하지만 당연히, 아무리 노력해도 실력이 늘지 않았다. 결국 프로에게 레슨을 받았는데, 알고 보니 독학한 그립과 스윙이 결정적인 문제점이었다. 프로가 내놓은 해법은 '모든 것'을 바꾸라는 것이었다.

그렇게 모든 것을 바꾸고 나니 어색하기 짝이 없었다. 바뀌어야 한다는 것은 알았지만 부자연스러워서 견디기가 힘들었다. 이후 몇 달간 결정적인 순간이 오면 급한 마음에 편안한 옛 그립으로 돌아가기를 반복했다. 새 방식을 따라야 실력이 늘겠지만 일단은 옛 방식이 훨씬 편했다. 다행히 나중에는 변화에 적응했지만 꽤 시간이 걸렸다.

대부분의 사람들은 새 해법보다 옛 문제를 더 편안해 한다. 뭐든 새로운 것은 미지의 것이기 때문이다. 저자이자 강연자인 매릴린 퍼거슨(Marilyn Ferguson)은 이 현상을 이렇게 설명했다. "우리가 변화를 두려워하거나 옛 방식을 좋아하는 것은 아니다. 우리가 두려워하는 것은 그 중간 지점이다. 그것은 마치 공중그네들 사이에 있는 것과도 같다. 그것은 마치 라이너스(Linus)의 담요가 건조기에 들어가 버린 것과 같은 상황이다(만화 찰리 브라운에 등장하는 라이너스는 자신의 담요에 집착한다-역주). 의지할 것이 아무것도 없어진다."

포기를 먼저
생각하는 사람들

변화가 온다는 말을 들으면 사람들이 가장 먼저 보이는 반응은 "내게 어떤 영향이 미칠까?"라고 묻는 것이다. 자신이 무엇인가를 포기해야 할까 봐 걱정하는 것이다. 물론 직장이나 집을 잃을 위기 같은 경우에는 이런 질문이 합당할 수 있다. 하지만 평상시 인생은 거래의 연속이다. 시인 랄프 왈도 에머슨(Ralph Waldo Emerson)은 "언제나 얻는 것이 있으면 잃는 것이 있는 법이다"라고 말했다. 따라서 '아무것도' 포기하지 않으려는 것은 비현실적인 생각이다. 하지만 지금 가진 것을 너무 꽉 쥔 나머지 그 어떤 새로운 것도 얻지 못하는 사람이 너무도 많다. 심지어 현재의 것을 위해 유익과 전진마저도 포기한다. 리더로서 우리는 사람들이 이런 태도를 극복하도록 도와야 한다.

나는 성격과 인생의 경험이 이런 영역의 태도에 영향을 미친다고 생각한다. 예를 들어, 물건을 잘 버리지 않는 사람이 있는가 하면 버리기를 좋아하는 사람이 있다. 나는 후자에 속한다. 필요 없다고 판단되면 미련 없이 쓰레기통에 던진다. 내 평생에 다 쓰지 않은 종이를 찾기 위해 쓰레기통을 뒤진 적은 단 한 번도 없다. 버리면 그렇게 후련할 수가 없다. 버리는 것은 나의 기벽 중 하나다.

하지만 대부분의 사람들은 내 아내 마가렛(Margaret)과 같다. 아내는 웬만하면 물건을 버리지 않는다. 나중에 쓸 가능성이 조금이라도 있으면 집안 한구석에 보관해 둔다. 그렇다고 해서 우리 아내가 재물을 축적하는 사람은 아니다. 또한 아내가 물건을 잘 버리지 않는다고 해서 집안이 어수선하지도 않다. 아내는 누구보다도 집안 정리를 깔끔하게 하는 사람이다. 하지만 어쨌든 나와는 다르다. 내 모토는 "오늘 새로운 것을 사면 기존에 있던 것을 버리라"이다.

우리는 물건만이 아니라 관념과 행동 방식도 고수하려는 경향이 있다. 저자 에릭 하비(Erick Harvey)와 스티브 벤추라(Steve Ventura)는 이런 인간 성향에 관해 다음과 같이 썼다.

> 우리 모두는 어느 정도 역효과적인 정신적인 짐을 짊어지고 있다. 그런 짐이 우리를 짓누르고 발목을 잡는다.
> 한때 유효했지만 이제는 효용을 다해 더 이상 통하지 않는 관념과 습관에서, 자세히 조사하거나 고민하지 않고 받아들인 그릇된 정보와 관념까지 모든 것이 이런 짐이다.
> 왜 '짐'을 신경 써야 하는가? 그것이 나, 나와 일하는 사람들, 내가 일하는 환경, 내가 얻는 결과에 부정적인 영향을 미치기 때문이다. 간단히 말해, 무엇이든 받아들이고 믿는 것이 행동을 결정한다. … 그리고 우리의 행동은 우리가 무엇을 이룰지 혹은 이루지 못할지를 결정한다.[2]

하비와 벤추라의 해법은 무엇인가? "우리의 뇌는 벽장과도 같다. 시간이 지나면 더 이상 쓸모도 없고 맞지도 않는 것들로 가득 찬다. 그래서 가끔씩 버릴 것은 버려야 한다."[3]

현대 경영학의 아버지로 불리는 피터 드러커(Peter Drucker)는 말했다. "기업은 모든 제품과 프로세스를 3년에 한 번씩 시험대 위에 올려야 계속해서 살아남을 수 있다." 그는 그렇게 하지 않으면 경쟁사에게 추월을 당한다고 했다.

빌 게이츠의 생각도 이와 비슷했다. 그는 마이크로소프트(Microsoft)의 모든 제품이 3년이면 구식이 될 것이라며 이렇게 말했다. "우리가 스스로 폐기할 것인가 타의로 폐기할 것인가 둘 중 하나뿐이다." 그는 변화의 대가를 이해하고, 리더로서 그 대가를 치를 의지가 있는 사람이다.

놀림을
두려워하는 사람들

무엇이든 타인과 다르게 행동하는 사람은 놀림을 당할 위험이 있다. 이것이 변화의 큰 걸림돌로 작용할 수 있다. 저자 말콤 글래드웰(Malcolm Gladwell)은 최근 이 주제에 관한 팟캐스트 방송을 했다. 방송에서 그는 명예의 전당에 오른 농구 선수 월트 체임벌린(Wilt Chamberlain)을 조명했다. 방송 제목은 "큰 사나이는 슛을 할 수 없다"였다.[4]

1959년부터 1973년까지 프로로 뛴 체임벌린은 NBA 기록을 여러 차례 갈아치운 강력한 센터였다. 그런데 그는 자유투가 형편없는 선수로도 유명했다. 커리어 통산 그의 자유투 성공률은 겨우 51퍼센트였다.[5] 1961-62년 시즌 그는 자유투 성공률을 높이기 위해 특이한 시도를 한 적이 있다. 그는 현재 거의 모든 농구 선수가 사용하는 전통적인 오버헤드 샷이 아닌 당시 최고의 자유투 성공률을 자랑하던 릭 베리(Rick Barry)의 폼을 시도했다. 그것은 두 다리 사이로 공을 잡고 언더핸드로 던지는 "할머니 샷"(granny shot)이었다.

릭 베리의 커리어 통산 자유투 성공률은 89퍼센트였다.[6] 베리는 글래드 웰과의 팟캐스트 방송에서 자신이 커리어 내내 그런 자유투 폼을 사용한 이유를 설명했다.

> 물리학의 관점에서 보면 이것이 훨씬 좋은 폼입니다. 엉뚱한 곳으로 날아갈 일이 적지요. 또 다시 성공할까 걱정할 일이 적습니다. 하지만 무엇보다도 이런 자세로 (팔을 위로 들고) 걷는 사람이 어디 있습니까? 이것은 자연스러운 자세가 아닙니다. 자유투를 언더핸드로 던지면 팔이 어디로 갈까요? 아래로 늘어뜨려집니다. 훨씬 자연스럽지요. 이런 자세를 하면 완전히 편안해집니다. 근육이 긴장되거나 경직될 일이 전혀 없지요. 그러면 샷 자체가 훨씬 부드러워집니다. 그래서 제 샷은 조금 특이하긴 해도 아주 부드럽게 날아가 그물에 꽂힌답니다.[7]

1962년 3월 2일 체임벌린은 베리의 언더핸드 샷을 시도한 결과, 전무후무한 한 경기 100점을 기록했다. 그날 밤 100점 중 28점이 자유투에서 나왔는데, 30번 중 28번을 성공시켰다.

이런 성공에도 불구하고 체임벌린은 "할머니 샷"을 포기하고 실수투성이의 옛 폼으로 돌아갔다. 왜일까? 창피했기 때문이다. 글래드웰은 체임벌린이 자서전에 쓴 말을 인용했다. "언더핸드 샷은 어리석어 보였다. 계집애처럼 보였다. 하지만 잘못된 생각이었다. 역사상 최고의 자유투 슈터 중

상당수가 그런 폼으로 던진다. 지금도 NBA 최고 중 한 명인 릭 베리는 언더핸드로 샷을 한다. 하지만 나는 그렇게 할 수 없었다."[8]

유독 창피한 것을 참지 못하는 사람들이 있다. 릭 베리는 사람들의 시선에 신경을 쓰지 않고 남들이 조롱과 상관없이 자신이 원하는 대로 자유투를 던진 반면, 윌 체임벌린은 다른 이들의 시선에 많은 신경을 썼다. 체임벌린은 놀림을 당하고 싶지 않았다. 리더는 변화를 시도할 때 이런 종류의 두려움을 고려해야 한다. 사람마다 조롱에 민감한 정도가 다르다는 사실을 인식해야 한다.

마치 나만
변화를 겪는 것처럼

사업체나 조직에서 변화를 단행하면 구성원 모두가 함께 변화를 겪는다. 하지만 사람들은 혼자만 변화를 겪는 것처럼 느끼기 쉽다. 그런 감정은 불안감을 낳고 변화의 의지를 떨어뜨린다. 그때 리더들은 참을성을 잃고, 정신을 차리라고 다그치고 싶어진다. 하지만 그래서는 안 된다. 인간이니까 그럴 수 있다는 점을 인정하면서 참을성을 발휘하고, 그들의 협력을 이끌어내기 위해 노력해야 한다. 그렇게 하면 결국 변화를 이루어 낼 수 있을 뿐 아니라 그들에 대한 영향력이 커진다.

솔직히 젊은 시절 나는 이 부분을 유독 어려워 했다. 나는 사람들에게 변화의 시기에 자신의 감정을 무시하라고 말했다. "별 것 아닙니다. 다 잘될 겁니다. 걱정하지 마세요."

하지만 그것은 치과 의사의 "별로 아프지 않아요"라는 말과 다름없다. 맞는 말이다. 별로 아프지 않다. 아주, 아주 많이 아프다.

젊은 시절 나는 변화를 과정이 아닌 한 차례의 사건으로 다루는 실수도 저질렀다. 사람마다 변화에 열린 정도가 다르다는 사실을 깨닫기까지는 꽤 시간이 걸렸다. 단순히 변화를 선포하고 단행하면 끝인 것이 아니다. 그렇게 하면 저항에만 부딪힐 뿐이다. 사람들에게 변화를 받아들일 시간을 주어야 한다. 모든 사람이 변화에 동참하지는 않겠지만 리더가 도와준다면 많은 사람이 동참할 것이다. 명심하라. 리더가 리더십을 발휘하는 가장 중요한 이유는 바로 사람들이다. 리더가 얼마나 멀리까지 갈 수 있느냐가 중요한 것이 아니다. 중요한 것은 리더가 사람들을 얼마나 멀리까지 데려갈 수 있느냐이다. 이것이 리더십의 목적이다.

변화를 이끄는 일에 관한 이야기를 하자니, 전구를 가는 데 얼마나 많은 사람이 필요한지에 관한 옛 유머가 생각난다. 내가 최근에 발견한 전구 갈기에 관한 유머 중에서 재미있는 것 몇 가지를 소개하겠다.

질문 : 전구 하나를 갈기 위해서는 배우 몇 명이 필요할까?
답 : 딱 한 명. 배우들은 스포트라이트를 나누는 걸 싫어한다.

질문 : 전구 하나를 갈기 위해서는 교수 몇 명이 필요할까?
답 : 한 명도 필요 없다. 그것은 조교들이 하는 일이다.

질문 : 전구 하나를 갈기 위해서 항공우주 공학자 몇 명이 필요할까?
답 : 한 명도 필요 없다. 그깟 전구 하나 가는 데 로켓 과학은 필요하지 않다.

질문 : 미식축구 시합에서 전구 하나를 갈기 위해서는 몇 명이 필요할까?

답 : 세 명. 전구를 갈 사람 한 명과 감독에게 통의 얼음을 부어 축하할 사람 두 명이 필요하다.

질문 : 전구 하나를 갈기 위해서는 낚시꾼 몇 명이 필요할까?

답 : 다섯 명. 전구가 얼마나 큰지 덩신이 봤어야 하는 건네. 우리나 되니까 다섯 명이서 겨우 갈았지 보통 사람은 어림도 없다.

질문 : 전구 하나를 갈기 위해서는 고고학자 몇 명이 필요할까?

답 : 세 명. 전구를 갈 사람 한 명과 전구가 얼마나 오래 되었는지 논쟁할 사람 두 명이 필요하다.

질문 : 전구 하나를 갈기 위해서는 군대 몇 개가 필요할까?

답 : 최소한 다섯 개. 전구를 갈기 시작하는 독일 군대, 잠깐 시도하다가 쉽게 포기하는 프랑스 군대, 전구를 갈기 시작하지만 헤매다가 다른 곳에서 다시 시도하는 이탈리아 군대, 늦게 도착해서 마무리하고 모든 공을 차지하는 미국 군대, 아무런 특이한 일도 일어나지 않고 있는 것처럼 구는 스위스 군대가 필요하다.

질문 : 전구 하나를 갈기 위해서는 자동차 수리공 몇 명이 필요할까?

답 : 여섯 명. 망치로 전구를 억지로 끼우려고 하는 사람 한 명과 새 전구를 구하러 나갈 사람 다섯 명이 필요하다.[9]

진짜 질문은 이것이다. 긍정적인 변화를 일으키기 위해서는 몇 사람이 필요할까? 답은 한 사람이다. 모든 사람이 변화를 잘 이루도록 최선을 다해 이끄는 리더 한 명이면 족하다.

사건은 과대평가하고
과정은 과소평가하다

약 5년간 리더십을 경험하고 나서야 내가 무엇인가를 변화시키면 모두가 알아서 따라오는 것이 아니라는 사실을 깨달았다. 27세에 나는 조직의 큰 변화를 추진해야 할 필요성에 직면했다. 새로운 건물을 짓고 기존 건물의 용도를 변경하는 일이었다. 그때 리더로서 성공하기 위해서는 무엇을 바꾸어야 할지 계획을 세우고, 그 계획을 사람들에게 전하며, 그들이 정신적 감정적으로 변화를 받아들이도록 돕고, 계획을 실행에 옮기기 위한 프로세스가 필요함을 깨달았다.

그리하여 나는 '사전 계획'(PLAN AHEAD)이라는 프로세스를 계발했다. 물론 이것은 이합체 문장이다. 조금 억지스러운 면이 있지만 이렇게 하면 기억하기도 쉽고 다른 리더들에게 가르치기도 쉽다. 나는 이 프로세스를 거의 50년간 사용했는데 효과 만점이었다. 당신도 큰 효과를 볼 것이라고 확신한다. 자, 각 철자가 무슨 단어의 첫 글자인지 보자.

필요한 변화를 미리 정하라(Predetermine the change that is needed).

단계를 정하라(Lay out your steps).

우선순위를 조정하라(Adjust your priorities).

핵심 인물들에게 통지하라(Notify key people).

받아들일 시간을 허용하라(Allow time for acceptance).

행동에 돌입하라(Head into action).

문제를 예상하라(Expect problems).

항상 성공을 가리키라(Always point to the success).

매일 진행 상황을 검토하라(Daily review your progress).

이제 각 단계를 차례로 살펴보자. 리더십의 궁극적인 시험대, 즉 긍정적인 변화를 이끌어야 하는 상황 앞에 놓일 때 이 프로세스를 사용해 보길 강권한다.

필요한 변화를
미리 정하라

내 친구인 새들백교회(Saddleback Church) 창립 목사 릭 워렌(Rick Warren)은 "내일의 성공을 가로막는 가장 큰 적은 어제의 성공이다"라는 말을 했다.[10] 좋은 리더가 되기 위해서는 현실에 안주하지 말아야 한다. 오늘의 성공에 만족해서는 안 된다. 리더가 변화를 반길 뿐 아니라 추구해야 한다는 뜻이다. 그렇지 않으면 그의 팀이나 부서, 조직은 위기에 처할 수밖에 없다.

더도 말고 The 100 Best Companies to Work For in America(미국에서 가장 일하기 좋은 100대 기업) 초판만 읽어 봐도 이것이 사실이라는 점을 알 수 있다. 이 책은 1984년에 출간되었다. 그로부터 9년 뒤 이 책의 두 번째 판이 출간되었을 때는 그 100개 기업 중 거의 절반이 지구상에서 사라졌다.

조직의 무엇을 바꾸어야 할지 파악하는 것은 쉽지 않은 일이다. 문제에 너무 익숙해져서 그것이 문제인지도 모를 수 있기 때문이다. 1970년대 영국 국철(British Rail)에서 그런 일이 벌어졌다.

1977년 영국 국철의 회장 피터 파커(Peter Parker) 경은 대형 광고 업체와 작은 신생 업체인 ABM(Allen Brady and Marsh) 중 어디에 광고를 맡길지를 결정해야 했다. 파커는 몇몇 중역들과 함께 ABM을 찾아갔는데, 가보니 ABM의 로비는 엉망진창이었다. 재떨이에는 꽁초가 가득했고 반쯤 먹다 만 커피 잔이 여기저기에 놓여 있고 잡지가 바닥에 흩어져 있었다. 접대원의 태도는 더 엉망이었다. 어느 글에 따르면, 그녀는 사적인 통화를 하며 파커 일행을 무시했다.[11] 다른 글에 따르면, 일행 중 한 명이 얼마나 기다려야 하냐고 묻자 그녀는 담배를 피우고 손톱을 다듬으면서 "몰라요"라고 대답했다.[12]

20분을 기다린 뒤 파커는 접대원에게 그냥 가겠다고 말했다. 그 순간, ABM의 회장 피터 마쉬(Peter Marsh)가 접견실로 걸어 들어오면서 말했다. "여러분이 지금 보신 모습이 대중이 생각하는 영국 국철의 모습입니다. 이제 저희가 이것을 어떻게 바로잡을지 들어보시지요."

리더로서 우리는 팀이 하고 있는 일을 검토하고 무엇을 바꾸어야 할지 찾아야 할 책임이 있다. 나는 이런 검토 과정에 대해 다음과 같은 표준을 주로 사용한다.

- 뭔가를 1년간 해 왔다면 유심히 보라.
- 뭔가를 2년간 해 왔다면 의심의 눈으로 보라.
- 뭔가를 5년간 해 왔다면 그만 보고 바꾸라.

첫 번째 단계는 언제나 무엇을 바꾸어야 할지 미리 정하는 것이다. 무엇을 바꾸어야 할지 알았다면 두 번째 단계로 넘어갈 수 있다.

단계를
정하라

앞서 말했듯이 나는 두 번째 사역한 오하이오 주 랭커스터(Lancaster)의 교회에서 큰 리더십의 위기를 맞아 '사전 계획' 프로세스를 계발했다. 현재 시설이 꽉 차서 변화할 필요성이 있었다. 새로운 성전을 짓고 기존 성전은 용도를 변경해야 했다. 문제는 1천 5백 명의 교인들이 기존 성전을 너무 사랑해서 변화를 원치 않는다는 것이었다. 그런 교인들에게 새 성전 건축 비용을 거두어야 하니 더 머리가 아팠다. 단계를 신중하게 정하지 않으면 모두가 내게 등을 돌릴 것이기에 꼭 필요한 변화를 이끌어 낼 수 없었을 것이다.

오랜 고민 끝에 성공적인 변화를 위한 청사진을 신중하게 마련했다. 질문을 던지고 교인들의 답에 귀를 기울이며 난관들에 관해 토론하고 핵심 리더들에게 우리 공간 문제에 대한 답을 찾도록 권한을 위임했다. 그렇게 1년의 시간을 보냈다. 그랬더니 기대했던 대로 다른 리더들도 나와 같은 결론에 이르렀고 내가 최선이라고 생각했던 해법을 추천했다. 그들은 그 결론을 뒷받침할 증거까지 확보하여 다른 이들도 동참하도록 설득했다.

내가 느린 진전을 좋아했을까? 아니다. 하지만 워낙 거대한 프로젝트였기 때문에 시간을 두고 천천히 진행할 수밖에 없었다. 속담에 따르면 코끼리를 어떻게 먹는가? 한 번에 한 입씩 먹어야 한다. 바로 이것이 우리가 사용한 방법이었다. 한 걸음씩 전진할 때마다 우리의 자신감이 커지고 내 리더십이 강해졌다.

우선순위를
조정하라

영화 〈벤자민 버튼의 시간은 거꾸로 간다〉(The Curious Case of Benjamin Button)의 주인공은 딸에게 이렇게 말한다. "네가 자랑스러운 삶을 살았으면 좋겠구나. 만약 그렇지 못하다면 처음부터 다시 시작할 힘을 얻기를 바란다." 그는 좋은 쪽으로 변화되기를 원한다면 우선순위를 조정해야 한다는 뜻으로 이런 말을 한 것이다.

이 단계에서 리더의 가장 큰 위험은 표면적인 변화를 실질적인 변화로 오해하는 것이다. 표면적인 변화는 쉽지만 진정으로 중요한 문제를 다루지 않기 때문에 효과적이지 않다. 표면적인 변화는 외적인 변화이지만, 실질적인 변화는 내적인 변화이며, 언제나 더 어렵다.

엉뚱한 것들에 초점을 맞추는 리더는 찰스 슐츠(Charles Schulz)의 만화 《피너츠》(Peanuts)의 주인공 찰리 브라운(Charlie Brown)과 같다. 찰리는 친구 라이너스에게 이렇게 말한다. "태어나서 지금까지 신발을 신을 때마다 왼발부터 신었어. 그런데 갑자기 지난주부터 오른발부터 신어 봤지. 이번 주 내내 오른발부터 신었는데 그거 알아? 내 인생이 조금도 바뀌지 않았어."

실질적인 변화는 실질적인 결과를 낳는다. 또한 실질적인 변화를 일으키면 시간이나 에너지, 자원, 창의력, 선의, 영향력에서 대가가 따른다. 아무런 대가도 따르지 않는다면 실질적인 변화가 일어나고 있는 것인지 의심해 봐야 한다. 물론, 변하지 않아도 대가는 따른다. 랭커스터교회에서 수용 공간이 부족해졌을 때 내가 백기를 들었다면 조직 전체가 정체 상태에 빠졌다가 이내 몰락의 길로 접어들었을 것이다. 다행히 핵심 리더들이 힘을 합친 덕분에 우선순위를 바꾸어 다음 단계를 준비할 수 있었다.

핵심 인물들에게

통지하라

좋은 리더들은 변화에 관한 소식을 한 번에 모든 사람에게 공개하지 않는다. 그들은 변화에 관해 사방팔방으로 떠들고 다니지 않는다. 대신, 전략적으로 움직인다. 리더는 모두에게 상황을 알리기 전에 먼저 핵심 인물들을 만나 설명한다.

누가 핵심 인물들인가? 이에 관해서 스스로에게 두 가지 질문을 던져야 한다. "누가 이 변화를 지지해 주어야 하는가? 누가 실제로 이 변화를 추진할 것인가?" 이런 질문에 답하면 변화에 관해 먼저 알려야 할 사람들이 누구인지 파악할 수 있다.

나는 먼저 변화에 필요한 영향력을 지닌 사람들을 만난다. 그들이 동의하지 않으면 변화를 위한 계획은 진행될 수 없기 때문이다. 그들을 설득하여 동의를 얻어내야 한다. 대개 이런 모임은 일대일이나 아주 작은 소그룹으로 이루어진다. 주로 나는 내 책《작은 시작》(25 Ways to Win with Peo)의 '비밀을 나누라'라는 장에서 소개한 접근법을 사용한다. 변화에 관해서 모든 사람에게 공개하기 전에 먼저 그들에게 중요한 정보를 제공한다. 그렇게 그들을 핵심 그룹에 포함시켜 특별한 사람이 된 기분을 선사한다. 핵심 그룹에 포함되는 것을 싫어하는 사람은 별로 없다. 또한 이런 개인적인 접근법을 사용하면 허심탄회한 논의와 솔직한 반응, 질문, 반대가 가능해진다.

나는 이런 연결의 시간을 '모임 이전의 모임'이라고 부른다. 이 사전 모임이 잘 되면 그 다음에는 조직을 가장 아끼는 사람들에게 정보를 나눈다. 그들이 변화의 계획을 실제로 실행하게 된다. 그 다음에는 조직 전체의 모임을 갖기 시작한다.

모임 이전의 모임이 잘 풀리지 않으면, 그 핵심 인물들이 이견을 내려놓고 변화에 동참할 때까지 계속해서 모임을 갖는다. 팀이나 조직의 핵심 인물들이 변화를 준비하는 일과 실제 변화 과정에 반드시 동참해야만 한다. 이로써 프로세스 중 계획(PLAN) 부분은 끝이 난다. 이제 다음 단계로 넘어가 사전(AHEAD) 부분을 살펴보자.

받아들일 시간을
허용하라

대개 사람들이 변화를 받아들이기까지는 오랜 시간이 걸린다. 그리고 그 과정은 대게 세 단계로 이루어진다.

> 1단계 : 그런 방법은 통하지 않을 것이다.
> 2단계 : 너무 큰 대가를 치르게 될 것이다.
> 3단계 : 원래 좋은 아이디어라고 생각했다.

사람들이 변화를 받아들이기까지의 시간은 리더에게 보통 힘든 시간이 아니다. 리더는 사람들보다 상황을 더 많이, 그리고 더 먼저 보기 때문이다. 또한 변화에 관해 알리면 팀이나 조직 내에 혼란과 오해가 발생할 수 있다.

최근 나는 내 친구 샘(사무엘) 챈드(Samuel Chand)가 쓴 책 *8 Steps to Achieve Your Destiny*(당신의 운명을 이루기 위한 8가지 단계)를 읽었다. '새로운 시각'이란 장에서 그는 리더의 변화 필요성에 관해서 말했다. 그런데 그 내용은 리더가 추진하는 조직 내의 변화에 대해서도 똑같이 적용된다. 그 내용 중 일부를 보자.

변화는 항상 필요하다. 무언가가 오늘 잘 작동한다고 해서 내일도 계속해서 잘 작동하리라는 보장은 없다. 진화하지 않으면 침체된다.

대부분의 리더들(그리고 거의 모든 팀원들)은 하락세가 찾아온 뒤에야 비로소 변화의 필요성을 깨닫는다. 그들은 망가지기 전까지는 행동하지 않는다. 찰스 핸디(Charles Handy)의 시그모이드 곡선(Sigmoid Curve)에서 포인트 B가 이런 상황을 보여 준다. 이 포인트에서 우리가 할 수 있는 최선은 브레이크를 밟아 하강 속도를 늦추고 위기 관리와 복구를 시도하는 것이다.

곡선의 앞부분(포인트A)에서 변화를 시도하면 당신이 무엇을 왜 하는지 아무도 이해하지 못할 수 있다. 변화를 실행하는 시점과 당신이 본 것을 남들이 보기 시작하는 시점 사이는 '혼돈'이다. [13]

좋은 리더들은 언제나 팀원들에게 변화를 받아들일 시간을 준다. 하지만 그 시간이 너무 오래 걸리거나 팀원들이 샘(사무엘) 챈드가 말한 혼돈을 경험하면 좋은 리더들은 팀원들이 변화에 적응할 수 있도록 추가적인 조치를 취한다. 그런 상황에서 취할 수 있는 세 가지 조치를 소개한다.

속도 늦추기

리더가 팀원들의 느린 반응을 고려하지 않은 채 혼자서 너무 앞서나가면 팀원들은 리더에 관해 부정적인 가정을 하기 시작한다. 예를 들어, 리더에 관해 다음과 같은 생각을 할 수 있다.

- 준비가 부족하다.

- 숨은 속셈이 있다.
- 자신의 계획을 강압적으로 밀어붙인다.
- 사람들의 생각과 감정에 대한 배려가 없다.

이런 생각은 리더의 영향력을 약화시키며, 팀원들로 하여금 변화를 더욱 거부하게 만든다. 해법은 속도를 늦추고서 팀원들에게 시간을 주는 것이다. 계속해서 격려하고, 질문에 답하라. 억지로 밀어붙이지 말라.

간단명료하게 소통하기

리더가 두 번째로 취할 수 있는 조치는 변화를 겪는 사람들에게 간단명료하게 소통하기 위해 노력하는 것이다. 학자들은 단순한 것을 복잡하게 만든다. 커뮤니케이터는 복잡한 것을 단순하게 만든다. 나는 내 메시지를 단순화하여 보다 효과적으로 커뮤니케이션하기 위해 다음과 같은 질문을 던진다.

- 내가 하려는 말을 내가 이해하고 있는가?
- 내가 하려는 말을 팀원들이 이해할까?
- 내가 하려는 말을 팀원들이 사람들에게 잘 전달할 수 있을까?
- 팀원들이 하는 말을 사람들이 제대로 이해할까?

내가 이런 질문을 던지는 이유는 팀원들은 이해할 수 없는 것을 받아들이지 않기 때문이다. 나아가, 팀원들이 사람의 변화를 받아들이게 만들어야 하기 때문이다. 그러려면 팀원들이 내 아이디어를 명료하게 전할 수 있어야 한다. 메시지를 전하기 전에 단순명료하게 만들면, 팀원들이 그 메시지를 갖고 사람들에게 변화의 필요성을 납득시킬 수 있다.

좋은 사례의 하나는 1980년부터 1997년까지 코카콜라의 회장과 CEO를 지낸 로베르토 고이주에타(Roberto Goizueta)의 한 프로젝트다. 고이주에타는 회장으로 있는 동안 코카콜라를 세계 최고의 브랜드 중 하나로 만들었다. 맥 앤더슨(Mac Anderson)은 *212 Leadership*(212 리더십)이란 책에서 쿠바 태생의 고이주에타에 관해서 다음과 같이 말했다.

> 영어는 그의 제3언어임에도 불구하고 그는 복잡한 개념을 간결하고도 설득력 있게 요약해서 전달하는 능력으로 성공을 거두었다. 그는 자주 인용되는 코카콜라의 무한 성장 가능성에 관한 다음 메시지로 가장 유명하다. "지구상 60억 명은 하루 평균 1.8리터의 음료를 마신다. 그중 코카콜라는 겨우 2온스다."
>
> 고이주에타가 이 말을 처음 했을 때 코카콜라의 직원들은 그의 독창성과 대담성에 큰 감명을 받았다. 결국 '1.8리터'를 메우는 것이 코카콜라 조직에 열정을 불어넣는 열쇠가 되었다.[14]

1.8리터를 메운다는 개념은 단순명료해서 사람들에게 쉽게 전할 수 있었다. 그리고 사람들에게 전해져도 그 메시지의 위력은 조금도 줄어들지 않았다.

아이디어를 소화할 시간을 주기

이사회 모임 같은 좀 더 공식적인 환경에서 구성원들이 변화를 받아들이게 만들기 위한 가장 좋은 방법 가운데 하나는 그들이 모임 의제를 적절히 배치하여 변화의 필요성을 받아들일 시간을 주는 것이다. 오랫동안 나는 이사회에서 다음과 같은 형식을 사용했다.

- 정보 항목들 : 나는 모임 참석자들이 관심을 가질 항목들로 시작한다. 주로, 긍정적인 항목들이다. 그런 항목으로 시작하면 사기가 충만한 상태에서 모임을 시작할 수 있다.
- 연구 항목들 : 이것들은 투표할 항목이 아니라 논의할 항목들이다. 의사 결정을 하기 한두 모임 전에 이런 항목을 제시하면 모든 사람이 합의하거나, 특정한 입장을 지지해야 한다는 압박감 없이 자유롭게 질문을 던질 수 있다. 연구 항목에 큰 변화가 포함되는 경우에는 모든 사람이 충분히 고민해서 합의에 이를 때까지 몇 번의 모임에서 계속해서 이 안건을 낸다.
- 행동 항목들 : 나는 일단 연구 항목에 올렸던 항목만 이 항목에 포함시킨다. 모든 사람이 충분히 논의하고 고민한 항목인 만큼, 모든 사람이 이 항목에 대해 긍정적인 결정을 할 준비가 되어 있다.

대부분의 핵심 팀원들이 변화의 필요성을 인정하고 문제와 예상 해법을 분석한 뒤에 실행 방안을 마련했다면 행동할 준비가 된 셈이다. 하지만 핵심 팀원들이 변화를 받아들이기 전에 행동을 하려고 하면 실패로 이어질 수밖에 없다. 존 맥스웰 컴퍼니(John Maxwell Company)의 CFO인 노우드 데이비스(Norwood Davis)는 최근 한 가지 공식을 정리해서 내게 보여 주었다.

성과 = 질 × 수용

데이비스의 설명에 따르면, 10배나 좋은 아이디어에 0의 수용을 곱해 봐야 효과는 여전히 0이다. 수용이야말로 리더로서 성과를 얻기 위한 열쇠다.

행동에
돌입하라

핵심 팀원들의 지지를 얻었다면 변화의 열차는 마침내 역을 떠나 움직이기 시작한다. 물론, 아직 모두가 승선한 것은 아니다. 전 상원의원 로버트 케네디(Robert Kennedy)의 말을 좀 바꾸어 보면, 사람들의 20퍼센트는 모든 것에 항상 반대한다.[15] 하지만 모든 사람을 기다려 줄 수는 없다. 변화를 실행할 영향력이 있고 변화를 실행할 사람들이 있다면 출발하기에 충분하다. 다른 사람들도 때가 되면 대부분 승선할 것이다.

"비전은 사람들을 연합시킨다"라는 말을 자주 듣는데, 내 생각은 다르다. 비전은 사람들을 분열시킨다. 비전은 그 비전을 따를 사람들과 따르지 않을 사람들을 갈라놓으며, 이것이 좋은 일이다. 우리가 행동에 돌입하면 사람들은 결정을 내릴 수밖에 없다. 그때 누가 우리 편인지 아닌지를 알 수 있다. 사람들에게 행동을 촉구하기 전까지는 각 사람의 의지가 어느 정도인지를 알 길이 없다. 우리는 변화의 의지가 있는 사람들을 결집시켜야 한다.

팀원들이 변화의 대열에 합류할 가능성을 어떻게 알 수 있을까? 자신의 영향력을 돌아보면 알 수 있다. 모든 리더는 각자 다른 '변화의 영향력'을 갖고 있다. 리더가 뭐든 긍정적인 일을 할 때마다 '변화의 영향력'은 강해진다. 리더가 뭐든 부정적으로 보이는 일을 할 때마다 관계는 약해지고 '변화의 영향력'은 줄어든다. 리더가 그런 일을 계속해서 하면 결국 '변화의 영향력'은 바닥이 날 수도 있다.

항상 기억하라. 변화를 이끌어 내려면 '변화의 영향력'이 필요하다. '변화의 영향력'이 많을수록 사람들의 삶 속에서 더 많은 변화를 이끌어 낼 수 있다. '변화의 영향력'이 적을수록 변화를 실행하기가 더 어렵다.

문제를
예상하라

어떤 사람이 어떤 종류의 운동을 주도하든 문제는 일어나게 되어 있다. 그래서 움직임은 마찰을 일으킨다는 말도 있다. 그런 문제의 일부는 예상치 못한 난관에서 발생한다. 그런가 하면 사람들과 그들의 반대에서 비롯하는 문제도 있다. 사람들은 실제로 그렇지 않을 때도 옛날이 좋았다는 식으로 과거의 기쁨을 과장하곤 한다. 사람들은 마치 문제없는 삶도 있는 것처럼 현재의 고통에 관해 불평한다. 사람들은 내일 아침에 눈을 뜨게 될지 확신할 수 없음에도 미래의 두려움에 대하여 골몰히 생각한다. 사람들의 이런 반응은 마음에 들지는 않지만 지극히 자연스러운 반응이다.

예전에는 변화에 대한 사람들의 저항을 개인적인 공격으로 받아들였다. 사람들이 뒷걸음질을 치면 '저들은 왜 이것을 보지 못하지? 왜 나를 믿지 못하지?'라며 답답해서 가슴을 쳤다. 그럴 때마다 나는 그들의 반응이 개인적인 공격이 아니라는 점을 기억해야만 했다. 변화를 이끄는 일은 그렇지 않아도 힘든데 불필요한 감정까지 개입되면 그야말로 답이 없다.

문제에 대한 최선의 해법은 최악의 시나리오를 미리 예상하는 것이다.

- 최악의 상황을 먼저 생각하라 : 무엇이 잘못될 가능성이 있는가? 생각할 수 있는 모든 시나리오를 파악해서, 그 모든 상황에 대비하도록 도와줄 다른 리더들을 동원하라.
- 최악의 상황을 먼저 말하라 : 팀원들의 감정과 생각을 알고 있다는 점을 알리라. 그리고 문제가 발견되면 인정하라. 대개 사람들의 가장 큰 킥징거리는 리더가 상황을 제대로 파악하지 못하고 문세를 해결할 준비가 되어 있지 않을 것이라는 생각이다. 우리가 상황을 파악하고 있고 해결을 위해 노력하고 있다는 점을 분명히 알려 주면 사람들이 안심할 것이다.
- 최악의 상황에 관한 질문에 먼저 답하라 : 사람들이 질문을 하고 우려를 표하면 논의를 피하지 말라. 무조건 잘될 것이라고 말하지 말라. 질문에 분명히 답하라.
- 사람들이 최악의 상황을 극복하도록 먼저 도우라 : 사람들은 리더의 격려를 원한다. 우리가 그들의 편이며 그들을 필요로 한다는 점을 분명히 보여 주면 그들이 기꺼이 협력해 줄 것이다.

늘 모든 문제를 최대한 예상하는 리더라 할지라도 때로 예상치 못한 난관을 만날 수밖에 없다. 하지만 최대한 문제를 예상하려고 노력한다면 변화의 성공을 위해 최선을 다한 셈이다.

항상 성공을
가리키라

맥 앤더슨과 톰 펠텐스테인(Tom Feltenstein)은 *Change Is Good…You Go First*(변

화는 좋은 것이다…당신이 먼저 변화되라)에서 격려가 얼마나 중요한지를 이야기했다.

> 필시 부동산 구입에 관한 세 가지 열쇠를 들은 적이 있을 것이다. 부동산 구입은 첫째도 장소, 둘째도 장소, 셋째도 장소라고 한다. 자, 사람들에게 변화의 열정을 심어 주기 위한 세 가지 열쇠를 소개한다. 그 열쇠는 첫째도 격려, 둘째도 격려, 셋째도 격려다. 변화의 시기에 많은 리더들이 끊임없는 격려의 중요성을 너무 과소평가한다. 완벽한 세상에서라면 한 번 들은 말을 뇌에 기록해서 다시 들을 필요가 없을 것이다. 하지만 현실에서 우리의 말은 완벽과는 거리가 멀다. 변화의 시기에 우리는 의심과 두려움, 잦은 실망에 시달린다. 때로는 "뜻대로 되지 않을 거야"라며 그런 의심을 부추기는 친구와 가족, 동료들이 나타난다.[16]

온갖 난관과 장애물, 갈등, 부정적인 소리가 변화를 방해하는 상황에서 리더는 팀원들이 계속해서 옳은 방향으로 갈 수 있도록 격려해야만 한다. 가장 좋은 방법은 크든 작은 그들의 성공을 축하해 주는 것이다.

내 우상 중 한 명인 전설적인 UCLA 농구 감독 존 우든은 항상 경기의 팀 측면을 강조했다. 선수가 좋은 패스를 받아 득점을 올릴 때마다 우든은 패스를 받은 선수가 패스를 해 준 사람을 가리키며 공로를 나누게 했다. 한번은 한 선수가 우든에게 물었다. "감독님, 제가 패스해 준 선수를 가리킬 때 그 선수가 보지 않으면 어쩌죠?" 그때 우든은 이렇게 대답했다. "반드시 볼 테니 걱정할 필요 없어." 사람들은 인정과 격려를 원한다. 이것이 인간 본성이다.

변화를 향해 가는 길에 거두는 성공 하나하나는 그 길이 옳다는 증거가 되어 준다. 따라서 변화의 길에 나타나는 좋은 일과 그 일을 해낸 사람들을 항상 격려하고 칭찬하라.

매일 진행 상황을
검토하라

'사전 계획' 프로세스의 마지막 단계는 두 가지 이유로 매우 중요하다. 첫째, 계속해서 옳은 길로 전진하게 해 준다. 둘째, 변화의 메시지를 팀원들에게 계속해서 전해야 한다는 점을 상기시켜 준다. 이것은 여간 어려운 일이 아니다. 변화가 조직이나 팀의 문화로 자리를 잡기 전까지 사람들은 계속해서 그것을 잊어버리고 옛 방식으로 돌아가기 때문이다.

윈스턴 처칠은 이런 명언을 남겼다. "개선은 곧 변화다. 따라서 완벽해지려면 자주 변해야 한다."[17]

물론 우리는 완벽에 이를 수 없다. 하지만 최대한 완벽에 근접하기 위해 노력할 수는 있고, 그러기 위해서 매일 변해야 한다. 변화의 열정이 팀원들의 마음속에서 계속해서 타오를 수 있도록 다음과 같이 힘써야 한다.

- 변화에 관해 분명하게 이야기하라.
- 변화에 관해 창의적으로 이야기하라.
- 변화에 관해 끊임없이 이야기하라.

매일의 진행 상황 검토와 함께 이렇게 하면 팀원들이 변화를 실천하고 경험하며 소중히 여기고 남들과 공유할 것이다.

최종적인 열쇠는
신뢰성이다

결국, 긍정적인 변화를 이끌어 내기 위한 능력은 팀원들이 우리를 리더로 받아들이느냐에 달려 있다. 내가 《리더십 불변의 법칙》에서 설명한 수용의 법칙(The Law of Buy-In)은 "사람들은 먼저 리더를 받아들인 뒤에 비전을 받아들인다"라는 것이다.[18] 이런 신뢰는 이전 장에서 이야기한 인격을 통해 형성된다. 리더들이 내게 조직의 변화에 관한 비전을 이야기하면서 이렇게 물을 때가 많다. "내 사람들이 내 비전을 받아들일까요?"

그럴 때마다 내 대답은 "그들이 당신을 리더로 받아들였습니까?"이다. 리더는 변화를 실행하기 전에 먼저 이 질문에 답해야 한다. 신뢰성은 권위를 낳으며, 우리가 지금까지 이야기한 영향력과 올바른 우선순위, 인격에서 비롯한다. 사람들이 우리를 받아들이면 우리를 믿기 때문에 우리가 원하는 것을 원하게 된다. 그래서 큰 변화가 필요한 비전이라 해도 기꺼이 동참한다. 이럴 때 큰일을 해낼 수 있다. 심지어 루 홀츠처럼 조직 전체를 회생시킬 수도 있다.

당신 안의 변화 주도자를 계발하라

현재 팀이나 부서, 조직을 이끌고 있다면 분명 바꾸고 개선하고 싶은 것들이 있을 것이다. 이번 장의 적용 가이드를 사용하여 변화를 위한 계획을 세워 보라.

√ 리더로서 얼마나 많은 '변화의 영향력'을 갖고 있는가

변화를 계획하기에 앞서 사람들에게 당신의 영향력은 어느 정도인지 파악하라. 당신의 현재 신뢰성 수준은 어떠한가? 얼마나 많은 '변화의 영향력'을 갖고 있는가? 원하는 변화를 추진할 만한 신뢰성을 얻었는가? 판단이 잘 서질 않는다면 뛰어난 리더십 분별력을 갖춘 동료에게 조언을 구하라.

√ 오늘 '사전 계획'을 시작하라

이번 장에서 설명한 프로세스를 사용하여 원하는 변화를 이루기 위한 준비를 하라. 각 단계에서 무엇을 해야 할지 기술한 다음, 그 계획대로 변화를 추진하라.

√ 필요한 변화를 미리 정하라

어떤 변화가 왜 필요한지 자세히 기술하라.

√ 단계를 정하라

변화를 완성하기 위해 필요한 모든 단계를 쓰라. 현재 상황에서 시작하여 목적지까지 가기 위해 필요한 논리적인 프로세스를 단계별로 기술하라. 그러려면 꽤 많은 시간이 소요될 수도 있다.

√ 우선순위를 조정하라

조직과 사람들을 다가올 변화에 정렬시키기 위해 어떤 우선순위들을 바꾸어야 할까?

√ 핵심 인물들에게 통지하라

먼저 이야기를 해야 할 핵심 인물들은 누구인가? 영향력 있는 사람들과 변화를 실행할 사람들, 이렇게 두 부류를 쓰라.

√ 받아들일 시간을 허용하라

얼마나 많은 시간이 필요할지 사전에 판단하기는 쉽지는 않을 것이다. 팀원들에게 상황을 받아들일 시간을 주고 나서, 팀원들이 변화에 동참할 충분한 시간을 가졌는지 눈과 귀, 직관을 동원해 판단하라.

√ 행동에 돌입하라

첫 번째 행동 단계들은 무엇이며 그것이 팀이나 조직에 어떤 영향을 미칠지 기술하라.

√ 문제를 예상하라

변화를 실행하는 과정에서 나타날 가능성이 가장 높은 문제들을 기술하라.

√ 항상 성공을 가리키라

변화 과정에서 거두는 크고 작은 성공을 인정하고 축하할 계획을 세우라.

√ 매일 진행 상황을 검토하라

변화의 진행 상황을 검토할 방법을 기술하라. 어떤 측정 기준을 사용할 것인가? 팀의 사기를 측정하기 위해 누구와 정기적으로 이야기를 나눌 것인가? 변화가 성공적으로 완성되었다는 증거는 무엇일까?

5장

문제해결의 법칙

문제를
걸림돌이 아니라
디딤돌로 삼으라

어려움의 한복판에 기회가 있다
- 알베르트 아인슈타인

오래전 스캇 펙(Scott Peck)의 책 《아직도 가야 할 길》(*The Road Less Traveled*)은 내 인생을 바꾸어 놓았다. 그 책의 첫 장은 만사가 내 뜻대로 풀리는 편안한 삶을 추구하던 나를 흔들어 깨웠다.

> 이것은 위대한 진리다. 아니, 가장 위대한 진리 중 하나다. 이것이 위대한 진리인 것은 이 진리를 진정으로 보게 되면 그것을 초월하게 되기 때문이다. 삶이 힘들다는 사실을 진정으로 이해하고 받아들이면 삶은 더 이상 힘들지 않다. 삶이 힘들다는 사실을 받아들이고 나면 그 사실이 더 이상 중요하지 않아지기 때문이다. 대부분의 사람들은 삶이 힘들다는 이 진리를 온전히 보지 못한다. 그들은 마치 지금까지 삶이 대체로 편했던 것처럼, 그리고 삶이 편해야만 하는 것처럼, 자신의 문제와 짐, 어려움이 크다며 소리 내어 혹은 속으로 끊임없이 불평을 한다. [1]

인생이 모두에게 힘든 것은 사실이다. 보통 사람에게도 그런데 리더의 삶은 얼마나 더 힘들겠는가. 보통 사람들은 '나'를 생각하지만 리더는 '우리'를 생각해야 한다. 리더의 삶은 리더 자신의 것이 아니다. '우리'를 생각한다는 것은 다른 사람들과 함께 간다는 의미이다. 그리고 그것은 그들이 가진 삶의 문제까지도 다루어야 한다는 뜻이다.

또한 리더가 잘 이끄는 조직에서는 가능한 조직도의 가장 밑에서부터 문제가 해결된다. 이는 리더에게까지 올라오는 문제는 대개 가장 어려운 문제라는 뜻이다. '건드릴 수 없을 만큼 뜨거운' 문제가 리더의 책상 위에 올라온다. 리더의 삶에 아무 문제도 없는 날이 이틀 연속으로 이어지는 경우는 거의 없다. 대부분의 리더들은 위기 속으로 들어가든가 위기의 한복판에 있든가 위기를 방금 해결했다. 늘 이렇게 셋 중 하나의 상황 속에 놓여 있는 것이다. 아마도 이것이 한 정신과 의사 세미나에서 "인생이란 무엇인가?"라는 질문에 모두가 한목소리로 "인생은 스트레스이며, 어차피 그럴바에야 스트레스를 즐기는 편이 낫다"라고 대답한 이유일 것이다.

이번 장에서는 리더십을 그토록 힘들게 만드는 문제들을 긍정적인 시각에서 조명하고자 한다. 나는 당신이 이 단순하고도 실용적인 조언을 통해 리더로서 가장 빠른 속도로 신뢰성을 얻길 바란다. 실용적이라는 것이 무슨 뜻인가? 우리 조직의 CEO 마크 콜이 최근 내게 해 준 말에 따르면, 실용주의란 남들이 문제나 방해로 여기는 것을 기회로 보게 해 주는 것이다.

문제를 꼭 문제로 볼 필요는 없다. 문제는 그것을 문제로 보는 사람에게만 문제다. 내가 이런 말을 하는 이유는 무엇일까? 그것은 문제가 잠재적인 유익들을 내포하고 있기 때문이다. 이것이 문제 해결이 리더십을 얻는 가장 빠른 길인 이유다. 문제는 우리를 자신에게 소개해 주고, 우리를 사람들에게 소개해 주고, 우리에게 기회를 소개해 준다. 이번 장에서는 당신이 이런 원칙을 이해하고 받아들여 문제를 더 잘 해결하도록 돕기를 원한다.

문제는 자기 자신을
알게 해 준다

앞서 내가 처음 리더 역할을 맡아 수행했던 3년을 비롯해서 내 리더십 여정의 초기에 관한 이야기를 조금 소개했다. 당시 나는 리더십의 5단계에서 가장 낮은 수준인 지위에 관해 많은 것을 배웠다.

그런데 여느 리더와 마찬가지로 리더가 되자마자 나는 많은 문제에 둘러싸이게 되었다. 이런 문제는 발전해 가는 젊은 리더로서 '나 자신을 만나게' 해 주었다. 내가 배운 가장 큰 교훈 여섯 가지를 소개한다.

결정은 문제와 나의 거리에
영향을 받을 때가 많다

오래전 나사에서 아폴로(Apollo) 임무를 위한 우주선을 계발하던 중 과학자들과 공학자들 사이에서 불화가 발생했다. 적재 중량과 공간이 한정되어 있었기 때문에 과학자들은 우주비행사들이 우주 탐험을 하고 결과를 지구에 보고할 때 사용할 과학 장비들을 적재 중량의 한계까지 실어야 한다고 주장했다. 과학자들은 이를 위해 하자가 절대 없는 완벽한 우주선을 설계해야 한다고 말했다. 그래야 적재 중량과 공간의 대부분을 과학 장비 탑재에 사용할 수 있기 때문이었다.

반면, 공학자들은 완벽은 불가능하다고 주장했다. 그들은 문제는 '반드시' 발생하지만 어디서 문제가 발생할지 완벽히 예측할 수는 없다고 주장했다. 그들의 해법은 예상 가능한 모든 고장에 대비한 일련의 예비 시스템을 구축하는 것이었다. 그런데 그렇게 하면 안타깝게도 과학 장비를 실을 공간은 줄어들 수밖에 없었다.

그 갈등은 우주비행사들에게 의견을 물으면서 해결되었다고 한다. 우주비행사들은 예비 시스템을 만장일치로 지지했다. 고장이 발생하면 우주를 떠돌 사람들은 바로 그들이었기 때문이다.

리더가 팀원들과 단절되어 있을수록 문제와도 단절된다. 그때 우리의 리더십은 인간적인 접촉을 잃어버린다. 젊은 시절 나는 이 점을 이해한 후부터는 내가 이끄는 사람들에게 늘 가까이 다가가기로 결심했다. 사무실에만 있지 않고 팀원들이 있는 곳으로 가 함께 고생을 했다. 그들이 받는 영향을 나도 받아서 좋은 결정을 내리고 싶었다.

리더의 삶은
늘 문제로 가득하다

리더의 길을 걷기 시작한 지 얼마 되지 않았을 때 한 낙농업자가 내게 이런 말을 했다. "젖을 짤 때 가장 힘든 점은 소들이 가만히 있지는 않는다는 겁니다."

리더에게 문제는 소들과 같다는 생각이 든다. 가만히 있지 않고 계속해서 발생하기 때문이다. 한 남자의 이야기를 들어보라. 나도 이 남자와 같은 심정일 때가 많다. 이 남자가 아침식사를 하기도 전에 다른 주에 있는 네 명의 고객에게서 연달아 전화가 왔다. 그들은 하나같이 큰 문제가 발생했으니 당장 비행기를 타고 자신에게 날아와 달라고 하소연했다.

남자는 결국 아침을 거르고 서둘러 집을 나섰다. 그런데 자동차의 시동이 걸리지 않는다. 남자는 급히 택시를 불렀다. 택시를 기다리는데 또 다른 전화가 와서 또 다른 문제를 알린다. 마침내 택시가 왔고 남자는 뒷좌석에 타서 "갑시다!"라고 말했다. "어디로 모실까요?"

택시 운전자의 말에 남자는 이렇게 소리를 질렀다. "아무 곳이나 갑시다. 어차피 문제는 어디에나 있으니까."

누군가 이런 말을 했다. "문제가 생길 때마다 웃는 사람은 바보와 수리공 중 하나다."

모든 리더는 성장하는 중이다. 그것이 리더의 삶이다. 우리는 완벽하지 않기 때문에 매일 문제를 마주해야 한다. 문제가 전혀 없는 삶을 기대하는 것은 비현실적이다. 따라서 리더라면 문제가 발생해도 놀라지 말아야 한다. 그 문제를 해결하는 것이 리더의 책임이다.

실용주의는 리더에게
큰 도움이 된다

젊은 시절 처음 리더의 자리에 앉았을 때 사방에서 온갖 문제가 날아와 내게 결정을 요구했다. 해결해야 할 일은 산더미처럼 쌓였는데 직원은 한 명도 없는 상황에서 나는 시행착오를 겪으며 해법을 찾기 시작했다. 문제가 발생할 때마다 어떤 방법은 통하고 어떤 방법은 통하지 않는지 직접 시도해 보고 알아냈다.

문제 해결을 위한 실험을 통해 나는 매우 실용적이고도 인내심이 많은 리더로 발전했다. 항상 최선의 답을 알 수는 없었기 때문에 결국 그 답을 알아내기 위해 인내하며 문제와 씨름했다. 이런 인내의 열매 중 하나로 나는 지혜를 얻을 수 있었다. 인내로 하나의 문제를 해결할 때마다 문제 해결과 의사 결정에 관한 지혜가 계속해서 자라났다.[2]

문제 해결에 관한 나의 접근법은 시간이 갈수록 계속해서 진화했다. 나의 강점(전략), 한계(조급성), 감정(자신감)을 더 분명히 인식하게 되었다. 그 결과는 어떠했을까? 내가 옳다는 것을 증명하려는 강박관념을 버리고 옳은 일을 하는 데 집중할 수 있게 되었다. 또한 저자 짐 콜린스(Jim Collins)가 한 말을 늘 기억하며 살아가려고 노력하게 되었다. "냉엄한 진실을 직시하며 '포기하지 않겠어. 항복하지 않겠어. 시간이 좀 걸리겠지만 이길 방법을 찾아내겠어'라고 말할 때 솟아나는 기쁨이 있다."[3]

언제나 답이 있다는 믿음은
큰 자산이다

내가 배우고 오랫동안 사용해 온 가장 중요한 문제 해결 기술은 정신적 민첩성이다. 내 정신은 항상 답을 찾고 있고, 답을 찾을 수 있다고 항상 믿으며, 어떤 문제에도 하나 이상의 해법이 있다고 확신한다.

나는 좋은 리더는 문제를 찾을 때 마치 두 퍼즐을 동시에 보며 푸는 사람과 같다는 점을 발견했다. 첫 번째 퍼즐은 당면한 문제다. 당장 해결해야 할 상황이 첫 번째 퍼즐이다. 좋은 리더들은 이 퍼즐을 푸는 동시에 조직이나 업계 전체 혹은 시대의 흐름이라는 큰 그림이라는 두 번째 퍼즐도 함께 본다. 그들은 작은 문제가 더 큰 그림의 복잡한 조각들과 어떻게 연결되는지를 살핀다. 큰 그림의 퍼즐은 계속해서 변하고 고려해야 할 조각이 너무 많아서 완성할 수 없는 경우도 있다. 그런 경우에도 좋은 리더들은 큰 그림을 바탕으로 작은 퍼즐을 푼다. 그러려면 정신적 민첩성이 필요하다.

내가 생각하는 정신적 민첩성은 다음과 같다. 정신적 민첩성이 있으면 다음과 같이 할 수 있다.

- 하나의 퍼즐에서 다른 퍼즐로 자연스럽게 이동한다.
- 때가 되면 맞아떨어질 것이라는 확신을 품고 하나의 조각에 관해 몇 주 혹은 그 이상 계속해서 고민한다.
- 큰 그림이 작은 조각에 영향을 미치도록 허용하는 동시에, 작은 조각을 우선시한다.

- 문제를 해결할 때 필요한 정확성과 언제 해결을 위한 단계들을 밟을지 결정할 때 필요한 유연성, 이 두 가지가 상충하는 힘 사이의 적절한 균형을 유지한다.

정신적 민첩성을 발휘하기 위해서는 자신이 문제를 해결할 수 있다고 믿어야 한다. 1970년대 심리학자 마틴 피시바인(Martin Fishbein)은 동기유발에 관한 기대 가치 이론을 계발했다. 이는 사람들의 행동이 목표를 얼마나 가치 있게 여기고 그 목표를 이룰 수 있다고 얼마나 강하게 확신하느냐에 따라 결정된다는 이론이다.[4] 답을 찾을 수 있다고 믿으면 찾기 위해 노력할 가치를 느끼기 때문에 계속해서 노력하게 된다. 그리고 노력해서 답을 찾을수록 문제 해결을 위한 더 많은 도구를 계발하게 된다. 그렇게 성공의 선순환이 만들어진다.

행동이 문제의 숫자와
크기를 늘린다

내가 문제를 해결하면서 배운 교훈 중 지금까지 나눈 교훈은 주로 긍정적인 것이었다. 하지만 당연히 나도 많은 시행착오를 거쳐왔다. 때로 나의 실수로 인해 문제 해결에 실패할 뿐 아니라 상황이 더 악화된 경우도 있었다. 다음과 같은 경우에 항상 문제가 악화되었다.

- 내 시각을 잃었을 때
- 개인적으로 중요한 가치를 포기했을 때
- 유머 감각을 잃었을 때

- 낙심할 때
- 내 상황에 대해 타인의 탓할 때
- 문제를 없애기 위해 노력하지 않고 문제가 저절로 없어지기를 바랄 때

이런 실수를 통해 나는 문제 해결에 대한 책임을 지고, 내 태도와 감정에 대해서도 책임을 져야 하며, 팀과 조직에 좋은 해법을 찾기 위해 최선을 다해야 한다는 사실을 배웠다.

문제를 잘 다루면
성장한다

이것이 내가 배운 마지막 교훈이다. 포기하지 않고 문제 앞에서도 꿋꿋이 옳은 일을 하면, 심지어 처음에는 문제를 잘 다루지 못했다 해도 그 경험을 통해 더 나은 사람이자 리더가 된다. 인생의 실패들은 우리를 겸손하게 만든다. 처음 리더가 되었을 때만 해도 나는 '인생이 더 쉬워졌으면 좋겠다'라고 생각했다. 하지만 끊임없이 문제를 만나면서 마음가짐이 바뀌기 시작했다. 이제 '내가 더 나아졌으면 좋겠다'라고 생각하게 되었다. 나는 이것을 '문제의 약속'이라고 부른다. 문제는 자신을 잘 다루는 사람에게 더 나은 사람으로의 성장을 약속한다.

오래전 문제의 한복판에서 이루어진 역사상 가장 위대한 업적들에 관한 다음 글을 읽었다.

침대에서 나오지 못할 정도로 아팠던 플로렌스 나이팅게일(Florence

Nightingale)은 영국의 병원들을 개혁했다. 반신불수가 되어 늘 중풍의 위협 아래서 살았던 파스퇴르(Pasteur)는 질병과 부단히 싸웠다. 미국 역사가 프랜시스 파크먼(Francis Parkman)은 거의 평생 극심한 고통 때문에 한 번에 5분 이상 일할 수 없었다. 또 시력이 너무 나빠서 종이에 커다란 글자 몇 개를 휘갈겨 쓰는 것밖에 할 수 없었다. 그런데도 그는 20권의 위대한 역사서를 써냈다. [5]

성경을 보면 시편은 역경의 한복판에서 쓰였고, 신약의 서간문 대부분은 감옥에서 쓰였다.

훌륭한 인격을 지닌 리더들은 문제를 만나면 훌륭한 반응으로 상황을 극복한다. 사람을 밸리 포지(Valley Forge)의 눈 속에 묻으라. 그러면 조지 워싱턴(George Washington) 같은 사람이 된다. 그를 찢어지는 가난 속에서 키우라. 그러면 에이브러햄 링컨(Abraham Lincoln) 같은 사람이 된다. 그를 소아마비에 걸리게 만들라. 그러면 프랭클린 D. 루스벨트(Franklin D. Roosevelt) 같은 사람이 된다. 다시는 걸을 수 없을 진단이 나올 만큼 그에게 심한 화상을 입히라. 그러면 1934년 1마일 달리기에서 세계 기록을 세운 글렌 커닝햄(Glenn Cunningham) 같은 사람이 된다. 그를 인종차별이 만연한 사회에서 억압해 보라. 부커 T 워싱턴(Booker T. Washington)이나 매리언 앤더슨(Marian Anderson), 조지 워싱턴 카버(George Washington Carver), 마틴 루터 킹 주니어(Martin Luther King Jr.) 같은 사람이 된다. 그를 저능아라고 부르고 지진아라고 무시하라. 그러면 알베르트 아인슈타인(Albert Einstein) 같은 사람이 된다.

문제가 꼭 우리를 무너뜨리는 것은 아니다. 문제는 오히려 우리를 발전시킬 수 있다. 문제와 책임이 너무 무거워 보여서 그것을 피하고 싶을 때마다 이 이야기를 기억하라.

한 젊은이가 스승에게 물었다. "인생에서 가장 무거운 짐은 무엇입니까?"

그러자 스승은 "아무것도 짊어질 것이 없는 것이다"라고 말했다. 문제는 자신을 다루어 더 큰 문제를 해결할 힘을 얻게 해 준다.

문제는 다른 사람을
알게 해 준다

최근 한 친구에게 둘 다 겨우 안면만 있는 한 지인의 인격에 관해 물어보았다. 그러자 그가 이렇게 대답했다. "그의 인격에 관해서는 할 말이 없네. 그가 역경을 다루는 모습을 본 적이 없으니까 말이네."

그 말에 '참으로 옳은 말이군'이라고 생각했던 기억이 난다. 내가 문제를 다루는 모습을 보면 나 자신에 관해 많은 것을 알 수 있다. 마찬가지로, 남들이 문제 앞에서 반응하는 모습을 보면 그들에 관해 많은 것을 알 수 있다. 리더에게는 이런 정보가 매우 중요하다. 문제와 역경에 대한 사람들의 반응은 팀의 분위기와 노력의 결과에 큰 영향을 미치기 때문이다.

문제를 악화시키는
사람들

문제를 만나면 그 문제를 더 악화시키는 사람들이 있다. 나는 팀원들에게 모든 사람은 두 가지 '양동이' 중 하나를 들고 다닌다는 말을 자주 한다.

하나는 기름이 가득한 양동이이고, 다른 하나는 물이 가득한 양동이다. 문제라는 '불꽃'을 만나면 사람들은 어떤 양동이를 사용할지 선택한다. 불꽃에 기름을 부어 진짜 불을 일으킬 것인가? 물을 부어 끌 것인가?

당신 주변 사람들은 삶의 불꽃들에 어떻게 반응하는가? 그들은 불을 키우는 불쏘시개인가? 아니면 상황을 진정시키는 소방관인가? 불에 기름을 붓기를 좋아하는 사람들은 모두 리더와 조직의 큰 짐이다.

문제를 끌어당기는
자석 같은 사람들

문제에만 초점을 맞추거나 문제를 수집하거나 문제를 키우는 사람은 그와 같은 사람들을 끌어당기게 되어 있다. 이것이 《리더십 불변의 법칙》에서 소개한 '끌어당김의 법칙'(자신과 같은 사람들을 끌어당긴다)의 한 예다.[6] 그런 사람들은 결국 문제 자체가 되는 경우가 많다.

문제만 보는 사람은 무엇을 얻을까? 바로, 더 많은 문제를 얻는다. 가능성을 보는 사람은 무엇을 얻을까? 바로, 더 많은 가능성을 얻는다.

구멍 제1법칙은 "구멍 안에 있다면 그만 파라"다. 리더가 팀원들이 문제의 자석 노릇을 그만둘 수 있도록 도울 수 있을까? 그들이 계속해서 자신의 커리어 무덤을 파지 않도록 삽을 빼앗을 수 있을까?

물론 그럴 수 있다. 다만 그들 스스로 변화를 원해야 한다. 그러려면 그들의 생각이 바뀔 수 있도록 리더가 많은 도움을 주어야 한다.

문제 앞에서

포기하는 사람들

오래전 나는 새로운 비서를 고용했다. 그녀의 이름은 바바라 브루마진 (Barbara Brumagin)이었다. 그녀가 내 비서가 된 지 몇 주가 채 되지 않았을 때의 일이다. 나는 그녀에게 한 사람의 전화번호를 찾아달라고 부탁했다. 그러자 겨우 몇 분 뒤 그녀는 내 방으로 돌아와 전화번호를 찾지 못하겠다고 말했다. 문제 앞에서 포기한 것이다. 나는 그녀가 계속해서 그런 식으로 나올지 모른다는 판단에 정색을 하고 말했다. "내 전화번호부를 가져오세요."

당시에는 인터넷이 상용되기 전이었다. 그녀가 명함철을 가져오자 "여기 내 옆에 앉으세요"라고 말했다.

나는 잠시 생각한 뒤에 출발점을 찾을 때까지 전화번호부를 뒤졌다. 그런 다음, 전화를 걸었다. 마침내 필요한 전화번호를 알려 줄 사람을 찾을 때까지 몇 사람에게 전화를 걸었는지 모르겠지만 약 45분 정도 걸렸다.

나는 그 전화번호를 적어 비서에게 주면서 전화번호부에 기록하게 했다. "포기하지 않으면 언제나 문제를 해결할 방법이 있어요." 그렇게 말하고 나서 전화를 걸었다.

나중에 비서는 그날 내게서 세 가지를 배웠다고 고백했다. 첫째, 항상 답이 있다. 둘째, 답을 찾기가 항상 쉽지는 않다. 셋째, 그녀는 내 책상에 문제를 도로 올려놓지 않기로 결심했다. 그녀는 어떻게든 답을 내놓기로 굳게 마음을 먹었다. 변할 의지가 있는 사람이었다. 덕분에 그날 그녀는 문제를 찾는 사람에서 문제를 해결하는 사람으로 변했다. 그녀는 문제 해결에 대한 책임을 받아들였다.

문제를 성공의 발판으로
사용하는 사람들

《세계적 인물은 어떻게 키워지는가》(Cradles of Eminence)에서 빅터(Victor) 와 밀드레드 고어츨(Mildred Goertzel) 부부는 자신의 분야에서 큰 성공을 거 둔 4백 명 이상의 인생 배경을 조사한 결과를 소개했다. 거기에는 프랭클 린 D. 루스벨트, 헬렌 켈러(Helen Keller), 윈스턴 처칠, 알베르트 슈바이처(Albert Schweitzer), 클라라 바턴(Clara Barton), 마하트마 간디(Mahatma Gandhi), 알베르트 아 인슈타인, 지그문트 프로이트(Sigmund Freud) 등이 포함되어 있었다. 그들의 어린 시절을 조사한 결과, 다음과 같은 놀라운 사실이 드러났다.

- 그들 중 4분의 3이 어릴 적에 가난이나 깨어진 가정, 그들을 거부하 거나 집착이 강하거나 강압적인 부모로 인해 고생을 했다.
- 고어츨 부부가 조사한 85명의 소설이나 드라마 작가 중 74명, 그리 고 20명의 시인 중 16명이 극심한 부부 갈등의 드라마가 펼쳐지는 가정에서 자랐다.
- 샘플 집단의 4분 1 이상이 시각이나 청각 장애 같은 장애를 앓았다.[7]

많은 사람이 문제에 굴복한다. 그런데 왜 이들은 문제를 극복할 수 있 었을까? 그들은 문제를 걸림돌로 보지 않았다. 문제는 그들에게 오히려 박 차오를 수 있는 디딤돌이었다. 그들은 문제 해결이 상황의 변화가 아닌 자 신의 선택에 달려 있다는 것을 알고 있었다.

리더는 팀원들이 문제에 어떻게 반응하는지 유심히 살피고, 가능한 그 들이 올바로 반응하도록 도와야 한다. 그렇게 하려면 무엇이 필요할까? 우선, 시간을 들여야 한다. 팀원들이 문제를 만나 어떻게 반응하는지 가까이 다가가 유심히 살펴야 한다. 그런 다음에는 그들이 문제를 긍정적으로 다루는 법을 배울 수 있도록 시간을 투자해서 도와야 한다. 리더가 '대신' 문제를 해결해 주어서는 곤란하다. 그렇게 하면 언제까지고 그들의 뒤치다꺼리를 해야 한다. 따라서 리더는 팀원들을 '위해서'가 아니라 팀원들과 '함께' 문제를 해결해야 한다. 최소한, 그들이 문제 해결법을 터득할 때까지는 그들의 곁을 지켜 주어야 한다.

그들이 리더의 접근법을 보고서 받아들이기 시작하면, 큰 문제를 다루기 전에 먼저 리더와 상의하라고 말해야 한다. 그들이 문제를 들고 찾아오면 세 가지 해법을 제안하게 하라. 모든 해법이 좋지 않다면 더 많은 해법을 생각해서 다시 오게 하라. 모든 해법이 좋다면 그중에서 어떤 해법을 왜 선택할지 물어보라. 그중 하나의 해법만 좋은 경우에도 셋 중에서 어떤 해법을 왜 선택할지 물으라. 그들이 옳은 해법을 고르면 인정을 해 주고, 그릇된 해법을 고르면 그것이 왜 잘못되었는지를 잘 가르쳐 주길 바란다.

존 F. 케네디가 미국 대통령에 취임하기 전날, 전임 대통령 드와이트 D. 아이젠하워(Dwight D. Eisenhower)는 이렇게 조언했다. "미국 대통령이 맡게 되는 문제 중에 쉬운 문제는 없습니다. 쉬운 문제라면 다른 사람이 이미 해결했겠죠."

가장 낮은 수준에서 문제가 해결되도록 팀원들을 격려하고 훈련시키면 국가만이 아니라 여느 조직도 그렇게 될 수 있다. 작은 문제가 계속해서 리더의 책상 위로 올라오면 그것은 무엇보다도 팀원들의 문제 해결 능력을 키워 주지 않은 리더 자신의 문제다.

문제는 기회를
안겨 준다

알베르트 아인슈타인은 "어려움의 한복판에 기회가 있다"라는 말을 했다. 하지만 모두가 상황을 이런 식으로 보는 것은 아니다. 하지만 '문제가 있는가?'에서 '항상 답이 있다'를 넘어 '반드시 좋은 답이 있다'까지 생각이 발전한 리더는 문제를 해결할 뿐 아니라 그 문제를 통해 기회까지 잡을 수 있다.

리더십 저자이자 강연자인 글렌 요페즈(Glenn Llopis)는 문제를 해결하려는 자세의 힘에 관한 글에서 "인생은 곧 문제 해결이다"라는 칼 포퍼(Karl Popper)의 말을 인용했다. 계속해서 그는 이렇게 말했다. "최고의 리더는 최고의 문제 해결자다. 그는 한걸음 뒤로 물러서서 더 넓은 시각으로 눈앞의 문제를 바라보는 인내력을 지니고 있다. … 가장 효과적인 리더는 기회의 렌즈를 통해 문제에 접근한다."[8]

그렇다면 어떻게 해야 기회의 렌즈를 통해 문제를 바라볼 수 있을까? 먼저 다음과 같은 여덟 가지를 해보라고 권하고 싶다.

잠재적인 문제가

진짜 문제로 발전하기 전에 …

위대한 리더들은 웬만해서는 예기치 못한 기습을 당하지 않는다. 복서처럼 그들은 우리를 쓰러뜨리는 펀치가 대개 날아오는지 모르고 있다가 당하는 펀치라는 사실을 잘 알고 있다. 그래서 그들은 언제나 잠재적인 문제의 신호를 미리 포착하려고 노력한다. 모든 문제는 한 인디애나 주 농장의 울타리 기둥에 이런 푯말이 붙어 있는 것을 본 무단침입자의 문제와 같다. "이 농장을 통과하려면 9.8초 내에 하라. 황소는 10초 안에 주파할 수 있으니." 문제보다 앞서 가지 않으면 무조건 당한다.

좋은 리더들은 문제를 예측해서 자신과 팀의 성공을 위한 자리를 선점한다. 당신의 세상에서는 어떤 잠재적인 문제가 보이는가? 그 문제가 실제로 일어나면 어떻게 해결할 것인가? 미리 대비하지 않으면 문제는 기회로 바뀌지 않는다.

문제를 분명히
알라

"추측은 실패의 어머니다"라는 말을 들어본 적이 있는가(이보다 더 노골적인 표현도 많다)? 추측이 보통 사람들의 일상 속에서 실패를 낳는다면 리더의 삶 속에서는 재난을 일으킨다. 따라서 리더는 눈앞의 문제를 분명하게 알아야 한다. 금융계의 거목 J. P. 모건(Morgan)은 이런 말을 했다. "단순한 형태로 축소하지 않으면 그 어떤 문제도 해결할 수 없다. 막연한 문제를 구체적인 형태로 바꾸는 것이 사고의 가장 중요한 요소다."

단순화는 문제가 무엇으로 이루어져 있는지를 파악하는 데서 시작된다. 오랫동안 훌륭한 조언을 많이 해 준 내 친구 밥 비엘(Bobb Biehl)이 한번은 이런 말을 했다. "결정은 두 가지 이상의 선택 사항 중에서 선택하는 겁니다. 문제는 당신의 의도나 기대와 반대되는 상황이고요."

그렇다면 이런 상황을 만나면 어떻게 해야 할까? 저자 맥스 드 프리(Max De Pree)의 조언을 따르라. "리더의 첫 번째 책임은 현실을 정의하는 것이다."[9]

천성이 낙천적인 나는 이 부분에서 꽤 애를 먹는다. 나는 몸이 아파서 의사를 찾아온 한 남자와 같다. 의사가 엑스레이를 찍고 살펴보니 심각한 문제가 드러났다.

"수술을 하셔야 합니다."

"정말이요?"

"아주 고통스럽고 수술비도 많이 들 겁니다."

"그렇다면 그냥 엑스레이 사진을 고치면 어떨까요?"[10]

문제를 분명하게 보지 못하거나 현실을 직시하지 않으려고 한다면 문제 해결에 아무런 도움이 되지 않는다. 특히 비즈니스와 재정적 결정에서 늘 소중한 조언을 해 준 나의 형 래리(Larry)는 내게 이 점도 자주 상기시켜 주었다. 내 회사 중 한 곳이 힘든 한 해를 보낸 뒤 나는 형에게 다음해는 좋아졌으면 좋겠다는 말을 했다. 그러자 형은 나보다 문제를 더 분명히 보고서 이렇게 말했다. "존, 희망만으로는 부족해. 현실을 직시해. 그래야 더 이상 손실을 보지 않을 거야."

형은 내 상황이나 나의 그릇된 선택들을 합리화하지 말라고 조언했다. 상황을 분명히 알고 필요한 행동을 취하지 않고서는 문제를 해결할 수 없다. 그렇게 하지 않는 것은 내 친구인 저자 하비 맥케이(Harvey Mackay)가 말하는 잡초에 물 주기와도 같다.

문제 해결에 도움이 되는
질문을 던지라

나만큼 질문을 사랑하는 사람도 없을 것이다. 질문은 정보를 얻고 해법을 찾는 데 도움이 될 뿐 아니라 내가 이끄는 사람들의 생각과 감정을 이해할 수 있게 해 준다. 말을 하는 데는 너무 빠르고 질문하고 귀를 기울이는 데는 너무 느린 리더가 너무도 많다.

문제를 해결하고 해법을 실행하는 데 도움이 되는 몇 가지 질문 형태를 소개한다.

정보에 관한 질문 : "이 문제에 관해서 누가 가장 많이 알고 있는가?"

자신감 넘치는 리더들이 가끔 하는 실수 가운데 하나는 충분한 정보를 얻기도 전에 문제 해결에 돌입하는 것이다. 성급하게 결론을 내리고 만다. 하지만 리더가 꼭 해야만 하는 일 가운데 하나는 문제에 가장 가까이 있는 사람들을 찾아가 상황에 관해 묻고 의견을 듣는 것이다. 그들은 무엇을 어떻게 해야 할지 이미 알지만 문제를 해결하기 위한 자원과 승인이 없어서 움직이지 못하고 있을 수도 있다.

경험에 관한 질문 : "내가 알아야 할 것을 누가 알고 있는가?"

극작가 벤 존슨(Ben Jonson)은 "자기 자신에게만 배우는 사람은 바보를 멘토로 둔 사람이다"라는 말을 했다. 자신의 정보와 아이디어에만 의존하면 곤경에 빠진다. 누가 당신을 도와주고 적절한 조언을 해 줄 수 있을까? 짐 콜린스는 이것을 "사람 운"(who luck)이라 부른다. 당신을 도와줄 수 있는 훌륭한 사람들을 알고 있다면 이 운이 있는 셈이다. 이 운이 많을수록 많은 문제를 더 빨리 해결할 수 있다.

도전에 관한 질문 : "누가 이 질문과 씨름하기를 원하는가?"

문제를 해결할 때 우리는 먼저 팀원들의 능력부터 보는 경향이 있다.

"누가 이 일을 해낼 수 있을까?" 이것도 좋은 질문이지만 더 좋은 질문은 따로 있다. "누가 이 일을 하기를 '원할까?'" 문제를 다루려면 에너지가 필요하다. 의욕이 있는 사람은 문제와 씨름하다가 지쳐서 쓰러질 가능성이 적다. 능력만으로는 충분하지 않다.

크기에 관한 질문 : "누구의 지지를 얻어야 하며, 그러기까지 얼마나 많은 시간이 걸릴까?"

팀원들이 어떤 상황에 있고 어떤 감정을 느끼고 있으며 리더를 따라갈 의지가 있는지만 알아도 문제의 절반은 해결된 셈이다. 해법에 관해 고민할 때 스스로에게 이런 질문을 던져야 한다. "이 문제가 얼마나 큰 문제인가? 팀원들의 일이 어떤 영향을 받을까? 그들의 삶이 어떤 영향을 받을까?"

영향과 결과가 클수록 팀원들의 지지가 더 많이 필요하다. 그렇다면 어떻게 해야 할까? 사람들은 자신이 제안한 해법이 그대로 채택되지 않더라도 의사결정에 자신의 의견이 더 많이 반영될수록 리더를 따르게 되어 있다.

신뢰에 관한 질문 : "필요한 변화를 이룰 만큼 나는 충분한 신뢰를 얻었는가?"

이것은 변화를 준비할 때 리더가 던져야 할 가장 중요한 질문 가운데 하나다. 팀이나 조직 내에서 리더의 신뢰성이 높으면 더 많은 변화를 역효과 없이 추진할 수 있다.

반대로, 신뢰성이 낮으면 리더십에 한계가 있어서 변화를 조금만 추진하려고 해도 사람들이 저항할 수 있다. 그래서 팀원들이 따라오지 않으면 아무리 좋은 해법을 내놓아도 문제를 해결하지 못할 수 있다. 팀원들은 리더를 믿지 못하면 변화를 받아들이지 않는다.

개인적인 질문 : "나 자신에게 어떤 질문을 던져야 할까?"

마지막 질문은 내가 계속해서 옳은 방향으로 가기 위해 던져야 할 질문이다. 리더로서 나는 문제를 해결하는 내내 나 자신의 '온도'를 점검한다. "내 기분이 어떠한가?" 이 질문은 내 감정을 밝혀 준다. "내 생각은 어떤가?" 이 질문은 가장 좋은 해법을 찾도록 내 사고를 자극한다. "내가 무엇을 아는가?" 이 질문은 내 경험을 끌어낸다. 나는 개인적인 성찰 없이 맹목적으로 문제 해결 과정을 진행하고 싶지 않다.

문제 해결에 관해서 자기 반성을 위한 프로세스를 갖추고 있는가? 단순히 문제 해결만을 위한 해법으로는 부족하다. 좋은 리더들은 어서 성가신 문제를 처리하고 쉬고 싶다는 식으로 문제에 접근하지 않는다. 그들은 단순히 문제 자체만 해결하는 데서 그치지 않는다. 그들은 팀원들과 조직이 문제를 경험하기 전보다 한층 더 성장하게 해 줄 해법을 고민한다. 당신도 이런 목표를 추구해야 한다.

문제와 해결 방법을 위한
여섯 가지 틀

문제가 있다는 사실을 알고 그 문제를 분명히 파악하기 위해 노력했다면 이제 정보를 모으기 시작할 수 있다. 하지만 어떤 데이터를 수집하든 그 데이터를 판단할 틀이 없다면 전혀 도움이 되지 않는다. 틀이 없다면 그 데이터를 어떻게 해석하겠는가.

내가 가진 틀은 여섯 가지 중요한 항목으로 이루어져 있다.

- 리더십 : 이 문제가 내 팀원들에게 어떤 영향을 미치는가?

- 인력 : 이 문제에서 나를 도와줄 적절한 인력이 있는가?
- 타이밍 : 지금이 해법을 실행할 적절한 시기인가? 해법을 실행할 충분한 시간이 있는가?
- 비전 : 이 문제가 우리가 추구하는 목표에 어떤 영향을 미치는가?
- 우선 사항들 : 이 문제가 나나 팀으로 하여금 우선순위들을 다루지 못하게 만드는가?
- 가치 : 이 문제가 나와 팀의 가치를 훼손하고 있는가?

문제를 만나면 엉뚱한 방향으로 가거나 중요한 것에서 눈을 떼기 너무 쉽다. 문제로 인한 갈등과 분열을 다루느라 큰 그림을 보지 못하는 경우가 많다. 이때 내가 제시한 틀은 올바른 시각을 유지하도록 도와준다. 궤도에서 벗어나지 않도록 자신만의 틀을 계발하기를 바란다.

문제를 함께
해결하라

최고의 문제 해결자들은 혼자서 노력하지 않는다. 그들은 다른 사람들의 도움을 구하고, 소크라테스식 질문법을 사용하여 사람들의 의견을 구한다. 이렇게 하면 문제 해결에 더 뛰어난 리더가 될 수 있다.

내가 이 방법을 일찍부터 배웠으면 얼마나 좋았을까 하는 생각을 자주 한다. 나는 혼자서 문제와 씨름하는 유형의 사람이었다. 나는 스스로 답을 알아낸 뒤에야 다른 사람들에게 문제를 알리고 싶었다. 나는 다른 사람들에게 도움을 구할 만큼 자존감이 높지 못했다. 나는 90퍼센트의 시간 동안 혼자서 해법을 찾은 뒤 마지막 10퍼센트의 시간 동안 다른 사람의 의견을 구한다. 그것은 내가 타인의 도움보다 박수갈채를 더 원했기 때문이다.

지금 나의 문제 해결 방식은 10/80/10패턴을 따른다. 즉 문제 해결의 처음과 마지막 10퍼센트는 내가 하고, 나머지 80퍼센트는 다른 이들의 도움을 받는다. 처음 10퍼센트는 대개 모두를 위해 문제를 정의하는 데 초점을 맞춘다. 내 시간과 노력, 그 다음 80퍼센트는 팀원들의 의견에 귀를 기울이고 그들의 사고를 자극하는 데 사용한다. 마지막 10퍼센트는 내 리더십 경험을 바탕으로 팀의 노력에 가치를 더하기 위해 노력한다. 나는 이것을 '금상첨화'라고 부른다. 물론 내가 팀이 내놓은 해법을 항상 개선할 수는 없지만 그렇게 하려고 노력한다.

이런 접근법의 열쇠는 모든 사람이 마음껏 아이디어와 의견을 내놓을 수 있는 분위기를 조성하는 것이다. 그렇게 하지 않으면 문제를 함께 해결하는 방식은 역효과만 낳는다. 그렇다면 어떻게 해야 그런 환경을 만들 수 있을까? 다음과 같이 해 보라.

담을 허물라

글렌 요페즈는 이렇게 말했다. "조직 내의 담은 대부분의 일터 문제를 야기하는 근본 원인이며, 그 문제의 대부분은 해결되지 않는 원인을 가졌다. 담을 허물면 리더는 직원들이 문제 해결에 적극적으로 동참하게 만들 수 있다. 그렇게 되면 조직 내에 알력 다툼은 줄어들고 모두가 해결책을 찾아 조직을 더 견고하게 하는 일에 집중할 수 있게 된다."[11]

담을 허문 조직의 좋은 예는 텍사스 주 댈러스에 있는 광고업체 리처즈 그룹(Richards Group)이다. 스탠 리처즈(Stand Richards)는 파벌주의와 담이 없는 조직을 세우고서 "평화로운 왕국"(Peaceable Kingdom)이란 표현을 사용했다. 심지어 그는 동명의 책도 썼다. 그는 말처럼 부서를 없애고 정보를 완전히 공유하며 모든 직원이 나란히 앉아서 일하게 하고 담을 허물어 파벌주의를 예방한다. 모든 직원이 트인 공간에서 일한다. 심지어 리처즈의 사무실에는 문과 벽이 없다. 리처즈가 직원들에게 공지할 사항이 생기면 5분 안에 6백 명의 직원을 모두 소집해 '계단통 모임'이라는 것을 열 수 있다. 세 개 층의 직원들이 사방이 뚫린 계단과 발코니에서 서로를 볼 수 있다. 실로 놀랍다.

팀원들이 문제 해결에 적극적으로 참여하길 원한다면 담을 허물어야 한다. 자신의 영역을 넓히고 지키려는 사람들은 다른 사람이나 다른 팀에 도움이 될 만한 아이디어를 절대 공개하지 않는다.

마음을 열고 이야기할 수 있는 환경

당신의 팀원들에게 문제를 솔직히 말하거나 조직을 위한 아이디어를 내라고 하면 어떤 상황이 벌어지는가? 모두 꿀 먹은 벙어리가 되는가? 뒷걸음질하는가? 시선을 피하고 고개를 푹 숙이는가? 그렇다면 당신은 편안하게 이야기할 수 있는 환경을 만들지 못한 셈이다. 리더로서 당신은 그런 상황을 바꾸기 위해 노력해야 한다.

편안하게 이야기할 수 있는 환경에서는 발언을 환영하고 참여를 격려하며 좋은 아이디어에 따른 보상이 존재한다. 사람들이 문제를 이야기할 때마다 직장을 잃을까 봐 전전긍긍하지 않는다. 나쁜 아이디어를 내놓아도 무시를 당할까 봐 걱정하는 사람이 없다.

팀원들이 어떤 아이디어든지 내놓을 수 있는 환경을 만들어야 한다. 그렇게 해서 아이디어가 많아지면 좋은 아이디어들이 탄생하고, 좋은 아이디어가 많아지면 놀라운 아이디어들이 탄생한다. 팀원들이 무엇이든 자유롭게 이야기하도록 격려하면서 다음과 같은 점을 늘 기억하라.

- 당신이 항상 최상의 답을 알고 있다는 믿음을 심어 주지 말라. 그렇게 하면 팀원들이 늘 당신에게 의존할 뿐 자신의 의견은 좀처럼 내놓지 않는다.
- 질문을 하라. 앞서도 한 말이지만 그만큼 중요하기 때문에 다시 한 번 강조한다. 질문을 던지면 팀원들이 문제를 분석하고 해법에 관해 깊이 고민하도록 도울 수 있다.
- 왕이 아닌 코치가 되려고 노력하라. 코치는 남들이 깊은 곳의 잠재력을 발견하고 끌어내도록 돕는다. 반면, 왕은 명령을 내린다. 명심하라. 최고의 리더는 남들이 스스로 문제를 보고 해결할 수 있도록 돕는다.

아이디어의 사회화

레녹스 인터내셔널(Lennox International)의 폴 라킨(Paul Larkin)은 아이디어의 사회화(socializing ideas)라는 것을 소개했다. 이는 리더가 아이디어를 공식적으로 실행하기 전에 팀원들의 적극적인 참여를 이끌어 내기 위해 일상 중에 비공식적으로 이야기하는 전략이다.[12] 이렇게 하면 팀원들이 어느 날 갑자기 전달받은 아이디어를 맹목적으로 실행하지 않고 사전에 아이디어에 관해 충분히 고민하고 자신의 의견을 제시할 수 있다. 이런 식으로 진행하면 팀원들의 관심과 참여가 극적으로 상승한다.

항상 하나 이상의
해법을 내놓으라

오랫동안 나는 매우 부족한 문제 해결자였다. 한 가지 문제에 대해서는 으레 한 가지 해법을 찾아 팀원들에게 제시했다. 하지만 지금은 더 창의력을 발휘하려고 노력한다. 이제는 많은 해법을 찾아 그중에서 최상의 해법이 스스로 나타나도록 한다.

어제의 접근법	오늘의 접근법
첫 번째 해법에 만족한다	여러 해법을 추구한다
오직 문제에만 초점을 맞춘다	모든 가능성을 탐구한다
불확실성을 두려워한다	모호함을 즐긴다
규칙에 순응한다	창의성을 즐긴다
좁은 시각으로 본다	연결되지 않은 것들을 연결시킨다
모험을 두려워한다	실패를 두려워하지 않는다
몇 가지 선택 사항만 고려한다	많은 선택 사항을 즐긴다

하나의 문제에 대한 최대한 많은 해법을 나열하라. 해법이 많을수록 좋다. 문제의 해결 방법이 하나밖에 없는 경우는 거의 없다는 사실을 늘 명심하라. 선택 사항이 많을수록 좋다. 문제는 계속해서 변하기 때문이다. 예비 해법들을 갖고 있지 못한 리더들은 곧 곤란에 빠질 수밖에 없다.

문제 해결에 능숙한 리더로 성장하면 사고방식이 다음과 같이 발전하게 된다.

> 답이 없다.
> 한 가지 답이 있을 수도 있다.
> 아이디어가 생각났다.
> 한 가지 답이 있다.
> 더 많은 답이 있을 수도 있다.
> 더 많은 아이디어가 생각났다.
> 더 많은 답이 있다.
> 더 좋은 답들이 있다.

최고의 아이디어는 갑자기 나타나지 않고, 조금씩 형성된다. 끊임없이 아이디어를 탐구하고 더 많은 해법, 더 좋은 해법을 찾을 때 마침내 최고의 아이디어를 손에 넣을 수 있다.

실행력을 기르라

사려 깊은 사람이 빠질 수 있는 가장 큰 함정 중 하나는 해법에 관해 고민만 하고 정작 해법을 실행하지는 않는 것이다. 실행력이 없는 리더는 계속해서 준비와 조준만 할 뿐 발사를 하지 않는다.

즉, 실행력이 필요하다. '내가 할 수 있을까?'라는 생각은 버리고 '어떻게 해야 할까?'를 고민하고 나서 과감하게 한 걸음을 내딛으라. 실제로 문제와 맞서 싸우기 시작하는 순간, 문제는 해결되기 시작한다.

실질적인 행동 없이 위대한 발명가와 탐험가가 된 사람이 있을까? 전혀 없다! 그들의 믿음은 행동을 낳았고, 행동은 결과를 낳았다. 움직일 때 아이디어가 발전하며, 전진할 때 더 좋은 해법이 눈에 들어온다. 바라거나 기다리기만 해서는 결코 난관을 헤쳐나갈 수 없다. 실제로 앞으로 나아가야한다.

모든 문제 속에서
적극적으로 기회와 교훈을 찾으라

어떻게 전쟁 영웅이 되었느냐는 질문에 존 F. 케네디 대통령은 특유의 유머로 대답했다. "아주 간단합니다. 누군가가 내 배를 침몰시켰습니다!"[13]

이런 자세가 문제 속에서 기회를 보는 열쇠다. 상황이 아무리 어려워 보여도 그 안에는 문제를 해결할 뿐 아니라 오히려 우리의 삶과 리더십을 개선해 줄 해법이 있다.

나는 살면서 이 점을 수없이 경험했다. 인디애나 주의 첫 교회에서 젊은 목사로 사역하던 시절, 성도들에게 인생 관리법을 가르치기 위한 교재를 찾았던 기억이 난다. 며칠 동안 서점과 도서관을 뒤졌지만 마땅한 자료를 찾을 수 없었다. 그 문제로 인해 다른 해법을 찾을 수밖에 없었다. 나는 직접 교재를 만들어 성도들을 가르치기로 결심했고, 그 해법은 성공적이었다. 그리고 그 경험으로 내 안에 심은 씨앗은 점점 자라서 결국 나의 첫 책으로 열매를 맺었다. 그런 일이 반복되다보니 어느새 50개 이상의 언어로 번역되어 2천 8백만 권 이상 팔린 1백 권이 넘는 책의 저자가 되었다. 이는 스물세 살의 나이에 단순히 한 가지 문제를 풀기 위해 고민을 거듭할 때만 해도 전혀 예상치 못했던 유산이다.

내 인생을 형성한 또 다른 문제는 내가 처음 리더를 맡았던 교회를 떠난 뒤에 나타났다. 그 교회는 나의 리더십으로 3백 명이 넘는 교회로 성장했다. 그런데 내가 떠나고 나서 6개월 만에 교인의 숫자가 1백 명 이하로 줄어들었다.

나는 원인을 알아내기 위해 몇 달 동안 고민을 했다. 그러다 마침내 깨닫게 된 문제점이 있다. 나는 아무도 리더로 훈련시키지 않았다. 그래서 내가 떠나가자마자 모든 것이 무너졌다. 그것을 깨달은 순간부터 나는 사람들을 훈련시키는 일을 우선순위로 삼기로 결심했다. 그때부터 45년간 그 일에 전념했다. 그리고 2015년 6월 26일, 그 긴 여정이 마침내 결실로 이어졌다. 그날 나는 나의 비영리 단체인 이큅 행사에서 키리바시(Kiribati)의 리더들에게 리더십을 가르쳤다.

이로써 세상 모든 나라의 리더들을 훈련시킨다는 원대한 계획이 완성되었다. 총 6백만 명의 리더가 내가 속한 단체의 훈련을 거쳤다. 이 모든 일은 내가 첫 번째 리더 역할에서 거둔 실패와 그것을 통해 배운 교훈으로 인해 시작되었다.

나의 강연도 문제에서 시작되었다. 삼십 대에 나는 라켓볼을 치다가 허리를 삐끗했다. 그로 인해 30일 동안 침대 신세를 졌는데, 그 다음날에도 한 번에 몇 분밖에 서 있을 수 없었다.

그런데 다음 주에 펜실베이니아 주 앨런타운의 한 행사에서 강연이 잡혀 있었다. 주최 측은 내가 부상을 당했다는 소식을 듣고 몹시 걱정했지만 나는 약속을 지키기로 마음을 먹었다. 내 해법은 강연할 동안 앉을 걸상을 요청하는 것이었다.

그런데 놀랍게도 전에 없이 청중과의 깊은 교감을 나눌 수 있었다. 나는 그것이 앉아서 강연을 했기 때문이라는 사실을 깨달았다. 실로 놀라운 교훈이었다. 그 뒤로도 허리가 좋지 않아 계속 앉아서 강연을 했고, 그렇게 해서 청중과 한층 더 하나가 된 것이 내 인생을 바꾸어 놓았다.

리더는 보통 사람들과 문제를 다르게 바라보아야 한다. 문제는 자신과 팀에 관해 배우고 발전할 수 있는 기회이다. 문제는 나와 다른 이의 삶을 개선함으로써 영향력을 얻을 수 있는 기회다. 이것이 내가 문제 해결이 리더십을 얻는 가장 빠른 길이라고 말하는 이유이다. 이번 장을 통해 당신이 새로운 시각을 얻어 난관과 문제를 리더십의 기회로 보게 되기를 바란다.

당신 안의 문제 해결자를 계발하라

타인을 이끌 기회를 얻고 싶거나 이미 리더의 자리에 앉아 있는 사람들에게 영향력을 발휘하고 싶다면 문제 해결이 좋은 해법이다. 다음 세 가지 질문에 답하면서 이런 영역에서 성장하길 바란다.

√ 내가 문제를 다루는 모습이 나에 관해 무엇을 말해 주는가?

문제를 바라보는 시각은 태도와 리더십을 결정한다. 문제를 팀과 조직의 개선을 위해 리더십을 발휘할 기회로 보는가? 아니면 당신의 계획을 방해하고 좌절시키기만 하는 성가신 방해물로만 보는가?

문제에 대한 마음가짐은 얼마든지 바꿀 수 있다. 내가 이번 장의 끝에서 소개한 경험담처럼 교훈이나 기회로 이어진 지난 문제들을 나열해 보라. 그리고 오늘부터 문제의 긍정적인 잠재력을 보기로 결심하라.

√ 어떻게 하면 문제 해결에 타인을 참여시킬 수 있을까?

이번 주부터는 문제를 만나면 팀원들에 관해 더 알고 정보를 수집하고 아이디어를 이끌어 내고 다양한 해법을 찾기 위한 질문을 던지기 시작하라. 예를 들면, 다음과 같은 질문이 유용하다.

- 이 문제가 언제 시작되었는가?
- 이 문제가 어디서 시작되었는가?
- 누가 처음 이 문제를 발견했는가?
- 이 문제의 예상 원인들은 무엇인가?
- 이 문제의 영향은 무엇인가? 누가 영향을 받는가?
- 그 외에 이 문제가 낳을 수 있는 부정적인 결과들은 무엇인가?
- 이 문제가 더 큰 문제의 일부인가? 그렇다면 어떤 면에서 그러한가?
- 이런 종류의 문제를 성공적으로 다룬 경험이 있는 사람이 있는가?
- 이 문제에 대해 어떤 해법들이 가능할까?
- 이런 해법을 위해 어떤 종류의 시간과 전문성, 자원이 필요할까?
- 사람들이 이런 해법을 받아들일까?
- 각 해법을 실행하는 데는 얼마나 시간이 걸릴까?
- 이런 해법이 향후 어떤 식으로 우리에게 도움이 될까?
- 이 상황에서 어떤 교훈을 얻을 수 있는가?

√ 현재 문제에서 어떤 미래의 기회가 보이는가?

현재 당신이 다루고 있는 큰 문제 한 가지에 관해 생각해 보라. 해법을 찾는 동시에 이 상황 속에 있는 기회들을 찾아보라. 그 기회들을 문제 해결 과정에 반영하라. 이 문제를 통해 오히려 팀이나 조직을 더 발전시킨다면 당신은 리더십의 가장 어려운 일 중 하나를 해낸 셈이다. 그 일은 바로 변화를 일으키는 것이다.

6장

태도의 법칙

'무슨 일이 있어도'의
태도로
행동하라

과거는 바꿀 수 없다. 사람들의 행동은 바꿀 수 없다.
그러나 우리가 할 수 있는 유일한 것은 태도를 바꾸는 것이다.
  - 찰스 스윈돌

당신이 매우 존경하는 친구나 동료, 가족, 멘토를 떠올려 보자. 실제로 한 사람의 이름을 생각해서 적어 보라. 이제 그 사람의 가장 존경스러운 점 다섯 가지를 적으라. 이 활동을 통해 흥미롭고도 중요한 통찰을 얻을 수 있을 것이다.

왜 이 활동이 필요했을까? 우리가 존경하는 많은 특성이 태도와 관련있기 때문이다. 우리는 긍정적이고 인내심이 많고 낙관적인 사람들을 존경하고 그들과 어울리기를 원한다. 좋은 태도를 지닌 사람들은 주변 사람들에게 용기를 주고 귀감이 된다.

리더에게는 태도가 훨씬 더 중요하다. 리더는 타인이 보지 못하는 가능성을 보고, 모든 사람이 다 패배감에 빠져 있을 때 격려하며, 사람들이 그만두기를 원할 때 불굴의 의지를 보여 주어야 하기 때문이다.

저자이자 목사인 찰스 스윈돌(Charles Swindoll)은 옳은 태도가 성공을 위한 가장 중요한 열쇠임을 다음과 같이 설명했다.

오래 살수록 태도가 삶에 미치는 영향이 더욱 실감이 간다. 내게 태도는 사실보다도 중요하다. 태도는 과거나 교육, 돈, 환경, 실패, 성공, 타인의 생각이나 말, 행동보다 중요하다. 태도는 외모나 재능, 기술보다 중요하다. 태도는 회사나 교회, 가정을 살리기도 하고 죽이기도 한다. 감사한 사실은 우리가 매일 어떤 태도를 품을지 선택할 수 있다는 것이다. 과거는 바꿀 수 없다. 사람들의 행동도 바꿀 수 없다. 필연적인 것도 바꿀 수 없다. 우리가 할 수 있는 유일한 것은 태도를 바꾸는 것이다. 나는 인생의 10퍼센트는 내게 일어나는 일이고 90퍼센트는 그 일에 대한 나의 반응이라고 생각한다. 당신도 마찬가지다. 우리는 태도의

주인이다.[1]

좋은 태도는 인생의 엄청난 플러스 요인이다. 좋은 태도는 삶을 더 윤택하게 만들기 때문이다. 또한 우리의 리더십도 향상시킨다. 왜냐하면 리더십은 지위보다 태도의 문제이기 때문이다. 리더의 태도는 그가 이끄는 사람들의 생각과 감정에 영향을 미치기 때문에 중요하다. 좋은 리더는 긍정적인 태도가 긍정적인 분위기를 만들어 사람들에게 긍정적이고도 생산적인 반응을 이끌어 낸다는 점을 이해하고 있다.

위대한 리더의
공통점

성공적인 리더의 가장 중요한 태도를 하나만 꼽아보라면 '무슨 일이 있어도'라는 마음가짐을 꼽고 싶다. 일을 이루어 내는 사람들과 꿈만 꾸는 사람들의 보이지 않는 차이점은 온전한 헌신의 태도다. 위대한 리더들은 어떤 문제가 닥쳐도 성공을 이루겠다는 집념으로 불타오르고 있다. 그들은 팀의 성공을 위해 무엇이든지 할 사람들이다. 이런 '무슨 일이 있어도'의 태도는 모든 위대한 리더에게서 공통적으로 나타나며 리더와 팀원들 모두에게 큰 도움이 된다.

이번 장에서는 당신의 태도 근육을 키워 주고자 한다. 뛰어난 리더가 되기 위해서 항상 희희낙락할 필요는 없다. 하지만 힘든 시기에 리더는 긍정적인 비전의 본을 보여 주어야 한다. 리더는 결심, 끈기, 집중력, 결단력, 헌신의 태도를 보여 주어야 한다. 리더는 힘든 시기에도 일관성을 보여 주고 가능성을 보며 승리를 위해 싸워야 한다.

이런 태도는 이해하기 힘들지 않지만 살아내기는 여간 힘들지 않다. 그래서 리더로서 이런 태도를 기르기 위한 몇 가지 단계를 소개하도록 하겠다.

자신의 무기력을
떨쳐내라

위대한 리더는 무슨 일이 있어도 해법을 찾아 실행하고야 만다. 그들에게서 "우리가 할 수 있는 일은 없어"라는 말은 절대 들을 수 없다. 그런 말은 희생자 정신에 빠진 사람들의 말이다. 조직 행동에 관한 전문가 로버트 E. 퀸(Robert E. Quinn) 교수는 다음과 같이 말했다.

> 희생자는 타인의 행동으로 인해 손해를 입은 사람이다. 희생자는 구원이 타인의 행동을 통해서만 온다고 믿는 경향이 있다. 그들은 어떤 좋은 일이 일어날 때까지 그저 푸념만 하며 기다린다. 희생자처럼 구는 사람들과 함께 살면 진이 빠진다. 희생자처럼 구는 사람이 많은 조직에서 일하면 정말 힘이 빠진다. 희생자 태도는 전염병처럼 퍼지는 경향이 있다.[2]

안타깝게도 희생자 정신이라는 질병은 이미 미국 전역으로 확산되었다. 점점 더 많은 사람이 무엇이든 할 수 있다는 태도를 버리고 무기력 증세에 빠져들고 있다. 존 F. 케네디는 대통령 취임 연설에서 젊은 미국인들에게 국가가 무엇을 해 줄 수 있는지를 묻지 말고 자신이 국가를 위해 무엇을 할 수 있는지를 물으라고 촉구했다. 그때 수많은 사람이 일어나 전 세계 사람들을 섬기는 '평화봉사단'(Peace Corps)에 동참했다. 케네디 대통령은 '무슨 일이 있어도'의 태도를 품었고, 리더로서 그런 태도는 사람들에게 전달되었다.

그런데 50년도 더 지난 지금, 미국의 정신은 '무슨 일이든 해낼 수 있다'에서 '아무것도 할 수 없다'로 바뀌었다. 조용한 의지는 시끄러운 요구로 변했다. 어떻게 해서 이런 지경에 이른 것일까? 정부의 방침이 국민의 모든 필요를 채워 주는 쪽으로 점점 변한 것이 원인이다. 책임이 각 개인에게서 정부로 이동했다. 국가의 리더들은 국민들에게 각자 자기 문제의 답이 되라고 촉구하지 않고 자신들이 대신 답이 되어 주기 시작했다. 이제 사람들은 적극적이고도 자립적인 삶을 살지 않고 다른 사람이 답을 찾아줄 때까지 기다린다.

리더가 성공하려면 스스로 무기력을 떨쳐내고 팀원들도 그렇게 하도록 도와야 한다. 팀원들을 강하게 만들어야 한다. 다음과 같은 방법을 사용해 보라.

- 변명을 하지 말라.
- 뭐든 할 수 있다는 분위기를 조성하여 팀원들이 스스로 문제를 해결하게 만들라.
- '무슨 일이 있어도'라는 태도의 본을 보이라.
- 팀원들이 성공할 수 있도록 훈련을 제공하라.
- 팀원들이 자신의 성과에 책임을 지게 하라.
- 모두가 팀의 중요한 일부로 존중받는 기분을 느끼게 하라.

- 팀원들이 문제를 다루기 위해 노력한 뒤에 분명한 피드백을 제공하라.
- 팀원들이 성공하면 함께 축하하라.
- 팀원들이 계속해서 성장할 수 있도록 점점 더 어려운 일을 맡기라.

현재와 같은 문화 속에서 사람들이 무기력을 떨쳐버리고 적극적인 태도를 품게 만들기는 불가능해 보이는가? 그렇지 않다. 자신의 능력에 대한 믿음만 심어 주면 충분히 가능하다. 오래전 샌프란시스코만 지역에서 이루어진 이중맹검법 실험(double blind test)에 관한 칼럼니스트 넬 모니(Nell Mohney)의 글을 읽은 적이 있다. 한 학교의 교장이 몇몇 교사들을 불러 말했다. "세 분은 우리 학교에서 가장 뛰어난 교사이기 때문에 아이큐가 가장 높은 90명의 학생을 맡기겠습니다. 한 해 동안 이 아이들을 잘 가르쳐 주시기를 바랍니다."

교사와 학생들은 몹시 기뻐했다. 한 해 동안 교사와 학생들은 즐겁게 가르치고 배웠다. 교사들은 가장 뛰어난 학생들을 가르치는 것이 좋았고, 학생들은 가장 뛰어난 교사들의 집중 관리를 받는 것이 좋았다. 연말에 학생들은 그 지역의 다른 학생들보다 20-30퍼센트 더 높은 성적을 거두었다.

실험이 끝나자 교장은 교사들을 다시 불러서 말했다. "고백할 게 있습니다. 여러분이 가르친 90명의 학생은 지능이 가장 뛰어난 학생들이 아니었습니다. 평범한 학생들이었을 뿐입니다. 그냥 90명을 무작위로 차출해서 여러분께 맡긴 것입니다."

"그렇다면 저희가 뛰어난 교사들이군요." 교사들이 말하자 교장이 빙그레 웃었다.

"고백할 게 하나 더 있습니다. 여러분도 가장 뛰어난 교사들은 아닙니다. 여러분도 무작위로 뽑힌 겁니다."[3]

어떻게 평범한 교사들이 90명의 평범한 학생들로 그렇게 좋은 성과를 거둘 수 있었을까? 그 교사들과 학생들은 남달리 긍정적이고 적극적인 태도를 품고 있었다. 스스로를 무기력하게 보지 않았다. 스스로를 희생자로 보지 않았다. 그들은 얼마든지 성공할 수 있다고 믿었고, 그 믿음은 실제로 성공을 거두었다.

과감히
행동하라

시어도어 루스벨트(Theodore Roosevelt) 대통령은 이렇게 말했다. "내 이력에 특별한 점이라곤 전혀 없다. 딱 하나만 빼고. 나는 해야만 한다고 믿는 일을 한다. 그리고 어떤 일을 하기로 마음을 먹으면 반드시 행동한다."

'무슨 일이 있어도'란 태도를 그대로 보여 주는 말이다. 이런 태도를 지닌 리더들은 두려움을 모른다. 주저 없이 황소의 뿔을 잡고 땅바닥에 쓰러뜨린다. 이런 리더는 행동을 한다. 뛰어난 리더들은 우유를 원할 때 농장 한복판의 의자에 가만히 앉아서 소가 찾아오기를 기다리지 않는다.

저자 대니 콕스(Danny Cox)는 한 번만이 아니라 두 번이나 큰 성공을 거둔 한 소년원 출신 사업가를 인터뷰한 적이 있었다. 성공의 열쇠를 묻는 질문에 그 사업가는 스스로에게 다음과 같은 질문을 한 뒤에 자신의 답에 '진정으로' 귀를 기울였다고 대답했다.

• 내가 진정으로 무엇을 원하는가?

- 어떤 대가를 치러야 하는가?
- 그 대가를 치르겠는가?
- 언제 그 대가를 치르기 시작해야 할까?[4]

보다시피 마지막 질문은 행동을 촉구하는 질문이다. 리더가 이 마지막 질문에 답하고서 행동 개시일을 정해 지키지 않으면 처음 세 가지 질문은 사실상 의미가 없다. 물론 마지막 질문에 대한 최상의 대답은 '지금'이다.

적극적으로 행동하는 사람과 그렇지 못한 사람의 차이점을 가장 잘 보여 주는 사건 중 하나는 1876년 2월 14일에 일어났다. 그날은 발명가 엘리샤 그레이(Elisha Gray)가 마침내 음성을 전선으로 전송할 수 있는 기계에 관한 아이디어를 들고 특허청에 간 날이다. 그레이는 그 기계에 관한 아이디어를 꽤 오랫동안 실험해 왔다. 하지만 그날도 그는 특허를 신청하지 않았다. 단지 발명을 해서 특허를 신청할 '의도'가 있다는 문서인 특허권 보호 신청서만 제출하러 갔을 뿐이다.

하지만 그레이가 특허청에 도착해 보니 불과 몇 시간 전에 다른 발명가가 거의 비슷한 기계에 대한 특허를 신청한 상태였다. 그 발명가는 누구였을까? 바로 알렉산더 그레이엄 벨(Alexander Graham Bell)이다.[5] 그레이는 그 아이디어를 처음 내놓은 사람이 벨이 아니라 자신이라며 소송을 걸었지만 법원은 벨의 손을 들어주었다.

그레이와 같은 상황을 겪고 싶은 사람은 없을 것이다. 리더로서 성공하려면 주도적이어야 한다. 나는 W. 클레멘트 스톤(Clement Stone)에게서 이 점을 배웠다. 1976년 오하이오 주 데이턴에서 꾸물거림에 관한 스톤의 강연을 들었다. 그는 모든 청중에게 30일 동안 아침에 잠자리에서 나오기 전과 잠들기 전에 "지금 하라"라고 50번씩 큰 소리로 반복하라고 조언했다. "30일간 아침저녁으로 이렇게 해 보세요. 한 달 뒤에는 기회를 보면 자동적으로 행동하시게 될 겁니다."

나는 그의 조언을 그대로 따랐다. 그랬더니 내 태도가 바뀌어 꾸물거리는 습관이 사라졌다. 당신도 30일간 그렇게 해 보기를 바란다. 그러고 나서 과감히 행동하라!

불평을
멈추라

'무슨 일이 있어도'란 태도를 지닌 사람들은 자신의 감정을 다루는 법을 안다. 그들은 태도가 감정을 다스리게 만든다. 누구에게나 기분이 나쁠 때가 있다. 그때 태도는 감정이 솟아나는 것을 막지 못하지만 감정이 우리의 앞길을 막지 못하게는 해 준다. 그리고 불평해 봐야 무슨 소용인가. 불평해 봐야 아무런 도움이 되질 않는다.

불평하는 사람은 아무도 좋아하지 않는다. 불평하는 사람은 사람들을 지치게 만든다. 불평하는 사람에게 끌리는 점은 없다. 불평하는 리더와 팀도 마찬가지다. 푸념하고 불평하는 팀원들을 그냥 두는 리더를 보면 왜 그런 사람들에게 월급을 주는지 궁금하다. 푸념과 불평은 공짜로 해 줄 수 있는 사람도 얼마든지 구할 수 있다!

불평꾼이 되지 않기 위한 최상의 해법은 무엇일까? 바로 감사의 태도를 기르는 것이다. 감사야말로 부정적인 태도와 불평을 막아 주는 단연 가장 효과적인 해독제다. 감사의 태도를 기르기 위한 세 가지 방법을 소개해 보겠다.

감정과 상관없는 감사

때로는 마음이 너무 무겁게 짓눌러 입으로 감사를 표현하고 싶지 않을 때가 있다. 하지만 표현되지 않은 감사는 전혀 감사가 아니다. 그래서 나는 억지로라도 입을 열어서 감사를 표현한다. 그러고 싶어서가 아니라 그것이 옳기 때문이다. 그렇게 입을 열어서 말을 하고 나면 마음이 가벼워지고, 그 말과 같은 감사가 실제처럼 '느껴질' 때가 많다.

사소하고 평범한 일들에 대한 감사

가게를 운영하는 한 이민자가 있었는데 하루는 아들이 찾아와서 불평을 했다. "아버지, 도대체 가게를 어떻게 운영하시는지 모르겠어요. 외상만 잔뜩 쌓여 있고 수익은 없잖아요."

그러자 아버지가 말했다. "아들아, 잘 들어보렴. 내가 이 나라에 처음왔을 때는 가진 거라곤 바지 한 벌이 전부였다. 그런데 지금 네 누나는 미술 선생님이고, 네 형은 의사이고, 너는 회계사지 않니? 지금 나는 집과 차도 있고 이 작은 가게도 있어. 이 모든 것을 더해서 바지 한 벌을 빼봐. 그게 우리의 수익이다."

불평할수록 불평할 거리가 늘어난다. 석세스넷(SuccessNet)의 창립자 마이클 앤지어(Michael Angier)는 이런 말을 했다. "이미 가진 것에 더 감사하면 감사할 거리가 더 많아진다."[6]

작은 것에 감사할 수 있다면 큰 것에는 얼마나 더 감사하겠는가.

고난의 한복판에서 드리는 특별히 감사

고난만큼 우리의 태도를 적나라하게 드러내는 것도 없다. 나는 고난의 한복판에서도 용기를 잃지 않는 사람들을 더없이 존경하며 본받으려고 노력한다.

찰턴 헤스턴(Charlton Heston)이 2002년 알츠하이머 투병을 밝힌 직후 절친인 정치 컨설턴트 토니 마크리스(Tony Makris)와 로스앤젤레스에서 유타 주로 날아가는 비행기 안에서 강한 정신을 보여 주었다는 이야기를 읽은 적이 있다. 마크리스는 당시 나누었던 대화를 이렇게 묘사했다. "그는 나를 보며 말했다. '친구, 왜 그리 우울한가? 내가 안쓰러워서 그러는가?' 나는 '그렇다네'라고 대답했다. 그러자 그는 이렇게 말했다. '나는 거의 80년을 찰턴 헤스턴으로 살았네. 더 이상 무엇을 바랄 수 있겠는가.'"[7]

감사할 때 두려움이 사라지고 믿음이 솟아난다. 그리고 감사는 우리 안에 행동할 힘과 의욕을 일으킨다. 좋은 리더 중에 불평꾼은 없다. 좋은 리더들은 하나같이 행동가들이다. 문제가 생기면 그들은 먼저 팔을 걷고 나서면서 도와줄 사람들을 모은다.

다른 사람의 시각을
이해하다

리더십의 열쇠는 다른 사람들과 함께 그리고 그들을 통해 일을 이루는 것이다. 자기 안의 리더십을 계발할수록 직접 일을 하기보다는 타인의 힘을 모아 일을 이루게 된다. 그러려면 그들의 시각에서 상황을 볼 수 있어야 한다. 다시 말해, 그들의 입장이 될 수 있어야 한다. 해리 트루먼(Harry Truman)의 다음 말은 생각할수록 지혜롭다. "그 입장을 제대로 알고서 보면 남이 하려는 일은 십중팔구 옳은 일이다."

리더는 항상 두 가지 시각에서 상황을 보려고 노력해야 한다. 나 자신의 시각과 내가 함께 일하는 사람들의 시각이다. 이렇게 두 가지 시각이 필요하다. 나는 상대방의 시각을 사용하여 그와 연결을 이루고 나서, 내 시각을 사용하여 지시를 내린다. 그런데 나 자신을 상대방에게 솔직히 열 때만 상대방의 시각에서 상황을 볼 수 있다. 서밋 익스페디션(Summit Expedition)의 교사이자 창립자 팀 한셀(Tim Hansel)은 *Through the Wilderness of Loneliness*(외로움의 광야)에서 이것의 중요성을 설명했다.

> 주먹을 꽉 쥐고 있으면 받기가 힘들다.
> 팔짱을 끼고서는 포옹이 불가능하다.
> 눈을 감고서는 보기가 힘들다.
> 마음을 먹고서는 발견하기 힘들다.
> 베풂의 문을 닫은 마음은 자신도 모르는 사이에 사랑받는 능력을 잃어버렸다.[8]

나는 사람들을 사랑한다. 그럼에도 사람들과 연결되기 위해 여전히 의식적인 노력을 해야만 한다. 나는 강연 시작 전에 사람들을 만나 환영해 준다. 테이블을 오가며 인사를 건네거나 무대 앞에서 사람들과 담소를 나눈다.

리더는 사람들과 연결되어야 한다. 단순히 관계만을 위해서가 아니라, 더 중요하게는 조직을 세우기 위해서 그렇게 해야 한다. 새로운 사람들을 만나면 나는 그가 내 조직 중 한 곳에서 일할 수 있을지를 보려고 노력한다. 나는 그 사람의 재능만이 아니라 의지와 태도를 평가한다. 이것이 내가 남들의 시각에서 상황을 보려고 노력해야 하는 이유다. 능력과 의지가 있는 사람이라면 나와 잘 협력할 수 있는 사람이다.

열정을
키우라

훌륭한 태도와 '무슨 일이 있어도'란 마음가짐을 지닌 리더들은 대개 강한 에너지와 열정을 발산한다. 그 에너지와 열정은 최고를 추구하기 위한 강한 연료가 된다. 이런 이유로 나는 커리어에 관한 최고의 조언은 "열정이 가는 일을 찾아 추구하라"라고 믿는다. 나는 지난 50년간 그 조언대로 살았다. 나는 지금 하고 있는 일에 강한 열정을 품고 있기 때문에 단 하루도 억지로 일한 적이 없다. 이 일은 내가 사랑하는 일이기에 늘 기쁜 마음으로 해 왔다.

은퇴는 자신이 하고 싶은 일을 하고 싶은 때 하게 되는 것이라고들 말한다. 그렇다면 나는 진작 은퇴했을 것이다! 글과 강연을 통해 사람들의 가치를 더해 주고 내 회사들을 통해 세상에 기여하는 것이야말로 내가 하고 싶은 일이다. 나는 이 일을 매일 하고 싶기 때문에 매일 하고 있다.

저자이자 목사인 켄 헴필(Ken Hemphill)은 이렇게 말했다. "성장을 촉발하는 것은 비전이 아니라 열정이다. 열정은 비전을 일으키며, 비전은 열정의 초점이다. 자신의 소명에 열정적인 리더들은 비전을 낳는다."

이보다 옳은 말은 없다.

기대를
뛰어넘으라

내 회사 중 하나인 존 맥스웰 팀은 사람들을 코치이자 강연자로 훈련시킨다. 지금까지 우리는 1백 개국 이상에서 1만 6천 명 이상의 코치를 양성했다. 존 맥스웰 팀은 1년에 두 차례씩 올랜도에서 국제 맥스웰 자격 인증

(International Maxwell Certification)이라는 나흘간의 집중적인 훈련 프로그램을 진행한다. 그 행사에서 내가 새로운 코치들에게 강연할 때마다 강조하는 것 중 하나는 고객들의 기대를 뛰어넘으라는 것이다. 나는 언제나 약속은 적게 하고 실제로는 그보다 더해 주라고 말한다. 나는 모든 사람의 75퍼센트가 기대에 미치지 못하고 5퍼센트만 기대를 뛰어넘는 서비스를 제공한다고 믿는다. 하지만 그 5퍼센트가 세상을 움직이게게 한다. 또한 그렇게 약속을 지키면 자기 자신에게도 큰 이익이 돌아온다.

기대를 뛰어넘는 것만큼 리더로서 우리를 크게 성장시켜 주는 것도 드물다. 기대를 뛰어넘는 것은 내 개인적인 성장에서도 중요한 열쇠였다. 나는 겨우 스물두 살의 나이에 첫 교회의 리더 역할을 받아들였다. 나는 환우들을 찾아가고 주일에 설교하고 요청하는 사람들을 상담해 주면서 교인들의 기대에 충분히 부응했다.

그런데 몇 달 뒤 불만족이 찾아왔다. 더 많은 일을 이루고 싶어졌다. 내 비전은 나를 향한 교인들의 기대보다 컸다. 나는 전도에 대한 큰 열정을 품고 있었다. 이를 위한 놀라운 아이디어들도 내 안에서 꿈틀거렸다. 그 일을 어떻게 이룰 것인가? 몇 주간 이 문제와 씨름한 끝에 이런 결심을 했다. 어디에서 누구와 있고 무엇을 하고 어떤 기회가 찾아오든 나를 향한 나 자신의 기대를 다른 이의 기대보다 항상 더 높게 유지하리라.

그런 결심은 나로 하여금 50년간 리더로 꾸준히 발전하게 만들었다. 그런 결심은 내 리더십의 성장을 위해 고군분투하게 만들었다. 목표 수준을 높게 잡으면 그 목표를 이루기 위해 성장할 수밖에 없다. 구체적으로 어떻게 해야 할지 감이 잡히지 않는다면 다음과 같이 해 보라.

- 재능 : 나는 내 강점 분야에서 목표 수준을 가장 높게 잡는다. 그 분야에서 내가 성장해서 두각을 나타낼 잠재력이 가장 크기 때문이다. 반대로 내 약점 분야에서는 남들에게 도움을 요청한다.
- 성장 : 내 강점 분야에서 성장하여 어느 정도 성공을 거두어도 그 성공에 안주하지 않는다. 그 성공을 발판으로 더 성공하기 위해 노력한다. 다시 말해, 목표 수준을 다시 상향 조정한다. 그렇게 하지 않으면 정체될 수밖에 없다.
- 기회 : 무엇이든 내 강점을 사용할 수 있는 기회를, 내가 배운 것을 실천하고 적용하여 성장할 수 있는 기회로 여긴다. 이런 태도는 나로 하여금 끊임없이 성장하게 만든다.
- 남들의 기대 : 내 섬김을 원하는 사람들의 기대를 알아내기 위해 항상 질문을 던진다. 내가 알지 못하는 기대를 충족시키거나 뛰어넘을 수는 없다. 나는 그들의 기대를 충족시키는 것을 나의 '최소한도'로 삼은 덕분에 지금의 자리에 이를 수 있었다.
- 나 자신의 기대 : 나는 다른 이의 기대를 나 자신의 기대를 정하기 위한 출발점으로 삼는다. 다른 이를 기쁘게 하고 최대한 가치를 더해 주기 위해 내가 무엇을 더 할 수 있을지 알아내기 위해 노력한다. 내 바람은 항상 그들을 놀라게 만드는 것이다.

기대 수준을 뛰어넘겠다는 태도는 언제나 리더에게 큰 유익을 안겨 준다. 내가 내 팀원들에게 자주 말하듯이, 약속을 지키고 기대를 충족시키면 보수를 받을 것이다. 기대를 뛰어넘으면 또 다시 계약을 맺게 될 것이다. 기대를 뛰어넘기 위한 노력은 반드시 열매로 돌아온다.

현재에 만족하지
말라

위대한 리더의 마지막 태도는 긍정적인 불만족이다. 홀륭한 리더들은 절대 현재 상태에 만족하지 않는다. 그들은 언제나 새로운 가능성을 보고 추구한다. 그 가능성을 이루기 위해서는 스스로 더 나아지고, 더 많은 것을 이루고, 사람들을 새로운 영역으로 이끌어 갈 수밖에 없다. 미래는 세상과 자신의 팀, 자신을 더 낫게 만들겠다는 열정으로 타오르는 사람들의 것이다.

'무슨 일이 있어도'의
태도를 행동으로 옮기라

내가 아는 사람 중에 지난 성과에 절대 만족하지 않는 사람을 한 명만 꼽으라면 존 맥스웰 팀의 회장 폴 마티넬리(Paul Martinelli)를 꼽고 싶다. 마티넬리만큼 성장을 향해 부단히 달려가는 사람은 보지 못했다. 그의 리더십 아래 우리 회사는 폭발적인 성장을 거듭했다. 그런데도 그는 더 많은 것을 이루기 위해 여전히 발에 불이 나도록 뛰어다니고 있다. 최근 또 다시 매우 성공적인 한 해를 보낸 그를 축하해 주었더니 그가 웃으며 이렇게 말했다. "우리의 잠재력을 다 이루려면 아직 멀었어요. 우리는 여전히 실패를 통해 배우고 있습니다."

리더로서 마티넬리는 '무슨 일이 있어도'의 태도를 지니고 있다. 그것이 그가 그토록 큰 성공을 거두고 있는 이유다. 마티넬리가 '무슨 일이 있어도'의 태도를 어떻게 실천에 옮기고 있는지를 소개하고 싶다. 당신이 이 분야에서 리더로 성장하는 데 큰 도움이 되리라 믿어 의심치 않는다.

완벽한 순간은
없다

남들은 걱정이나 두려움에 머뭇거릴 때 마티넬리는 행동을 취한다. 그는 행동할 '완벽한 순간'이 올 때까지 기다리지 않는다. 마무리하기까지 가장 오랜 시간이 걸리는 일은 시작하지 않은 일이다. 마티넬리는 자신의 아이디어를 머리로만 생각하지 않고 실제로 실험한다. 아이디어를 실행해서 원하는 결과가 나오는지를 직접 확인한다.

T. 분 피켄스(Boone Pickens)는 리더들에게 실행력의 중요성을 강조했다.

> 때로 기회의 문은 아주 잠깐만 열린다. 많은 사람들의 생각과 달리 기다리는 것은 하나의 결정이 아니다. 결정을 내리라. 그것이 좋은 리더의 가장 중요한 특성이다. 끝없이 조준만 하는 함정에 빠지지 말라. 사격할 용기가 있어야 한다.[9]

행동으로 아이디어를 실험할 때 다음 세 가지 사항을 늘 기억하기를 바란다.

모든 가정에 대한 의심

좋은 리더들은 항상 가정(假定)을 의심한다. 그들은 리더의 첫 번째 책임이 현실을 파악하는 것임을 잘 알기에 어떤 가정도 맹목적으로 받아들이지 않는다. 좋은 리더라면 표면 아래를 볼 줄 알아야 한다. 상황을 정확히 파악해서 사람들에게 알려 줄 수 있어야 한다.

가정을 가장 의심해봐야 할 때는 성공하고 있을 때다. 조직의 성장률이 높을 때는 자신의 시스템과 프로세스가 좋다고 가정하기 쉽다. 하지만 실제로는 그렇지 않을 수도 있다. 어쩌면 예전 방식을 고수한 탓에 어딘가에서 많은 돈이나 기회가 새어나가고 있을지도 모른다. 비즈니스에서 유일하게 좋은 가정은 언제나 더 좋은 방법이 있다는 것이다.

어려운 질문

자신의 실험이 성공적인지 어떻게 알 수 있을까? 더 좋은 방법을 어떻게 찾을 것인가? 답은 힘든 질문들을 던지는 것이다. 부정적인 대답을 들을까 봐 두려워 이런 질문을 던지지 않는다면 큰일이다. 냉엄한 진실을 받아들이고 적절히 대처한다면 더 나아질 수 있다. 다음과 같은 질문을 던지라.

- 우리가 지금 하고 있는 일을 더 잘할 수 있는 방법이 있는가?
- 우리가 하는 일과 같은 일을 하는 다른 사람들에게서 무엇을 배울 수 있을까?
- 우리가 하는 일을 더 잘할 수 있도록 누가 도와줄 수 있는가?
- 지금의 수치가 우리가 할 수 있는 최선인가?
- 내가 지금 하고 있는 일에서 매년 성장하고 있는가?
- 내 팀이 더 나아지기 위해서 내가 어떻게 더 나아질 수 있을까?

마티넬리에 따르면 이런 질문은 새로운 것을 시도하고, 더 많은 모험을 하고, 옳지 않은 방식을 바꾸고, 과거보다 더 나아지기 위해 노력할 열정을 낳는다.

과거가 아닌 미래의 잠재력

너무도 많은 리더들이 작년을 기준으로 올해가 좋은지 나쁜지를 판단한다. 하지만 어제를 기준으로 삼아서는 절대 큰 성과를 거둘 수 없다. 어제를 기준으로 삼는 것은 이익을 추구하기보다 손해를 피하려는 태도다. 큰 전진을 하려면 리더가 팀이나 조직의 잠재력과 다가올 기회에 초점을 맞추어야 한다. 실험은 곧 현재 상태를 박차고 나와 그 잠재력을 향해 나아가는 것이다.

실패는
성공을 위한 수단이다

실험은 힘들고 두려운 경험이다. 왜일까? 실패로 이어질 수 있기 때문이다. 하지만 실패는 성공으로 가기 위한 필수 단계다. 마티넬리는 "실패할 용기는 리더가 본을 보이고 팀이 받아들여야 할 필수적인 것이다"라고 말했다. 실패의 두려움이 우리의 태도와 행동을 통제한다면 우리는 결코 리더로서의 잠재력을 온전히 이룰 수 없다. 또한 팀이나 조직이 잠재력을 이루게 만들 수도 있다.

10년 넘게 마티넬리는 다른 비즈니스 리더들이 잠재력을 이루도록 자신이 시행착오를 통해 배운 것들을 가르쳤다. 그런데 그는 잠재력을 이루기 위해 모험을 하지 못하는 사람이 너무도 많다고 말한다.

리더를 포함한 대부분의 사람들은 실패를 피하기 위해 자신의 모든 힘을 동원한다. 물론 그래야 한다. 하지만 성장하기 위해 큰 모험을 하거나 실패할지 모르는 새로운 일을 벌이는 것을 피해서는 안 된다. 나는 우리를 가장 큰 성과들로 이끈 것이 최선을 다하려는 의지가 아니었다고 생각한다. 최선을 다하는 것은 너무도 당연하다. 관건은 모든 것을 다할 수 있는 용기다. 가능한 모든 기회를 실험하고, 모든 새로운 혁신을 실험하며, 모든 사람의 능력과 잠재력을 시험할 수 있는 용기가 필요하다.

성공하려면 실패할 용기가 필요하다. 보기 흉하게 넘어졌을 때도 긍정적인 태도와 강한 자신감을 유지해야만 한다. 어떻게 해야 그럴 수 있을까? 어떻게 해야 옳은 태도를 유지할 수 있을까?

성공의 영원한 동반자

발전은 언제나 새로운 영역으로 들어간다는 뜻이다. 발전은 남들이 조사하고 비판할 수 있도록 자신을 드러낸다는 뜻이다. 발전은 새로운 압박과 요구에 자신을 노출시킨다는 뜻이다. 물론 자신이 도전을 감당할 수 있을까 하는 걱정을 하는 것은 인지상정이다. 우리의 작고 소심한 부분은 모험을 싫어한다. 이로 인해 많은 장래의 리더들이 행동으로 나아가 열매를 맺지 못했다.

성공의 대가는 실패다. 누군가 말했듯이 발사대 위에서 폭발한 로켓들이 우리가 달에 발자국을 남긴 이유이며, 폭발한 회로들이 지금 세상이 밤에도 대낮처럼 밝은 이유다. 성공을 원한다면 실패를 받아들여야 한다.

더없이 창의적인 안무가인 트와일라 타프(Twyla Tharp)는 평생 자신의 한계를 계속 뛰어넘었다. 타프는 〈하버드 비즈니스 리뷰〉(Harvard Business Review)와의 인터뷰에서 이렇게 말했다. "진정한 변화는 언제나 실패를 동반한다. 단, 많은 사람들이 생각하는 의미에서의 실패는 아니다. 자신이 아주 잘 아는 것만 하면 실패할 가능성이 없다. 하지만 정체되고 일이 점점 재미없어진다. 이것이 침식에 의한 실패다. 반면, 진정한 실패는 새로운 것, 다른 무엇인가를 시도했다는 점에서 일종의 성과다.”[10]

실패하지 않는 유일한 사람은 시도하지 않는 사람이다. 시행착오라는 말의 정의에 실수가 포함되어 있다는 사실을 잊지 말아야 한다. 우리는 실패에 익숙해져야 한다.

단색이 아닌 형형색색

시도하는 일마다 모두 성공하면 그 인생은 어떤 모습일까? 너무 예측 가능해서 따분하지 않을까? 우리가 성공을 향해 가다가 겪는 고난은 성공을 더욱 값지게 만든다. 고통이 없으면 우리가 성공에 감사할 수 있을까? 우리는 뜻밖의 상황을 환영하고, 기대와 다른 모습의 성공에 마음을 열어야 한다.

최근 PBS 다큐멘터리 노바(NOVA) 시리즈에 참여했던 앨리슨 에크(Allison Eck)가 음악에 관해 쓴 글을 읽은 적이 있다. 그 글에서 에크는 클래식 음악가들과 재즈 음악가들의 차이점을 지적했다. 그 글에서 나는 '임시표'(accidental)에 관한 대목이 특히 흥미로웠다.

음악에서 '임시표'는 현재 사용되는 음계에 속하지 않는 음조다. 음악적인 사고(事故)라고도 할 수 있다. 이 이상한 음표에 더 어울리는 이름은 '목적표'가 아닐까 싶다. 항상 정확한 목적에 따라 곡에 포함되기 때문이다. 클래식이든 재즈든 어떤 장르든 임시표는 청중의 기대를 뒤엎는다. 임시표의 가장 멋진 점은 음악적 경계를 가장 무참하게 허문다는 것이다. 음악가들은 이 음표를 강조한다. 그들은 마치 "맞아, 제대로 들었어"라고 말하듯 이 음표를 극적으로 표현한다. 임시표는 범주나 라벨을 놓고 옥신각신하는 것이 얼마나 진부한지 짓인지를 보여 준다. 어떤 일을 하던 '고의적인 사고'는 거의 보편적인 현상이다.[11]

생산적인 삶은 따분한 회색이 아닌 형형색색이다. 사람의 발전은 다양한 형태를 띨 수 있다. 살다보면, 뜻한 바를 이루지 못하는 대신 전혀 다른 종류의 성공에 이르는 경우가 많다. 때로는 상상했던 것보다 더 좋은 성공에 이르기도 한다.

실패는 극복하고 나면 재미있는 경험이 될 수 있다! 실패는 우리가 원래대로라면 듣지 않을 '음표'를 더해 인생이란 음악을 다채롭게 만들어 준다. 성공은 좋은 일, 뜻밖의 일, 힘든 일, 새로운 일, 그리고 그런 일을 통한 배움으로 가득한 이야기다. 그러니 에크의 조언을 받아들이라. "임시표가 되라. 기대에서 벗어나라. 단, 배경은 이해하고서 그렇게 하라. 당신이 겪은 뜻밖의 일의 이유는 무엇인가? 그것이 당신 이야기의 다른 것들과 어떻게 연결되는가? 실수를 크게 하라. 고의적으로 하라."[12]

다시 말해, 기꺼이 실패하라.

극복을 위한 계획

그토록 많은 사람들이 실패 앞에 무너지는 이유는 무엇일까? 신생 기업 컨설턴트인 사라 랩(Sarah Rapp)은 이렇게 말했다. "실패와 관련해서 자아는 우리의 가장 큰 적이다. 일이 잘못되기 시작하자마자 우리로 하여금 그저 체면을 세우기 위해 발버둥을 치게 만드는 방어기제가 작동한다."

랩은 《어댑트》(*Adapt : Why Success Always Starts with Failure*)의 저자인 경제학자 팀 하포드(Tim Harford)를 인터뷰한 뒤에 실패는 다양한 반응을 낳는다고 말했다. 첫 번째 반응은 부인이다. "자신이 실수했다고 인정하고 바로잡기 위해 노력하는 것이 세상에서 가장 힘든 일처럼 보인다. 그 일은 우리 본성의 현재 상태를 뒤흔들어야 가능하다."

또 다른 반응은 손실을 좇는 것이다. "우리는 후회스러운 결정에 대한 미련을 버리기를 두려워한다. 그래서 그 결정을 바로잡으려고 노력하다가 더 큰 손해를 입는다. 예를 들어, 꽤 많은 돈을 잃은 노름꾼은 빨리 잃은 돈을 회수해서 실수를 바로잡으려는 조급한 마음에 평소보다 더 모험적인 베팅을 한다."

랩은 실패에 초연하고 자신의 계획에 집착하지 않도록 노력하라고 말한다. "실패는 불가하고 적응은 불필요하다는 생각에 빠뜨리는 계획, (빙산에 부딪히기 전까지는) 절대 침몰할 수 없는 '타이타닉'과 같은 계획은 위험하다."[13]

실패를 다루기 위한 나만의 계획이 있다. 그 계획은 성공을 위한 계획과 똑같다. 그것은 바로 24시간 원칙이다. 성공을 축하하든 실패로 괴로워하든, 나는 24시간만 허용한다. 그 뒤에는 잊어버리고 계속해서 전진한다. 리더로서 나는 어제가 오늘을 통제하게 그냥 둘 수 없다. 어제는 어젯밤에 끝났다. 나는 오늘을 바라보고 오늘을 준비해야 한다.

벼락 성공의
참 비결!

한번은 한 친구가 내게 벼락 성공의 비결을 알려 주었다.

매일 출근한다.

열심히 일한다.

새로운 것을 시도한다.

실패한다.

개선한다.

성장한다.

수많은 난관과 거부를 맞닥뜨린다.

자신감을 잃는다.

그만두고 싶어진다.

하지만 그렇게 하지 않는다.

이 과정을 수없이 반복한다.

수개월, 수년, 심지어 수십 년 동안 반복하다보면 어느 날 '벼락' 성공을 거둔다.

리더의 옳은 태도에 대한 가장 중요한 유익 중 하나는 시험과 실패 이후에 찾아온다. 그것은 바로 최고의 배움 기회다. 리더십 트레이너 롤랜드 니드나겔(Roland Niednagel)의 말마따나 "실패는 거기서 배우지 않을 때만 진짜 실패가 된다."

물론 모든 리더가 이것을 받아들이지는 않는다. 내가 경험한 바로, 사람들은 실패했을 때 다음 세 가지 중 하나의 반응을 보인다.

- 다시는 실패하지 않기로 결심한다 - 어리석다.
- 실패를 무서워하게 된다 - 치명적이다.

- 실패를 통해 배운다 - 생산적이다.

이 단계에 대한 마티넬리의 통찰력은 실로 대단하다. 그는 배움을 지식을 얻는 차원을 넘어 '형성되는' 것으로 본다. 실패와 배움은 우리를 더 나은 사람으로 형성시킨다. 마티넬리의 말을 들어보자.

놀라운 사실은 리더가 배움을 받아들이면 의미 있는 모든 면에서 그와 그의 팀이 '형성'된다는 것이다. 새로운 사고 패턴을 형성하게 된다. 새로운 커뮤니케이션 스타일을 형성하게 된다. 새로운 관계를 형성하게 된다. 새로운 습관을 형성하게 된다. 새로운 믿음을 형성하게 된다. 내면이 새롭게 형성되며, 그런 새로운 형성은 우리의 삶을 짓기 위한 더 강한 기초가 된다. 실험과 실패, 배움의 과정은 우리의 삶과 팀을 위한 새로운 내용을 만들어 내며, 삶의 모든 내용이 진보를 위한 커리큘럼이 된다. 우리는 좋은 방법과 좋지 않은 방법을 둘 다 배우게 되며, 두 가지 배움 모두 리더에게 필요하고 똑같이 값진 것이다. 우리는 어떤 식으로 팀을 이끌고 어떤 식으로 이끌지 말아야 할지를 배우게 된다.

나는 배움의 열정이 없으면서 큰 성공을 거둔 리더를 한 명도 본 적이 없다. 좋은 소식은 배움에 재능은 필요하지 않다는 것이다. 경험도 필요하지 않다. 옳은 태도만 있으면 된다. 실패를 당연시하고 그것을 통해서 배운다면 모험을 할 수 있다. 미지의 영역으로 과감히 들어갈 수 있다. 손해를 감수할 수 있다. 리더로서 거의 모든 것을 이룰 잠재력을 얻게 된다. 또한 팀원들도 자기 자신의 기대를 뛰어넘을 수 있게 도울 수 있다.

배움의 선,

개선하라

배움의 최대 가치는 무엇일까? 나는 개선이라고 생각한다. 배움은 실질적인 개선으로 이어져야 한다. 개선 없는 배움은 학문일 뿐이다.

성공은 "내가 무엇을 얻고 있는가?"라고 묻는다. 반면, 개선은 "내가 무엇이 되어 가고 있는가?"를 묻는다. 성장을 통한 개선만이 더 나은 내일에 대한 유일한 보장이다. 개선하는 사람의 특성은 다른 사람들과 다르다.

보통 사람	개선하는 사람
실수를 한다	실수를 바로잡는다
듣는다	귀를 기울인다
문제가 있다	문제를 해결한다
넘어진다	다시 일어선다
인생에서 교훈을 얻는다	교훈을 통해 개선한다
변해야 한다	실제로 변한다

사회 심리학자 하이디 그랜트(Heidi Grant)는 개선하기를 원하는 사람과 자신이 다 이루었다는 점을 남들에게 증명해 보이려는 사람의 차이점을 말했다.

사람들은 어떤 일이든 두 가지 마음가짐 중 하나로 접근한다. '내가 낫다'라는 마음가짐의 초점은 내가 능력이 많고 내 일을 잘 알고 있다는 점을 증명해 보이는 것이다. '더 나아지자'라는 마음가짐의 초점은 능력을 더 기르는 것이다. 자신이 똑똑하다는 점을 증명해 보이려는 것과 더 똑똑해지려는 것의 차이로 생각하면 편하다.

'내가 낫다'라는 마음가짐의 문제점은 낯설거나 어려운 일을 만나면 문제를 일으킨다는 것이다. 실수를 할까 걱정하기 시작한다. 실수는 자신이 능력이 없다는 뜻이기 때문이다. 그래서 그런 마음가짐은 많은 걱정과 좌절감을 낳는다.

반면, '더 나아지자'라는 마음가짐은 그야말로 방탄의 마음이다. 자신이 하고 있는 일을 배움과 성장의 관점에서 보고 그 과정에서 실수를 저지를 수도 있다는 점을 받아들이면 실패를 겪어도 좌절하지 않는다.[14]

쿠제스와 포스너는 《리더십 챌린지》에서 이렇게 말했다. "리더는 늘 현재의 프로세스를 점검해야 한다. 그것은 모든 시스템이 무의식적으로 현재 상태를 유지하고 변화하지 않으려고 하기 때문이다."[15]

리더라면 팀원들에게 개선의 태도를 가르칠 책임이 있다. 팀원들이 개선을 이루고 그 효과를 실제로 경험하면 가능성을 바라보는 시각이 달라진다.

개선에 관해 한 가지 더 말하고 싶다. 나는 모든 성공이 더 나은 미래를 상상하는 능력을 손상시킬 수 있다고 생각한다. 예전에 나는 성공적인 행사를 마칠 때마다 흥분해서 "이보다 더 좋을 수는 없어!"라고 말했다. 하지만 그것은 틀린 말이다. 아무리 큰 성공을 거두어도 더 개선할 방법을 찾아야 한다.

나는 이것을 '성공의 지평선' 효과라 부른다. 성공하면 그 성공의 지평선 너머에 있는 가능성을 보기가 어려워진다. 그렇기 때문에 우리는 개선을 위해 계속해서 노력해야만 한다. 현재의 성공에 안주하지 않도록 조심해야 한다. 못 쓸 정도가 아니라면 그대로 쓰라는 옛말이 있지만 자신과 주변 사람들의 개선에는 도움이 되지 않는 말이다.

성공의 지평선을 극복해야 한다는 점을 잘 보여 주는 사례가 바로 이 책이다. 늘 한 단계 더 올라가려는 태도의 리더에게 더없이 값진 덕목이다.

다시 경주에
뛰어들라

새로운 방식을 실험하고 실패하고 배우고 그렇게 배운 것을 적용했다면 더 강해진 태도와 리더십으로 경주에 다시 뛰어들 준비가 된 셈이다. 나는 이 과정을 거칠 때마다 결심이 더 강해졌고, 그 결심이 나를 더 나은 리더로 만들어 주었다.

1970년대 중반 오하이오 주 랭커스터에서 두 번째 교회를 이끌 때 나는 목회를 그만두고 싶을 만큼 큰 시련들을 맞닥뜨렸다. 하지만 포기해서는 안 된다는 것을 알고 있었다. 참고 인내하고 싶었다. 그래서 새로운 것을 시도해서 실패할 때마다 거기서 배운 것을 통해 내 삶을 더 개선하려고 노력했다. 하지만 인간인지라 낙심이 되는 것은 어쩔 수가 없었다. 그 낙심과 싸우고자 짧은 글을 하나 썼다. 스코틀랜드 산악인 W. H. 머리(Murray)에게서 영감을 받아 쓴 글이다. 나는 그 글을 카드에 적고 코팅해서 지니고 다녔다. 그 글은 다음과 같다.

약속이 열쇠다

결심하기 전까지는 망설임이 있다. 그만둘 가능성이 있다. 하지만 굳게 결심하는 순간 하나님도 움직이시고 사건들의 흐름이 일어나기 시작한다. 생각지도 못했던 사건과 만남, 사람, 물질적인 지원이 내게로 밀려오기 시작한다. 바로 내가 결심하는 순간 이 모든 것이 시작된다.

나중에 샌디에이고에서 세 번째 교회를 이끌 때는 이 글을 카드에 적고 코팅해서 교역자들에게 나누어 주었다. 그들이 낙심될 때 새롭게 결심해서 계속해서 사람들을 이끌 수 있게 되기를 원했다.

태도에 관한 이번 장을 통해 당신이 '무슨 일이 있어도'의 태도를 기르기로 결심하게 되었기를 바란다. 이 태도는 리더십에 있어 큰 플러스 요인으로 작용할 것이다. 이 태도는 자신에게 도움이 될 뿐 아니라 남들을 끌어모으고 이끌고 격려하는 능력도 키워 준다.

긍정적인 태도를 유지시켜 주는 긍정적인 글을 읽으면 큰 도움이 된다. 나는 나 자신과 팀원들에게 용기와 자신감을 줄 수 있는 책과 인용문을 항상 찾는다. 최근 마크 배터슨(Mark Batterson)의 책 *Chase the Lion*(사자를 추격하라)에서 좋은 글 한 토막을 발견했다. 그는 글을 '사자 추격자의 선언문'이라 부른다. 배터슨도 나와 같은 신앙인이다. 다음 글의 종교적인 내용을 너무 불쾌하게 받아들이지 않았으면 좋겠다. 하지만 종교적인 내용을 빼고 읽어도 분명 도움이 될 것이다.

〈사자 추격자의 선언문〉

삶의 목적이 죽음까지 안전히 도착하는 것처럼 살기를 그만하라. 포효
소리를 향해 달려가라.

하나님 크기의 목표를 세우라. 하나님이 주신 열정을 좇으라.

하나님의 도우심 없이는 실패할 수밖에 없는 꿈을 좇으라.

문제를 지적하지 말고 해답이 되라.

과거를 반복하지 말고 미래를 창출하기 시작하라.

두려움에 맞서라. 꿈을 위해 싸우라.

기회의 갈기를 꽉 잡고 절대 놓지 말라!

오늘이 인생의 첫날이자 마지막 날인 것처럼 살라.

악한 다리들을 태우라. 새로운 길을 개척하라.

못 박힌 손의 박수를 받기 위해 살라.

자신의 잘못된 점으로 인해 옳으신 하나님을 예배하지 않는 일이 없게
하라.

과감히 실패하라. 과감히 다르게 살라.

그만 미루라. 그만 망설이라. 그만 도망치라.

사자를 추격하라.[16]

당신 삶 속의 사자가 무엇이든 '무슨 일이 있어도'의 태도를 품고, 있는 힘
껏 사자를 추격하라. 설령 사자를 잡지 못하더라도 후회하지 않을 것이다.

당신 안의 긍정적인 믿음을 계발하라

앞서 말했듯이 사람들은 서로 다른 태도를 타고난다. 아버지는 우리 형제들이 어렸을 때 늘 긍정적인 말로 격려해 주셨다. 그런데 아버지는 본래 그런 성격으로 태어나지는 않았다고 말씀하셨다. 아버지는 자신과 다른 이의 능력을 믿어 주는 사람이 되기 위해 의식적으로 노력하셨다.

√ 타고난 승자 혹은 패자?

당신의 천성은 어떤가? 스스로 승자라고 생각하는 성격인가? 스스로를 패자라고 생각하는 성격인가? 스스로를 승자와 희생자 중 무엇으로 생각하는가? 만약 긍정적인 성격을 타고났다면 아주 좋은 일이다. 그 성격을 계속해서 유지하기 위해 노력하라.

하지만 물이 반밖에 남지 않았다고 생각하는 부정적인 성향이라면 태도를 개선해야 훌륭한 리더가 될 수 있다. 감사 일기를 쓰는 습관부터 시작해 보라. 아침마다 감사할 거리를 쓰라. 최소한 한 가지 감사 목록을 쓰지 않고서는 하루를 시작하지 말라. 밤에 잠자리에 들기 전에는 아침에 쓴 감사 목록에 그날 하루 동안 감사했던 일을 모두 더하라. 그렇게 매일 감사 목록을 늘리라.

한 달 동안 이렇게 한 뒤에 당신을 잘 아는 사람에게 당신의 태도가 변했는지 물어보라.

√ 고의적인 실패

이번 달에 직업적 삶에서 실패할 가능성이 있는 모험을 해 보라. 그러기 위해서는 이번 장에서 소개한 태도 개선을 위한 프로세스를 사용해야 한다. 어떤 '실험'을 할지부터 정해서 적어 보라.

1. 실험하라

2. 실패하라

3. 배우라

4. 개선하라

5. 다시 뛰어들라

어떤 실험을 할지 썼다면 실행하라. 실패하면 2번 항목에 그 경험에 관해서 쓰라. 그런 다음 무엇을 배웠으며 어떻게 개선할 수 있고, 리더의 경주에 다시 참여하기 위해 어떻게 해야 할지 적으라.

실패하지 않아도 3-5단계를 거친 뒤에 또 다른 실험을 하라. 실패해서 극복하려는 노력을 하지 않고서는 이 프로세스에 진정한 유익을 거둘 수 없다.

DEVELOPING

THE LEADER

WITHIN

YOU 2.0

PART 3

성공한 리더를
넘어
의미 있는 리더로
성장하라

리더십의 핵심은 사람들을 섬기는 것이다

"다른 사람이 성공하도록 돕는 것보다 더 고귀한 직업은 없다."
- 앨런 로이 맥기니스(Alan Loy McGinnis)

나는 26년간 담임목사로 교회를 섬겼다. 하지만 처음 리더로 세워졌을 때 나의 초점은 사람들을 섬기는 것에 있지 않았다. 그저 큰일을 하고 남들보다 앞서갈 생각뿐이었다. 내가 받은 모든 훈련과 교육은 리더십에 대한 계급적 접근법을 바탕으로 했다. 목사들은 성도들 '위에' 앉도록 교육을 받았다. 목사들은 메시지를 전하고 지혜로운 조언을 해 주며 교회의 의식을 집도하기만 하면 되었다. 당시의 리더십 모델은 하나같이 '상의하달' 방식이었다.

그러던 어느날 지그 지글러(Zig Ziglar)의 강연회에서 다음의 말을 들게 되었다. "사람들이 원하는 것을 얻게 도와주면 당신이 원하는 것을 얻도록 사람들이 도와줄 것이다."

이것은 바로 서번트 리더십(servant leadership)을 말하는 것이었으며, 그 개념은 내 세상을 송두리째 흔들었다.

마음의
변화

지글러의 말을 통해 중요한 것을 깨달았다. 나는 사람들은 돕지 않고 도리어 사람들로 하여금 나를 돕게 만들려고만 하고 있었다. 사람들에 대한 나의 태도가 옳지 않다는 것을 깨달았다. 그때부터 시작된 고민은 리더십의 핵심이 나 자신이 아닌 타인을 섬기는 것이라는 깨달음으로 이어졌다. 결국 나는 '힘의 피라미드'를 뒤집어 사람들을 위에 놓고 나를 가장 밑바닥에 놓게 되었다.

내가 하는 일을 남들이 할 수 있도록 성장시키는 일로 내 리더십의 초점을 바꾸기 시작한 것이다. 그리고 성경의 한 구절을 마치 난생 처음 읽은 것처럼 읽게 되면서 결정적인 변화가 찾아왔다. 그 구절은 다음과 같다. "그가 어떤 사람은 사도로, 어떤 사람은 선지자로, 어떤 사람은 복음 전하는 자로, 어떤 사람은 목사와 교사로 삼으셨으니 이는 성도를 온전하게 하여 봉사의 일을 하게 하며 그리스도의 몸을 세우려 하심이라."[1]

이 구절을 통하여 목사로서 내 일은 하나님의 사람들이 하나님의 일을 하고 교회를 세우도록 성장시키는 것임을 분명히 알게 된 것이다. 교인들이 내 교회를 키우는 일을 돕도록 만드는 것이 내 일이 아님을 깨달았다. 나는 교인들을 섬기고 그들이 하나님의 교회를 세우도록 도와야 했다. 그날부터 내 리더십의 초점은 섬김을 받는 것이 아니라 언제나 다른 사람들을 섬기는 것이었다.

그것이 벌써 45년 전의 일이다. 그동안 많은 사람이 리더십에 관한 나의 생각에 영향을 미쳤다. 그중 로버트 그린리프(Robert Greenleaf)에게 많은 영향을 받았다. 1970년대에 그는 '리더로서의 종'(The Servant as Leader)이란 글을 썼고, 나중에 그 내용을 《서번트 리더십》(Servant Leadership)으로 출간했다. 그 책에서 그는 이렇게 말한다.

서번트 리더는 리더이기 이전에 먼저 종이다. 먼저 섬기고 싶다는 자연스러운 감정에서 시작된다. 그 다음에 의식적인 선택에 따라 사람들을 이끌기를 원하게 된다. 리더이기 이전에 종인 사람의 관심사는 사람들의 최우선적인 필요를 섬겨 주는 것이다. 리더의 가장 중요한 시금석이면서 가장 실천하기 어려운 원칙은 이것이다. 섬김을 받는 사람들이 인간으로서 성장하고 있는가? 그들이 섬김을 받는 동안 더 건강하고, 더 지혜롭고, 더 자유롭고, 더 자율적으로 되어 가는가? 그들이 종이 될 가능성이 더 커져 가는가? 그리고 사회 약자들에게 어떤 영향을 받을까? 그들이 혜택을 받을까? 최소한, 더 이상 박탈당하지 않게 될까?[2]

허먼 밀러(Herman Miller) 전 회장 맥스 드프리의 《성공한 리더는 자기 철학이 있다》(Leadership Is an Art)와 서비스마스터(ServiceMaster)의 명예회장 C. 윌리엄 폴라드(William Pollard)의 《서비스의 달인》(The Soul of the Firm) 같은 책들도 내가 서번트 리더가 되는 데 큰 도움이 되었다. 하지만 내게 가장 큰 영향을 미친 책은 유진 하베커(Eugene Habecker)의 The Other Side of Leadership(리더십의 또 다른 얼굴)이다. 그 책을 읽고 나서 사람들에게 가치를 더해 주는 것이야말로 리더십의 핵심이라는 확신을 얻게 되었다.

나는 하베커와 30년 넘게 귀한 우정을 나누었다. 그의 책은 그의 삶을 그대로 반영하고 있다. 그는 이렇게 말했다. "진정한 리더는 섬긴다. 자신이 아닌 사람들을 섬긴다. 사람들의 이익을 추구한다. 물론 그렇게 한다고 해서 항상 인기를 얻게 되는 것은 아니다. 사람들에게 깊은 인상을 심어 줄 수 있는 것도 아니다. 하지만 진정한 리더는 개인적인 영예보다 사랑으로 움직이기 때문에 기꺼이 그 대가를 치른다."[3]

하베커의 삶과 책에 감명을 받은 나는 두 가지 결심을 했다. 첫째, 다른 이들의 필요를 내 필요 위에 두기로 결심했다. 둘째, 사람들을 무조건적으로 사랑하기로 결심했다. 또한 나는 신앙인이기 때문에 다음과 같은 성경 구절을 내 삶의 목표로 마음에 새겼다.

이 세상에서 부유하게 사는 사람들에게 명하여 교만하지 말고 오늘 있다가 내일이면 없어질 물질에 사로잡히지 말라고 하십시오. 그들에게 명하여 우리에게 모든 것을 풍성히 주셔서 관리하게 하시는 하나님을 따르라고 말하십시오. 선을 행하고 남을 돕는 일에 부유해지고 아낌없이 베푸는 사람이 되라고 말하십시오. 그들이 그렇게 하면 그들은 영원토록 무너지지 않을 보물창고를 짓고 참된 생명을 얻게 될 것입니다.[4]

나는 이렇게 살기 위해서 몇 가지 원칙을 정했다. 더 나은 서번트 리더가 되기 위해 매일 이 원칙을 실천하려고 애쓰고 있다.

- 직위나 직함에 의존하지 않는다 : 내가 이룬 성과에 감사하기는 하지만 사람들을 이끌기 위해 그것에 의존하지 않는다. 매일 약속을 지키고 남들을 섬김으로써 존경을 얻기 위해 노력한다.
- 사람들과 그들의 잠재력을 믿어 준다 : 나는 사람들을 믿어 준다. 왜냐하면 그것이 옳기 때문이다. 하지만 사람들을 믿어 주는 데는 실용적인 이유도 있다. 사람들의 잠재력을 믿어 주고 그들을 섬길수록 그들의 잠재력이 증가한다. 그렇게 되면 모두가 이익이다.
- 타인의 시각에서 상황을 보려고 노력한다 : 타인의 마음과 생각을 알아야만 그들을 잘 이끌고 섬기는 것이 가능하다. 그래서 나는 의식적으로 사람들과 관계를 맺어 그들의 관점을 알려고 노력한다. 그렇게 하면 그들을 더 잘 섬길 수 있다.
- 격려하는 환경을 조성하려고 노력한다 : 서로를 섬기는 사람들의

팀에 속한 것만큼 좋은 것은 별로 없다. 리더가 팀원들을 섬기고, 팀원들도 서로를 섬기도록 격려하면 조직 내에 협력의 정신이 싹튼다. 그렇게 되면 분위기가 긍정적으로 변하고 팀원들의 충성도가 높아진다.

- 사람들에게 얼마나 많은 가치를 더하느냐로 나의 성공을 가늠한다 : 리더로서 남들을 섬기기로 결심하면 팀의 성공이 곧 나의 성공이 된다. 나의 생각이 그렇게 바뀐 순간이 기억난다. 그때 내 세상이 순식간에 확장된 것처럼 느껴졌다. 실제로 그렇다. 하나는 위대함을 이루기에는 너무 작은 숫자다. 팀이 함께 이기는 것보다 좋은 것은 없다.

내가 사람들을 제대로 섬기려면 아직 멀었다. 하지만 나는 더 나아지기 위해 끊임없이 노력하고 있다.

섬김의
힘

사람들을 섬기려는 나의 열정은 신앙에서 시작된다. 하지만 그런 열정을 얻기 위해 반드시 신앙이 필요한 것은 아니다. 올바른 태도와 우선순위, 타인을 섬기는 습관은 실용적이기도 하며, 누구나 이런 것을 얻을 수 있다. 조직 컨설턴트 S. 크리스 에드몬즈(Chris Edmonds)는 서번트 리더십을 "다른 사람들이 집과 가정, 공동체에서 최선의 모습이 되도록 돕는데 헌신하는 것"으로 정의한다. 계속해서 그는 "가족이나 일터, 공동체에서 어떤 지위나 역할을 맡았든 상관없이 누구나 섬기고 리더십을 발휘할 수 있다"라고 말한다.[5]

만인의 존경을 받는 리더들의 말을 살펴보면 리더십을 향한 그들의 태도에 섬김의 정신이 짙게 배어 있다는 사실을 확인할 수 있다. 몇 가지 예를 들어보자.

- 조지 워싱턴(George Washington) : "조국을 섬길 수 있는 자리라면 모두 명예로운 자리다."
- 벤저민 프랭클린(Benjamin Franklin) : "다른 누군가의 짐을 덜어 주는 사람 중에 쓸모없는 사람은 없다."
- 마하트마 간디(Mahatma Gandhi) : "자신을 찾는 최선의 길은 다른 사람을 섬기기 위해 자신을 잃는 것이다."
- 알베르트 슈바이처(Albert Schweitzer) : "여러분의 운명이 어떻게 될지는 모르지만 한 가지만은 분명히 안다. 여러분 중에 섬길 방법을 찾는 사람들만이 진정으로 행복하게 될 것이다."
- 마틴 루터 킹 주니어 : "누구나 위대해질 수 있다. 왜냐하면 누구나 섬길 수 있기 때문이다."
- 넬슨 만델라(Nelson Mandela) : "저는 지금 국민 여러분 앞에 선지자가 아니라 여러분의 겸손한 종으로 서 있습니다."

이들에게는 한 가지 공통점이 있다. 바로 자신의 변화된 삶을 통하여 수많은 사람을 아름답게 변화시켰다는 것이다. 이들의 가치관은 자연스레 타인에게 전달되었다. 이들의 섬김은 사람들을 도울 뿐 아니라 사람들이 따르는 훌륭한 본보기가 되었다. 속담처럼 이들은 물고기를 주기보다는 물고기를 잡는 법을 가르쳐 주기 위해 노력했다. 이들은 사람들에게 자립정신을 심어 주길 원했다. 그래서 미래 세대가 리더의 섬김에 의존하는 것이 아니라 근본적인 변화를 통해 번영하기를 원했다.

앤 맥지 쿠퍼(Ann McGee-Cooper)와 듀안 트렘멜(Duane Trammell)은 이 주제에 관한 흥미로운 시각을 제시했다. 그들은 리더들이 예로부터 조직과 사회에서 영웅의 위치에 있었지만 이제 영웅에서 종으로 바뀌어야 한다고 말한다. '영웅 리더에서 서번트 리더로'라는 글에서 그들은 이렇게 말했다. "새천년의 진정한 영웅들은 우리 세상을 변화시키기 위해 스포트라이트 밖에서 조용히 애쓰는 종 같은 리더일 것이다."

어떻게 해야 이런 리더가 될 수 있을까? 쿠퍼와 트렘멜은 다섯 가지를 꼽는다. 서번트 리더는 편견 없이 귀를 기울이고, 진정성을 갖추고, 공동체를 구축하고, 힘을 나누고, 사람들을 성장시킨다.[6]

사람들을 섬기고
성장시키는 질문들

당신이 매일 남들을 섬기는 리더로 성장하기를 간절히 바란다. 다음과 같은 질문을 던지면 그런 리더가 되는 데 큰 도움이 되리라 믿는다.

가치를 더해 주는 질문 :

"다른 사람의 성공을 위해 내가 무엇을 해 줄 수 있을까?"

헬렌 켈러는 이런 말을 했다. "우리가 혼자서 할 수 있는 것은 정말 적다. 우리가 함께할 수 있는 것은 정말 많다."

서번트 리더는 타인의 성공을 곧 자신의 성공으로 여기기 때문에 타인의 성공을 돕는 데 초점을 맞춘다. 그러기 위한 최선의 방법 중 하나는 타인에게 가치를 더해 주는 것이다.

내가 이 글을 쓰는 지금, 내 일정표에 오늘 전화해야 할 네 사람의 이름이 적혀 있다. 두 사람은 내가 멘토링하는 이들이다. 아마도 두 사람이 리더십의 난관에 관한 조언을 구할 것으로 예상된다. 두 사람이 각자의 난관을 잘 극복하도록 최선을 다해서 도울 생각이다.

다른 두 명은 내가 곧 강연할 두 회사의 리더들이다. 두 회사의 직원들에게 어떤 식으로 강연을 해서 두 리더를 섬길지 파악하기 위해 사전 통화를 계획했다. 나는 이처럼 모든 강연 전에 전화를 걸어 다음과 같은 많은 질문을 던진다.

- 세미나의 주제는 무엇인가?
- 내게서 무엇을 기대하는가?
- 내가 어떤 말을 해 주기를 바라는가?
- 강연 외에도 내가 도울 일이 있는가?

나의 비서는 이런 통화에 나와 함께 참여해서 통화 내용을 빠짐없이 기록한다. 이런 질문을 던지고 답을 들은 뒤에야 나는 어떤 식으로 그들을 도울지에 관한 내 의견을 제시한다. 그러고 나서 다시, 내 의견에 관하여 자문을 구한다.

내가 왜 이런 수고를 사서 하는 것일까? 내 역할은 단순하다. 강연하고 섬기는 것이다. 그런데 나는 청중이 무엇을 필요로 하거나 원하는지 전혀 고려하지 않은 채 정해진 원고를 매번 똑같이 되풀이하는 강연자를 너무도 많이 보았다. 내 바람은 주최사와 충정을 최선을 다해 섬기는 것이다. 강연의 주인공은 내가 아니기 때문에 매번 나는 각 청중의 필요에 맞는 강연을 준비한다. 그리고 강연이 끝날 때마다 내가 묻는 질문은 "제가 여러분께 도움이 되었습니까?"이다. "조직은 섬기기 위해 존재한다. 리더는 섬기기 위해 산다. 이상 끝." 톰 피터스(Tom Peters)의 이 말이 참으로 옳다.

내가 아는 최고의 서번트 리더 가운데 한 명은 나의 회사의 CEO 마크 콜이다. 콜은 내가 함께 일했던 '2인자' 중 역대 최고이다. 우리가 처음 함께 일을 시작했을 때 그는 내게 어떻게 하면 나를 가장 잘 섬길 수 있을지 물었다. 내 대답은 간단했다. "내 곁에 늘 가까이 있고, 나를 대신해서 내 회사들을 잘 이끌어 주세요."

이 부탁은 내가 가르치고 따르는 '근접 원칙'(proximity principle)과 부합된다. 이 원칙은 리더와 가까이 있는 사람일수록 그 리더를 섬길 기회를 많이 얻는다는 것이다.

콜은 수시로 나와 여행을 하며 회사에 관하여 자주 이야기를 나눈다. 하지만 몸이 함께할 수 없을 때도 마음만큼은 늘 함께한다. 콜은 나를 위해 1년 365일 대기하고 있다. 30년 넘게 나와 함께해 준 내 비서 린다 에저스도 마찬가지다. 그리고 둘 다 기쁨으로 그 일을 감당하고 있다. 그들의 목표는 내 목표를 이루는 것이다.

콜만 나를 섬기는 것이 아니라 나도 콜을 섬긴다. "콜이 성공하도록 내가 무엇을 해 줄 수 있을까?"에 대한 나의 대답은 그에게 내 시간을 주는 것이다. 나는 콜을 멘토링하고 있다. 나는 그가 일을 하는 데 필요한 모든 자원을 제공하기 위해 노력하고 있다. 또한 나는 그에게 성장할 기회를 최대한 제공한다. 현재는 그가 대중 강연 기술을 연마하도록 돕고 있다.

매일의 질문 :

"팀원들이 매일 필요로 하지만 쉽게 요구하지 못하는 것은?"

최고의 서번트 리더는 팀원들의 필요를 미리 예상한다. 그들은 팀원들을 주도적으로 돕는다. "무엇이든 필요하면 말해. 내 사무실의 문은 항상 열려 있어"라는 태도를 가진 리더가 너무도 많다. 하지만 문을 열어 놓는 것보다 문 밖으로 나가 팀원들이 무엇이 필요로 하는지 직접 찾아보는 것이 더 좋지 않을까? 그래서 팀원들이 요구하기 '전에' 필요한 것을 줄 수 있어야 한다. 팀원들이 우리와 똑같은 바람과 기대를 품고 있으리라 속단하지 말아야 한다.

나는 교황 프란치스코를 너무도 존경한다. 그를 만나 몇 시간 동안 그의 서번트 리더십을 지켜본 것은 크나큰 영광이었다. 최근 그가 추기경들에게 쓴 다음의 글을 읽었다.

> 어떻게 하면 "착하고 충성된 종"(마 25:21 참조)이 될 수 있을까요? 첫 번째 단계로는 사람들이 도움을 요청하면 언제든지 달려갈 준비가 되어 있어야 합니다. 종은 매일 자신의 뜻대로 행하고 사는 것에서 벗어나는 법을 배워가야 합니다. 매일 아침부터 그는 자신의 삶을 사람들에

게 내어 주고 남은 하루가 자신이 아닌 타인을 위해 사는 법을 배워 갑니다. 섬기는 사람은 자신의 여가시간을 축적하지 않습니다. 그는 자기 하루의 주인이 되길 포기합니다. 그는 자신의 시간이 자신의 것이 아니라 하나님의 선물이기 때문에 그분께 돌려 드려야 한다는 것을 압니다. 오직 이렇게 살 때 열매를 맺을 수 있습니다. 섬기는 사람은 자기 일의 노예가 아니며, 뜻밖의 일을 다룰 마음의 자세가 되어 있습니다. 그는 형제자매의 일에 늘 발 벗고 나서며 하나님이 주시는 예기치 못한 일을 기꺼이 감당합니다. 좋은 자기 시간과 내적 공간의 문을 주변 사람들에게 여는 법을 압니다. 심지어 밤늦게 문을 두드리는 사람에게도 문을 열고, 하고 싶은 일을 멈추거나 꼭 필요한 쉼까지 기꺼이 포기합니다. 사랑하는 부제들이여, 남들이 도움을 요청할 때 언제라도 달려갈 수 있다면 여러분의 목회는 이기적인 것이 아니며 많은 전도의 열매를 맺게 될 것입니다.[7]

신앙과 상관없이 모든 리더에게 더없이 귀한 조언이 아닐 수 없다. 사람들을 섬기는 것은 태도에서 시작되며 반드시 행동으로 이어져야 한다. 매일 그들이 무엇을 필요로 하는지 스스로 묻고 나서 행동하면 곧 섬김이 습관으로 몸에 배일 것이다.

나는 아들의 친구들인 고드스(The Goads)가 쓴 노래를 즐겨 듣는다. 고드스는 종의 마음을 지녔다. 조엘이 힘든 십대를 지날 때 이 친구들은 내 아들이 기술팀으로 공연 투어에 참여할 수 있게 해 주었다. 조엘에게 그 경험은 날개를 펴서 자신의 재능과 기술을 계발할 수 있는 좋은 기회가 되었다. 그 친구들은 내 아들에게 과분한 사랑을 쏟고 많은 도움을 주었다.

고드스가 만든 이 노래의 이름은 '나를 따르라'이다. 가사는 다음과 같다.

세상을 더 좋은 곳으로 만드는 사람,

네가 꼭대기까지 이르도록 돕는 사람,

요구하지 않은 것까지 모든 것을 해 주는 사람,

내가 가진 모든 것을 내어 주는 사람이 되고 싶다네.

나를 따르라, 내가 도와주리니.

우리가 이 길을 가는 내내

네 짐을 벗게 도와주고

네 짐을 덜어 주리라.

네가 하는 일을 믿어 주리라.

네가 그 일을 끝까지 해내도록 도와주리라.

네 꿈이 이루어지도록 내가 할 수 있는 모든 일을 하리라.

나를 따르라, 내가 도와주리니.

문제에 해법으로 답하려고 노력하리라.

매일 최선을 다하리라.

고난과 시련 속에서

더욱 분발하리라.

우리는 어떤 일이 있어도 목표를 이루리라.

변명은 하지 않으리라.

최선을 다하리라.

남들이 하지 않으려는 일도 기꺼이 하리라.

시키는 일보다 더 하리라.

심지어 내 일이 아니더라도 기꺼이 하리라.

역할보다 목표가 더 중요하기에.[8]

이 가사는 남들이 선뜻 구하지 못해도 알아서 필요한 것을 주는 사람들의 마음가짐을 잘 표현하고 있다. 리더는 이런 마음가짐을 품어야 한다.

개선을 위한 질문 :

"사람들을 더 잘 섬기기 위한 노력은 무엇인가?"

서번트 리더십의 초점은 섬기는 사람들이다. 섬김이 잘 이루어려면 섬김의 대상에게 중요한 것을 중요하게 여겨야 한다. 그냥 '더 나아지는' 것만으로는 부족하다. 섬김의 대상에게 중요한 영역에서 더 나아져야 한다. 리더로서 스스로에게 물으라. 내가 팀원들에게 필요하고 도움이 될 만한 것을 갖고 있는가?

20년도 더 전에 찰리 웨첼은 처음 내 저술 활동의 짐을 덜어 주기 시작했다. 그런데 찰리는 글은 잘 썼지만 나에 관해서는 잘 몰랐다. 그래서 내가 가장 먼저 한 것은 그가 내 강연 스타일을 이해할 수 있도록 1백 개에 달하는 내 강연 테이프를 준 것이었다. 하지만 그것만으로는 충분하지 않았다. 그를 더 주도적으로 섬길 필요성이 있었다. 그래야 그가 나와 내 조직을 잘 섬길 수 있기 때문이다.

그래서 나는 웨첼에게 명언집 한 권을 주고서 가장 마음에 드는 명언들에 표시를 하라고 했다. 그리고 나도 같은 책을 보며 마음에 드는 명언들에 표시했다. 그후 서로 비교했다. 처음에는 90퍼센트가 서로 일치하지 않았다. 나는 내가 고른 명언들을 왜 골랐는지 설명해서 웨첼이 내 사고를 이해하게 도왔다. 그 과정을 여러 번 반복했더니 둘이 고른 명언이 90퍼센트까지 일치하게 되었다. 내가 주도적으로 웨첼을 돕지 않았다면 그의 일이 훨씬 더 어려웠을 것이다.

사람들이 나아지도록 돕기 위해서는 먼저 내가 나아져야 한다. 내가 가지지 않은 것을 남에게 줄 수 없기 때문이다. 내가 나아지면 자존감도 강해진다. 내가 외적으로 팀과 함께 이루는 성공은 먼저 내 안에서 거둔 결과다. 하나의 개선이 이루어질 때마다 자신감과 자신이 걷는 길에 대한 확신이 강해진다. 내 친구 마크 콜은 이렇게 말한다. "서번트 리더의 가치는 그가 무엇을 하거나 그 일을 얼마나 자주 하느냐가 아니라 그 일을 왜 하고 얼마나 잘하느냐에 달려 있다."

서번트 리더로서 팀원들에게 중요한 영역에서 자신을 계발하면 자신만 나아지는 것이 아니라 팀원들을 더 잘 섬길 수 있다. 자신과 팀원들의 생산성이 함께 높아진다. 개인적으로나 조직 차원에서나 큰 이익이다.

평가를 위한 질문 :

"내가 사람들을 잘 섬기고 있는지 어떻게 알 수 있는가?"

내가 '리더십 핸드북'(The Leadership Handbook)에서 가르치는 교훈 중 하나는 리더가 잘하는지를 알려면 팀원들을 보라는 것이다. 외부의 관찰자들은 리더가 얼마나 잘하고 있는지를 분명하게 볼 가능성이 높다. 하지만 리더는 그것을 어떻게 알 수 있을까? 자신이 팀원들을 잘 섬기고 있는지 어떻게 알 수 있을까?

어제 나는 잠재력이 매우 큰 한 젊은 리더를 한 시간 동안 멘토링했다. 그가 나에게 던진 질문 중 하나는 "리더십을 기르기 위해 제가 꼭 알고 해야 할 것들은 무엇인가요?"였다. 대답은 두 가지였다. 질문과 기대. 이 두 가지는 리더가 팀원들을 잘 섬기고 있는지 판단하는 데도 도움이 된다.

리더는 반드시 질문들을 넌져야 한다. 질문하지 않고서는 팀원들의 정신적, 감정적 상태를 알 수 없다. 질문하지 않고서는 팀원들이 무엇을 원하고 필요로 하는지를 알 수 없다. 질문하지 않고서는 팀원들을 어떻게 이끌어야 할지 알 수 없다. 젊은 리더 시절 나는 지시를 내리고 나서 질문을 했다(대부분의 질문은 사람들이 내 지시를 잘 이해했는지 확인하기 위한 질문이었다). 하지만 지금은 먼저 질문을 하고 지시를 내린다.

기대를 정하는 것도 중요하다. 젊은 시절에는 팀원들과의 대화 중에 나의 기대를 '은근히' 내비쳤다. 직접적으로 말하지 않아도 그렇게 자꾸 하다 보면 팀원들이 내 기대를 이해하리라 생각했다. 하지만 그들이 내가 원하는 바를 이해하지 못할 때가 너무도 많았다. 그래서 서로 힘들었다. 지금은 어떤 일을 벌이든 먼저 기대부터 확실히 정한다. 그렇게 하면 팀 전체가 리더의 기대를 분명히 알게 된다. 또한 나는 팀원들의 기대도 알기 위해 질문을 던진다. 그들이 기대하는 승리가 무엇인지를 알아야 한다.

지금까지 내 CEO인 마크 콜에 관한 이야기를 여러 번 했다. 그는 누구보다도 훌륭한 서번트 리더이기 때문이다. 그는 나를 잘 섬기고, 자신이 이끄는 조직의 사람들도 잘 섬긴다. 사실, 그는 늘 내 기대를 뛰어넘기 위해 노력한다. 그는 이만 하면 됐다 싶을 때도 더 노력한다.

이번 장을 준비하면서 나는 콜에게 "매번 기대 수준을 뛰어넘는 비결이 무엇인가요?"라고 물었다. 그러자 그는 매우 통찰력 깊은 대답을 내놓았다. 그는 다음과 같은 다섯 가지를 꾸준히 한다고 말했다.

- 내 생각을 알 수 있도록 나를 늘 가까이 한다. 이렇게 하면 내 비전을 팀원들에게 잘 전달할 수 있다.
- 자신이 우리 회사를 잘 섬기고 있는지 나와 함께 점검한다.
- 스스로에게 이렇게 묻는다. "어떻게 하면 고객과 팀원들의 기대를 뛰어넘을 수 있을까?"
- 팀원들에게 고객의 기대를 뛰어넘을 수 있을지 끊임없이 묻는다.
- 사람들이 필요로 하는 것 이상을 해 주는 것을 자신의 책임으로 여긴다.

콜은 내가 그를 자신보다도 더 믿어 준다고 말한다. 내가 다른 건 몰라도 최소한 그것만큼은 해 주어야 한다고 생각한다. 그리고 그가 그 믿음을 자신의 팀원들에게도 보여 주기를 원한다.

당신이 팀원들을 잘 섬기고 있는지 성적표를 만든다면 당신에게 몇 점을 주겠는가? 당신에 대한 팀원들의 기대를 알고 있는가? 당신의 기대를 팀원들에게 잘 전달하고 있는가? 당신이 잘하고 있는 점과 개선이 필요한 점은 무엇인지 팀원들에게 주기적으로 물어보는가? 당신이 팀원들을 잘 섬기고 있는지 수시로 평가하지 않으면 발전은 불가능하다.

맹점에 관한 질문 :

"나와 함께 일하는 것은 어떠할까?"

이 질문은 내가 가장 좋아하는 질문이다. 왜냐하면 내게 가장 큰 도움이 되었기 때문이다. 누구에게나 스스로 보지 못하는 단점(빈틈)이 있다. 항상 다른 사람들이 나를 보는 것처럼 나 자신을 분명하게 볼 수 있는 것은 아니다. 또한 나 자신만이 아니라 상황에 대해서도 분명히 보지 못할 때가 있다. 당신도 마찬가지일 것이다.

리더가 되면 맹점이 더 많을 수밖에 없다. 리더는 힘과 권위를 갖고 있기 때문에 주변 사람들이 부담스러워서 솔직하게 이야기하지 못하기 쉽다. 그리고 지위가 높을수록 주변에서 일어나는 상황을 제대로 알기가 더 어렵다. 사람들은 대개 리더가 들어야 할 말이 아니라 듣기 원하는 말을 하기 때문이다. 그래서 리더는 개인적인 빈틈을 갖고 있을 뿐 아니라 그의 잘못을 아는 사람들에게 솔직한 피드백을 받기도 어렵다.

이 문제를 어떻게 극복할 수 있을까? 리더로서 나는 두 가지 가정을 한다. 첫째, 나에게는 좋지 않은 빈틈이 많이 있다고 가정한다. 둘째, 팀원들이 그 빈틈을 내게 솔직하게 말해 주기가 쉽지 않다고 가정한다. 그래서 늘 이런 질문을 던진다. "다른 사람들의 입장은 어떠할까?"

이 질문은 때로는 불편한 진실이 드러나게 하지만, 좋은 태도를 유지하면 나 자신을 바로잡는 데 도움이 될 수 있다. 덕분에 나에 관해 다음과 같은 사실을 알게 되었다.

- 나는 항상 일을 실제보다 더 빨리 끝낼 수 있다고 생각한다.
- 대부분의 사람들이 겪는 시련을 인정하지 않는다.

- 사람들이 내 비전을 즉시 이해하고 받아들일 것이라고 속단한다.
- 성급하고 단도직입적이다.
- 마음만 먹으면 모든 사람이 내가 하는 일을 할 수 있다고 믿는다.
- 어려움에서 빨리 벗어나고, 사람들도 나처럼 빨리 그렇게 하기를 기대한다.

예를 들자면 끝이 없지만 무슨 말인지 충분히 이해했으리라고 믿는다. 나는 내 빈틈을 극복하기 위해 늘 "내가 무엇을 놓치고 있는가?" 그리고 "나를 도와주실래요?"라고 묻는다. 또한 주변 사람들에게 나에 관한 진실을 솔직히 이야기해 달라고 부탁한다. 그렇게 해야만 내 단점들을 극복할 수 있다.

내가 스스로에게 늘 던지는 또 다른 질문은 "내가 주변 사람들을 섬기기 위해 노력하고 있는가? 아니면 나 자신의 이익을 추구하고 있는가?"다. 이런 질문에 솔직히 대답해야 한다. 내 개인적인 이익이 남들을 섬기는 것보다 우선할 때 내 리더십에는 문제가 발생한다. 그것은 리더십의 핵심을 잃은 꼴이다. 그럴 때마다 먼저 사람들을 섬기면 개인적인 이익은 저절로 따라온다는 점을 다시 기억해야 한다.

최근 훌륭한 글 하나를 읽고 서번트 리더십의 길을 꿋꿋이 걷기로 마음을 다잡아먹었다. 신용카드 결제 대행사인 그래비티 페이먼츠(Gravity Payments)의 창립자이자 CEO인 댄 프라이스(Dan Price)가 쓴 글이다. 그는 서번트 리더가 되기 위해 다음과 같이 해야 한다고 적었다.

1. 팀에 대한 기대만 하기보다는 팀을 지원할 방법을 고민하라.

2. 팀원들에 행동을 주시하기보다는 팀원들이 당신의 행동을 주시하게 하라.

3. 팀원들에게 무엇을 해야 할지 말하기보다는 피드백을 구하라.

4. 힘을 축적하려는 유혹을 뿌리치라. 힘을 나누어 주는 데 집중하라. [9]

만약 당신이 식탁에 앉아 있다면, 건너편에 누가 혹은 무엇이 있을까? 이런 질문을 해 보았는가? 우리는 으레 답하기 쉬울 것이라고 생각한다. 하지만 그렇지 않을 때가 많다. 우리의 리더십과 성격이 강할수록 타인이 우리와 협력하기는 더 어렵다. 종의 마음을 길러 팀원들의 그런 어려움을 줄여 주어야 한다.

존경에 관한 질문 :

"어떻게 하면 섬김을 통해 사람들에게 가치를 더해 주면서 나도 가치를 얻을 수 있을까?"

오래전 앨런 로이 맥기니스(Alan Loy McGinnis)가 쓴 *Bring Out the Best in People*(사람들의 잠재력 이끌어내기)란 책을 읽었다. 메시지가 굉장히 강력해서 몇 번이나 다시 읽었는지 모른다. 그 책에서 가장 큰 인상을 받은 글은 이 것이다. "다른 인간이 성공하도록 돕는 것보다 더 고귀한 직업은 없다." [10]

1995년 나는 새로운 도전을 하기 위해 스카이라인 교회의 담임목사직을 사임했다. 그곳에서 20년간 리더를 양성해 왔지만 내 '모든' 시간을 전 세계의 리더를 섬기는 일에 사용하고 싶다는 생각이 들기 시작했기 때문이다. 나만 성공하는 것이 아니라 다른 이들이 성공하도록 돕고 싶었다.

나는 변화를 단행하고서 뒤를 돌아보지 않았다. 그로부터 20년도 더 지난 지금, 나의 성공보다 다른 이의 성공을 돕는 것이 훨씬 즐겁다고 자신 있게 말할 수 있다. 마리안 윌리엄슨(Marianne Williamson)은 이렇게 말했다. "성공은 남들을 섬기는 일에 나의 재능과 능력을 사용했다는 확신으로 잠자리에 드는 것을 의미한다."

나는 사람들에게 가치를 더해 주는 것에서 가치를 발견했다. 타인을 섬기면 우리의 동기가 순수해진다. 옳은 이유로 일을 잘할 때 우리에게 큰 가치가 돌아온다. 우리는 가치를 더할 때마다 가치를 얻기 때문이다.

재능에 관한 질문 :

"내가 가장 잘하는 것, 사람들을 가장 잘 섬길 수 있는 것은

무엇인가?"

리더로서 우리는 재능이 있는 영역에서 사람들을 가장 잘 섬길 수 있다. 내 삶을 돌아보면 최고의 리더들은 재능을 사용하여 내 안의 잠재력을 이끌어 냈다. 우선, 나의 아버지가 그러셨다. 아버지는 격려의 재능으로 내게 자신감을 주셨을 뿐 아니라 관계적 재능을 사용하여 내게 영향력 있는 리더들을 소개해 주셨다. 덕분에 나는 리더십에 관해 많은 것을 배울 수 있었다.

내게 도움을 준 또 다른 사람은 멘토인 톰 필립(Tom Phillippe)이다. 내가 서른 초반의 나이에 커리어를 전환하게 되었을 때 뛰어난 사업가인 필립이 겨우 걸음마 단계에 있는 내 작은 사업체를 지켜 주었다. 덕분에 나중에 시간적 여유가 생겼을 때 나는 그 사업체를 다시 맡을 수 있었다. 필립과 아버지 외에도 수많은 리더가 각자의 가장 중요한 재능으로 나를 섬겨 주었다.

나도 남들에게 그렇게 해 주기 위해 노력해 왔다. 나의 가장 큰 재능은 강연과 저술, 멘토링이다. 나는 강연을 통해 청중을 섬기고 다른 리더 및 조직들과 관계를 맺어 회사 운영에 도움을 준다. 또한 나는 차세대 리더들을 꾸준히 멘토링해 왔다. 잠재력이 뛰어난 리더와 1년에 두어 번 한두 시간씩 만나 리더십에 관한 중요한 질문에 답해주고, 내가 겪었던 것과 같은 문제들을 해결할 수 있도록 돕는다.

자신이 무엇을 가장 잘하는지, 어떤 영역에서 남들을 가장 잘 섬길 수 있는지 생각해 보라. 다음 질문이 도움이 될 것이다.

- 내 강점은 무엇인가? 그 강점을 어떻게 사용해서 타인을 섬길 수 있을까?
- 내 배경은 무엇인가? 그 배경을 어떻게 사용해서 타인을 섬길 수 있을까?
- 내 경험은 무엇인가? 그 경험을 어떻게 사용해서 타인을 섬길 수 있을까?
- 내 기회는 무엇인가? 그 기회를 어떻게 사용해서 타인을 섬길 수 있을까?
- 내가 무슨 일을 좋아하는가? 그 일을 어떻게 사용해서 타인을 섬길 수 있을까?
- 내가 어느 영역에서 성장하고 있는가? 그 영역을 어떻게 사용해서 타인을 섬길 수 있을까?

나와 함께 일하는 리더들은 자신의 가장 큰 재능으로 타인을 섬기기 위해 노력하고 있다. 마크 콜은 사람들을 다루는 일에 재능이 있기 때문에 대부분의 시간을 그 일에 투자한다. 강사와 코치를 훈련시키는 존 맥스웰 팀의 회장 폴 마티넬리는 조직을 계속해서 키우고 개선하는 능력이 탁월하기 때문에 그것을 통해 사람들을 섬긴다. 메리디스 시메즈(Meridith Simes)는 마케팅의 귀재라 할 만하다. 그래서 그녀는 내 조직들이 사람들과 연결되어 필요한 자원을 얻도록 돕는다. 무엇이든지 자신이 가장 잘하는 것을 통해 사람들을 가장 잘 섬길 수 있다.

본보기에 관한 질문 :
"어떻게 하면 내가 섬긴 사람들이 또 다른 사람들을 섬기게 할 수 있을까?"

최근 팜비치의 브레이커스(Breakers) 리조트에서 한 모임을 주최한 적이 있다. 리조트의 시설과 서비스는 더할 나위 없이 훌륭했다. 당시 나는 그 리조트의 수석 부사장이며 판매 및 마케팅 책임자인 데이비드 버크(David Burke)와 대화를 나누게 되었다. 그는 회사의 초점이 섬김에 있다고 말했다. "서번트 리더십이 우리 브레이커스가 하는 모든 일의 중심입니다. 모든 신입 사원은 정식 근무 전에 이틀간의 오리엔테이션에 참여합니다. 오리엔테이션 마지막 날의 대부분의 시간은 고위 경영자 한 명과 밖으로 나가 지역의 많은 단체 중 한 곳에서 네다섯 시간 동안 봉사를 합니다. 이를테면 어반 유스 임팩트(Urban Youth Impact), 노숙자 연합(Homeless Coalition), 푸드뱅크(Food Bank), 주님의 집(the Lord's Place), ARC(American Red Cross) 같은 단체에서 봉사를 하지요. 투숙객만이 아니라 서로와 지역 사회를 섬깁니다. 저희는 직원들이 휴일에 지역 사회에서 봉사를 할 경우 유급 휴가로 처리해 줍니다."

버크는 지역 사회를 위한 일이 자사의 유산이며 금전적인 이익보다 더 중요하다고 말했다. 고위 경영자들이 먼저 섬김의 본을 보인다는 점이 너무 인상적이었다.

리더로서 나는 내가 팀원들에게 보이는 본보기에 각별히 신경을 쓴다. 그러기 위해 나 자신을 더 투명하게 열어 보이려고 노력한다. 60대가 되었을 때 나는 앞으로 어떤 사람이 되고 싶은지에 관해 진지하게 고민했다. 한 번은 하나님 앞에 무릎을 꿇고 어떤 사람이 되고 싶은지에 관한 기도문을 쓰고 나서 그런 사람이 되게 도와달라고 간청하기도 했다. 나는 단점을 너무도 잘 알고 있다. 그 단점을 극복하고 하나님이 기뻐하시는 사람, 섬김을 실천하기 위해 제자들의 발까지 씻겨 주신 예수님을 닮은 사람이 되게 도와달라고 기도했다.

원래 홀로 간직하려고 기도문을 쓴 것이었지만 곧 남들과 나누어야겠다는 생각이 들었다. 내 개인적인 약점을 드러낸 기도문이라 창피하기도 했지만 많은 사람에게 도움이 되리라 판단했다. 그런 의미에서 당신에게도 나누고자 한다. 내가 60세에 쓴 기도문은 다음과 같다.

주님, 나이를 먹을수록 점점 더 다음과 같은 사람으로 알려지기를 원합니다.
열심히 일하는 일꾼보다는 섬김에 열려 있는 사람으로
능력 있는 사람보다는 연민이 많은 사람으로
동분서주하는 사람보다는 만족한 사람으로
돈이 많은 사람보다는 후히 나누어 주는 사람으로
강한 사람보다는 온유한 사람으로
위대한 강연자보다는 들어주는 사람으로
민첩하거나 똑똑한 사람보다는 사랑이 많은 사람으로

유명한 사람보다는 믿을 만한 사람으로

성공한 사람보다는 희생적인 사람으로

에너지 넘치는 사람보다는 자제력이 있는 사람으로

재능이 뛰어난 사람보다는 사려 깊은 사람으로

주님, 발을 씻어 주는 사람이 되고 싶습니다!

이 기도문을 쓴 지 벌써 10년이 더 지났다. 이제 70대에 접어든 나는 지금도 여전히 종이 되어 가기 위해 노력하고 있다. 아직 갈 길이 멀었지만 최선을 다하고 있다.

리더십의 이유와 방식이 중요하다. 그것에 따라 우리가 어떤 사람이 되고 어떤 리더십을 발휘하며 궁극적으로는 어떤 기여를 할지가 결정되기 때문이다. 자신을 낮추고, 높은 자리에서 '내려오고' 섬김을 리더십의 핵심 가치로 삼으면, 역설적이게도 오히려 더 높아진다. 사람들을 돕고 힘을 실어 주면 결국은 자신에게 이익이 되어 돌아온다. 아마도 그래서 중국 철학자 노자가 이런 말을 하지 않았나 싶다. "가장 뛰어난 형태의 통치자는 백성이 그 존재를 거의 느끼지 못하는 통치자다. … 현자는 자신을 내세우지 않고 좀처럼 말을 하지 않는다. 그의 일이 완성되면 모든 사람은 '우리 자신이 이 일을 이루어 냈다'라고 말한다."[11]

당신 안의 섬기려는 마음을 계발하라

사람들을 섬기는 리더가 되려면 다음 두 가지 영역의 변화에 초점을 맞추어야 한다.

√ 종의 마음을 기르라

서번트 리더십은 내면에서 길러져 밖으로 표출된다. 사람들은 자신들을 향한 우리의 태도를 분명히 감지한다. 우리가 자신들을 깔보는지 자신들을 세워 주려고 하는지를 다 안다. 자신들을 도우려고 하는지 우리의 이익을 위해 이용하려는지를 다 안다. 우리가 사다리를 오르는 리더인지 사다리를 놓아 주는 리더인지를 다 안다. 따라서 섬김은 마음에서부터 시작되어야 한다.

사람들을 정말로 위하고 있는가? 사람들이 잠재력을 온전히 이루도록 돕기를 원하는가?

아니면 당신만 성공하면 사람들은 성공하든 말든 상관없는가? (나를 포함해서) 대부분의 사람들은 이기적이다. 따라서 종의 마음을 기르기 위한 의식적인 노력이 필요하다. 이번 장에서 소개한 다음과 같은 원칙에 따라 노력하기를 바란다.

1. 직위나 직함을 의존하지 말라 : 지위에 의존하지 않고 팀원들과 같은 자리로 내려가기 위해 당신의 리더십 스타일을 어떻게 바꿔야 할까?

2. 팀원들과 그들의 잠재력을 믿어 주라 : 주변 사람들, 심지어 좋아하지 않는 사람들도 성공하도록 어떻게 격려해 줄 수 있을까?

3. 타인의 시각에서 상황을 보라 : 보기 싫은 사람의 시각을 이해하기 위해 그와 어떻게 연결될 수 있을까?

4. 격려하는 환경을 조성하라 : 팀원들이 의욕과 용기를 얻을 수 있도록 매일 어떤 긍정적인 말을 해 줄 수 있을까?

5. 타인에게 얼마나 많은 가치를 더해 주었느냐에 따라 당신의 성공을 평가하라 : 타인의 성공으로 자신의 성공을 판단하기 위해 무엇을 바꾸어야 할까?

이런 변화부터 시작하면 태도가 변하는 경험을 할 수 있을 것이다.

√ 종의 손발을 얻으라

마음의 변화는 감사와도 같다. 표현하지 않으면 별반 의미가 없다. 종의 마음을 기르면서 종의 '행동'으로까지 나아가기 위해 노력하라. 매일 아침 눈을 뜨자마자 팀원들이 개인적으로 직업적으로 인격적으로 관계적으로 성공하도록 무엇을 해 줄 수 있을까를 고민하라. 어떤 식으로든 팀원들이 나날이 더 나아지게 하라.

8장

비전의 법칙

사람들은
길을 아는
리더를 원한다

"위대한 일을 하기 위한 유일한 길은 자신이 하는 일을 사랑하는 것이다.
그 일을 아직 찾지 못했다면 계속해서 찾으라. 안주하지 말라.
그 일을 찾으면 온 마음으로 알게 될 것이다."
　- 스티브 잡스

비전은 리더십의 필수불가결한 특성이다. 비전이 없다면 팀의 사기가 떨어지고, 팀원들이 마감일을 지키지 못하기 시작하고 개인적인 이익을 우선시하며, 생산성이 떨어지고, 결국 팀원들이 뿔뿔이 흩어진다. 비전이 있으면 팀의 사기가 오르고, 팀원들이 마감일을 지키고 개인적인 이익을 우선시하지 않으며, 생산성이 높아지고, 팀원들이 팀의 성공을 위해 똘똘 뭉친다.

내 친구 앤디 스탠리(Andy Stanley)는 이런 말을 했다. "비전은 자칫 무의미로 흐르기 쉬운 일상적인 일에 의미를 부여한다. 일상적인 일은 지긋하게 느껴질 때가 너무도 많다. 하지만 같은 일, 같은 책임이라도 비전의 렌즈를 통해서 보면 모든 것이 다르게 보인다. 비전은 당신의 세상을 제대로 보게 해 준다. 비전은 혼란에 질서를 가져온다. 분명한 비전은 모든 것을 다르게 보게 해 준다."[1]

분명한 비전은 팀에 기적을 일으킬 뿐 아니라 리더에게도 기적을 일으킨다. 비전의 가장 큰 유익 중에는 방향성과 열정이 있다. 리더에게 비전은 삶의 방향을 정해 준다. 그런 의미에서 비전은 로드맵과도 같다. 비전은 우리 행동과 가치의 올바른 우선순위를 정해서 가장 중요한 것에만 집중할 수 있게 도와준다.

또한 비전은 열정을 낳는다. 비전은 리더 안에 불을 일으키며, 그 불은 다시 사람들에게 번져간다. 내 친구 빌 하이벨스(Bill Hybels)는 이런 말을 했다. "비전은 미래에 관한 그림이며 열정을 낳는다. '감정 없는 비전' 같은 것은 없다."

헬렌 켈러는 앞이 보이지 않게 태어나는 것보다 더 나쁜 것이 무엇이냐는 질문에 "비전 없이 눈이 보이는 것"이라고 대답했다.

모든 훌륭한 리더에게는 한 가지 공통점이 있다. 남들보다 더 많이, 더 먼저 본다는 것이다. 리더에게 비전이 꼭 필요한 이유는 팀원들보다 그 비전에 따라 자신의 비전을 확장하고 행동까지 나아가기 때문이다. 리더에게 비전이 없으면 팀원들은 비전이 없을 수밖에 없다.

왜 리더에게 비전이 그토록 중요한가? 왜 리더는 타인이 보지 못하는 것을 볼 수 있어야 하는가? 여기에는 많은 이유가 있다.

당신은 보이는 것을

이룰 수 있다

나는 비전이 리더를 만드는지 리더가 비전을 만드는지에 관해 많은 고민을 했다. 그렇게 고민하면서 리더들을 관찰한 결과, 나는 비전이 먼저라는 결론을 내렸다. 나는 비전을 잃고 결국 리더십을 잃은 리더를 많이 보았다.

사람들은 눈에 보이는 대로 행동한다. 이것은 동기유발에 관한 가장 중요한 원칙 가운데 하나다. 다시 말해, 리더에게는 시각적인 자극과 방향 제시에 대한 책임이 있다. 한편, 나는 비전과 관련해서 네 가지 종류의 사람들이 있다고 생각한다.

1. 비전을 보지 못하는 사람들 - 방랑자

2. 비전을 보기는 하되 자신의 것으로 추구하지 않는 사람들 - 추종자들

3. 비전을 보고 좇는 사람들 - 성취자

4. 비전을 보고 추구하며 다른 사람들도 볼 수 있도록 돕는 사람들 - 리더들

대다수는 처음 두 범주에 속한다. 그들은 스스로 꿈을 좇지 않는다. 리더를 따를 마음은 있지만 알아서 꿈을 추구하지는 않는다. 그들은 꿈을 품고 그 꿈을 효과적으로 전할 수 있는 리더를 따른다. 이것이 꿈이나 비전을 키우고 좇는 능력이 리더에게 그토록 중요한 이유다. 리더가 비전을 품을 때 사람들이 자연스레 따라온다. 아울러 리더가 꿈을 좇을 실행력까지 갖추면 운동이 탄생한다.

십대 시절에 나는 제임스 알렌(James Allen)의 《위대한 생각의 힘》(As a Man Thinketh)을 읽고 깊은 감명을 받았다. 그 책은 내 안에 잠자던 리더를 깨우는 데 큰 도움이 되었다. 그 책에서 알렌은 "꿈꾸는 자들은 세상을 구원하는 자들이다"라고 말했다. 그 글은 내 안에 큰 꿈을 향한 열정을 일으켰고, 그때부터 나는 어떻게 하면 남들을 도울 수 있을까 고민하기 시작했다.

나는 알렌의 책에서 두 가지 중요한 교훈을 얻었다. 첫째, 내 이상을 소중히 여겨야 한다는 것을 깨달았다. 알렌의 글을 보자.

당신의 비전을 소중히 여기라. 당신의 이상을 소중히 여기라. 당신의 마음속에서 울려 퍼지는 음악, 당신의 머릿속에서 형성되는 아름다움, 당신의 가장 순수한 생각을 만들어 내는 사랑스러움을 소중히 여기라. 이런 것에서 모든 즐거운 상황, 모든 훌륭한 환경이 나타나기 때문이다. 이런 것을 소중히 간직하면 마침내 당신의 세상이 세워질 것이다.[2]

둘째, 황금을 캐야 한다는 것을 깨달았다. 알렌은 이렇게 말한다. "열심히 찾고 캐야만 금과 다이아몬드를 얻을 수 있다. 영혼의 광산을 깊이 파면 모든 진리가 자신의 존재와 연결되어 있음을 발견할 수 있다."[3]

리더의 비전은 내면에 있는 가장 좋은 생각과 가장 숭고한 이상에서 비롯한다. 단, 그 이상을 밖으로 이끄려는 노력이 필요하다. 리더로서 비전을 얻는 것은 남이 대신해 줄 수 없고 스스로의 노력이 필요하다.

마음먹은 것을
보다

독일 정치인 콘라드 아데나워(Konrad Adenauer)는 이렇게 말했다. "우리 모두는 같은 하늘에서 살지만 모두가 같은 지평선을 갖고 있는 것은 아니다." 누구나 비전을 얻을 잠재력이 있지만 모두가 비전을 얻는 것은 아니다. 그리고 그 차이는 바로 시각에 있다.

윌리엄 바커(William Barker)는 A Savior for All Seasons(모든 시절을 위한 구원자)에서 미국 동부에 살던 한 감독의 이야기를 전해 준다. 그 감독이 20세기 초에 중서부의 한 작은 신학교를 방문했다. 감독은 물리 및 화학 교수이기도 한 그 대학 총장의 집에 머물렀다. 저녁 식사 후에 감독은 자연에서 거의 모든 것이 이미 발견되었고 대부분의 발명이 이미 이루어졌다고 말했다.

그러자 대학 총장은 정중하게 고개를 내저으며 아직도 발견되고 발명될 것이 많이 남았다고 말했다. 감독이 한 가지 예만 들어보라고 말하자 총장은 50년 안에 인간이 날 수 있으리라 확신한다고 대답했다.

"말도 안 돼요! 날 수 있는 건 천사뿐이에요." 감독은 단호하게 말했다.

그 감독의 이름은 바로 라이트 형제의 아버지인 밀턴 라이트(Milton Wright)

였다. 훗날 그의 두 아들은 아버지보다 훨씬 큰 비전을 품었다.[4] 이 아버지와 아들들은 같은 하늘 아래서 살았지만 전혀 다른 지평선을 갖고 있었다.

리더십의 비전을 원한다면 비전을 볼 준비가 필요하다. 다시 말해, 비전을 기대해야 한다. 미래에 관해 긍정적인 기대를 해야 비전을 볼 수 있다. 기대감은 영감을 폭발시키는 기폭제이다.

보는 만큼
얻는다

무엇을 보느냐가 무엇이 되느냐를 결정하고 준비된 만큼 본다는 것 외에 비전에 관해서 세 번째로 알아야 할 것은 보는 만큼 얻는다는 것이다. 리더는 남들이 다 "봐야지 믿지"라고 말할 때 믿음으로 볼 줄 알아야 한다.

이 개념의 좋은 예 하나를 루이 팔라우(Luis Palau)의 책 *Dream Great Dreams*(큰 꿈을 꾸라)에서 발견할 수 있다.

> 시원한 코카콜라를 마시는 것이 얼마나 기분 좋고 상쾌한지 생각해보라. 전 세계의 수많은 사람이 이 맛을 보았다. 그것은 바로 로버트 우드러프(Robert Woodruff)의 비전 덕분이다. 코카콜라 회장 재임 시절(1923-1955년) 우드러프는 대담한 비전을 선포했다. "모든 병사가 5센트에 코카콜라를 살 수 있는 날이 올 것이다."
>
> 제2차 세계대전이 끝나자 우드러프는 자신이 죽기 전에 전 세계의 모든 사람이 코카콜라를 맛보길 원한다고 말했다. 실로 엄청난 비전의 사람이다! 우드러프와 동료들은 철저한 계획과 불굴의 인내를 통해 전 세계 모든 사람이 코카콜라를 맛보게 만들었다.

디즈니 월드(Disney World)가 처음 개장했을 때 월트 디즈니(Walt Disney)는 이미 세상을 떠났기 때문에 디즈니 여사가 강연자로 초빙되었다. 그때 한 사람이 "디즈니 여사님, 부군께서 이 광경을 보시면 정말 좋을 텐데요"라고 말했다. 그러자 디즈니 여사는 벌떡 일어나 "남편은 이미 봤어요"라고 말하며 자리에 앉았다. 그랬다. 디즈니는 오래전에 그 모습을 보았다. 로버트 우드러프도 그것을 보았다. 플립 윌슨(Flip Wilson)도 그것을 보았다. 보는 대로 얻는다.[5]

리더는 남들보다 더 많이 그리고 더 먼저 보려고 노력해야 한다. 열망이 있어야 한다. 리더는 저자 케네스 힐데브란드(Kenneth Hildebrand)가 말하는 '보통 사람'의 정반대가 되어야 한다. '보통 사람'은 '보이는 것, 눈앞에 있는 것, 자신의 손 위에 놓을 수 있는'것만 믿는 사람이다. 힐데브란드는 계속해서 이렇게 말한다.

보통 사람은 깊이가 없다. 비전이 없다. 세상에서 가장 불쌍한 사람은 명성이 없는 사람이 아니다. 꿈이 없는 사람이다. 보통 사람은 드넓은 대양을 위해 지어졌으나 연못에서 항해하는 거대한 배와도 같다. 그에게는 도달해야 할 머나먼 항구도, 넘실거리는 수평선도, 운반할 귀중한 화물도 없다. 그의 시간은 판에 박힌 시시한 일에 온통 쏠려 있다. 그가 불만족에 시달리고 다툼을 자주 일으키고 삶에 회의를 느끼는 것도 무리는 아니다. 인생 최대의 비극 중 하나는 10×12의 능력과 2×4의 영혼을 가진 사람으로 사는 것이다.[6]

훌륭한 리더들은 보통 사람으로 전락하기를 거부한다. 그들은 저 멀리 지평선에 시선을 고정하고 사람들에게 마음을 둔다. 그들은 자신의 비전에 많은 것이 달려 있음을 안다. 내 친구 릭 워렌 목사는 조직의 온도를 알려면 리더의 입에 온도계를 넣어야 한다는 옛 스승의 조언을 소개한 적이 있다.[7] 리더는 자신이 볼 수 있는 한계까지만 사람들을 데려갈 수 있다. 그 이상은 어렵다. 이것이 리더의 비전이 분명해야 하는 이유다.

비전을
키우는 법

저자 나폴레온 힐(Napoleon Hill)은 "비전과 꿈을 영혼의 자식으로서 소중히 여기라. 비전과 꿈은 궁극적인 성취의 청사진이다"[8]라고 말했다. 훌륭한 리더들은 남들보다 더 많이 그리고 더 먼저 보며, 그런 능력을 계속해서 키우기 위해 고군분투한다. 물론 쉽지 않은 일이다. 그리고 많은 사람이 그 능력이 있는 사람이 있고 없는 사람이 있다고 생각한다. 하지만 나는 그렇게 생각하지 않는다. 나는 누구나 이 영역에서 발전할 능력이 있다고 믿는다. 이 능력을 키울 방법은 다음과 같다.

더 큰 비전이
있다는 것을 알라

내 삶은 비전 키우기의 연속이었다. 그리고 사람들에게 가치를 더해 주는 것이 내 비전의 시작이었다. 현재 그 비전은 여러 형태로 발전하고, 내가 처음 꿈꾸었던 것보다 훨씬 더 확장되었다. 돌이켜보면 내 비전이 여기까지라고 생각해서 안주할 뻔했던 적이 내 인생에 두 번 있었다.

첫 번째 위기는 사람들을 도울 수 있는 교회를 성장시키겠다는 꿈이 내 안에서 처음 탄생해서 시작될 당시에 찾아왔다. 당시 나는 꿈에 있어 가장 취약한 시기였다. 그 비전이 내게 전혀 새로웠기 때문이다. 처음 도전하는 비전이라 그에 따르는 난관들을 극복하기 위한 경험이 전혀 없었다. 뿐만 아니라 당시의 나는 주변 사람들의 의견에 많이 휘둘렸다. 많은 사람이 부정적인 의견을 내놓는 바람에 불가능한 꿈으로 여겨 비전을 포기할 뻔했다.

만약 그 시절에 소아마비 백신 계발자인 조너스 소크(Jonas Salk)의 인용문을 알았다면 큰 도움이 되었을 것이다. 그는 말했다. "먼저 사람들은 당신이 틀렸다고 말할 것이다. 그 다음에는 당신이 옳지만 당신이 하는 일은 별로 중요하지 않다고 말할 것이다. 마지막으로 당신이 옳고 당신이 하는 일이 정말 중요하다고 인정하면서 사실은 원래부터 그런 줄 알고 있었다고 말할 것이다."[9]

비전을 키우는 것을 포기할 뻔했던 두 번째 시기는 40대 중반에 찾아왔다. 당시 나는 세 번째 교회에서 자리를 잡은 상태였다. 영향력 있는 자리에 앉았기 때문에 이만하면 됐다고 생각했다. 나로서는 더 이상 오를 곳이 없을 만큼 올랐다고 생각했다. 이제 어떻게 해야 할까? 안주할 것인가? 계속해서 분투할 것인가?

심리학자 주디스 메이어로위츠(Judith Meyerowitz)는 45세에 많은 사람에게 이상한 일이 일어난다고 말했다. "많은 사람이 더 큰 미래에 대한 비전을 잃어버린다. 많은 사람이 노력을 멈추고 공상만 하기 시작한다.[10] 나는 그러고 싶지 않았다. 현재 오른 산에 만족하고 싶지 않았다. 결국 나는 더 높은 산을 찾아 길을 떠났다."

지금 내가 비전을 키우는 데 집중할 수 있는 이유는 두 가지 특성이 큰 역할을 하기 때문이다. 창의성과 유연성이 그것이다. 창의성은 항상 답이 있다고 믿게 해 준다. 창의성 덕분에 상황을 다른 사람들보다 먼저 볼 수 있다. 유연성은 항상 한 가지 이상의 답이 있다는 사실을 기억나게 해 준다. 유연성 덕분에 남들보다 더 많이 볼 수 있다. 이 두 개념은 미래를 보는 나의 시각에 큰 영향을 미쳤다. 이 두 가지 특성 덕분에 나는 희소성이 아니라 풍성함의 시각으로 상황을 바라보게 되었다. 나는 절망적인 상황은 없고 절망적으로 생각하는 사람만 있다고 믿는다.

당신도 이 두 가지 특성을 기르기를 바란다. 그리고 타인이 당신의 비전을 결정하게 하지 말라. 그런 비전은 너무 작은 비전일 가능성이 높다.

더 큰 비전을 찾기 위한
프로세스를 계발하라

내가 《사람은 무엇으로 성장하는가》(The 15 Invaluable Laws of Growth)에서 소개한 설계의 법칙은 "성장을 극대화하기 위해 전략을 계발하라"라는 것이다.[11] 이 개념은 개인적인 성장만이 아니라 비전에 대해서도 똑같이 적용된다. 전략은 특정한 결과를 얻기 위한 시스템 그 이상도 이하도 아니다. 다시 말해, 원하는 곳에 빨리 이를 수 있도록 도와준다.

앞서(6장)에서 나는 폴 마르티넬리가 태도를 행동으로 옮기기 위한 프로세스(실험→실패→배움→개선→다시 시작하기)를 소개했다. 이것은 비전을 키우는 데도 매우 유용한 프로세스다.

- 실험하라 : 비전을 사람들에게 알려 안전지대에서 벗어나라. 누구에게 비전을 실험할 수 있을까? 누구에게 비전을 알려 긍정적인 반응이 나오는지 볼 것인가? 새로운 누군가에게 비전을 알릴 것인가? 실험하기 전까지는 당신의 비전으로 누가 유익을 얻을지 알 수 없다.
- 실패하라 : 실패는 문제점을 찾게 도와준다. 이것이 정말 중요하다. 문제점이 무엇인지를 알기 전까지는 문제점을 제거할 수 없다. 여러 번의 실패는 문제점을 찾는 해결의 시작이다.
- 배우라 : 배움의 열정이 겸손과 더해지면 비전을 키우는 데 꼭 필요한 것들을 배울 수 있다.
- 개선하라 : 리더는 "내가 나아지고 있는가?"라고 스스로에게 끊임없이 물어야 한다. 모든 성공한 사람의 머릿속에는 항상 이 질문이 있다. 이 질문은 개선으로 가는 길이다.
- 다시 시작하라 : 경기장으로 돌아가지 않으면 이 모든 것이 아무런 의미가 없다. 넘어졌다가 다시 일어서는 사람은 그 끈기로 존경을 받을 수 있다. 하지만 배우고 개선하고 배운 것을 적용하지 않으면 아무런 소용이 없다.

워렌 베니스(Warren Bennis)는 이렇게 말했다. "리더십은 비전을 현실로 전환하는 능력이다."[12] 이 프로세스가 당신의 비전을 현실로 전환하도록 도와줄 것이다.

비전을 키워 줄 사람들과 어울리라

5장에서 나는 짐 콜린스의 '사람 운'이란 개념을 소개했다. 이것은 우리가 아는 사람들이 우리 삶에 큰 영향을 미친다는 것이다. 내 삶을 돌아봐도 정말 그렇다. 1971년 젊은 목사였던 나는 미국에서 가장 큰 10개의 교회의 목사들에게 전화를 걸어 그들의 리더십과 성공에 관해 묻기 위한 30분의 만남을 요청했다. 그중 두 명이 승낙을 해 주었다. 나의 사람 운은 그렇게 시작되었다. 두 리더와의 대화 덕분에 나는 더 큰 비전을 품을 수 있었다. 아울러 두 리더는 처음에 내 부탁을 거절했던 여덟 명과의 만남도 주선해주었다.

이 외에도 내 삶 속에는 내 비전과 포부를 키워 준 사람들과의 만남이 수없이 많았다. 두 리더를 만난 뒤로 나는 내 리더십과 비전을 키워 줄 사람들과 경험들을 적극적으로 찾았다. 그 기나긴 여행에서 나는 다음과 같은 사실을 배웠다.

- 적절한 장소에서 적절한 사람들과 보내는 시간은 단순히 어울리는 시간이 아니라 투자다. 그 시간에 나는 최고의 투자수익률을 올린다.
- 사람 운의 90퍼센트는 의도의 결과이며 10퍼센트만 운이다. 가만히 앉아서 필요한 사람이 찾아오기를 바라는 것은 곤란한 일이다. 단순한 바람은 전략이 아니다.
- 위대한 사람들의 곁에서 성장하지 않는 것은 불가능하다. 이런 종류의 경험은 우리의 삶을 변화시킬 수 있다.

- 적절한 사람들을 만나기 위한 최선의 방법은 적절한 질문을 던지는 것이다. "내가 알아야 할 것을 아는 사람은 누구인가?"
- 사전 준비와 사후 반성은 이런 경험의 유익을 극대화한다.
- 이런 노력을 팀원들과 같이 하는 것이 함께 성장하기 위한 최선의 방법이다. 가능하면 팀원들과 함께하라.
- 적절한 사람과의 두 번째 만남이 가장 중요하다. 다시 만났다는 것은 둘 다 서로의 가치를 느끼고 있다는 뜻이며, 그것이 평생 관계의 시작이 될 수 있다.

당신을 성장시키고 당신의 비전을 키워 줄 사람들을 적극적으로 찾고 있는가? 이것이 당신의 최우선순위 중 하나인가? 그렇지 않다면 그렇게 만들라.

비전을 키워 주기 위한
질문을 던지라

《인생의 중요한 순간에 다시 물어야 할 것들》(*Good Leaders Ask Great Questions*)에서 나는 질문이 기회의 문을 열어 주는 열쇠라고 말했다.[13] 최근 뉴욕 시에 있을 때 한 기자에게 이런 질문을 받았다. "선생님의 30대 때 리더십과 현재 리더십의 가장 큰 차이점은 무엇인가요?"

나는 잠시 생각한 뒤 대답했다. "30대에는 지시를 많이 내렸지만 지금은 질문을 많이 합니다."

비전을 찾으면 길을 찾은 셈이다. 하지만 찾아야 할 것이 또 하나 있다. 그 비전을 함께 이루어 줄 사람을 찾는 것도 그에 못지않게 중요하다. 사람들을 만났을 때 던진 질문을 통해 함께해야 할 사람인지 판단할 수 있다. 또한 질문은 대화의 장을 열어, 비전을 키우는 데 도움이 되는 좋은 아이디어를 교환하게 해 준다.

추측으로 사람들을 이끌면 리더십의 악몽으로 이어지기 쉽지만, 적절한 질문은 그릇된 추측을 가려낸다. 더 크게 성공한 사람을 만날수록 더 좋은 질문이 필요하며, 더 좋은 답을 얻을 수 있다.

비전을 키우기 위해
매일 의식적으로 성장하라

나는 내 능력과 비전을 키우기 위한 개인적인 성장을 끊임없이 추구한다. 오래전 나이팅게일(Earl Nightingale)에게서 "한 가지 주제에 관해 5년간 하루에 1시간씩 투자하면 그 주제에 관한 전문가가 될 수 있다"라는 말을 듣고 리더십의 영역에서 그 조언을 따르기로 결심했다. 그때부터 매일 하루에 1시간씩 리더십을 공부했다.

처음 2년간은 스스로에게 계속해서 "얼마나 걸릴까?"라고 물었다. 어서 전문가의 위치에 '도달하고' 싶었기 때문이다. 그런데 언제부터인가 개인적인 성장의 기쁨을 경험하기 시작했다. 나 자신이 발전하고, 나로 인해 사람들이 발전하는 모습을 보자 뿌듯하기 그지없었다. 그렇게 성장의 기쁨에 푹 빠지자 "얼마나 걸릴까?"라는 질문이 "얼마나 멀리 갈 수 있을까?"로 바뀌었다. 지난 45년간 매일같이 이 질문을 던져왔다. 아직 답은 얻지 못했고, 앞으로도 얻지 못할 것이다. 아니, 답을 얻고 싶지 않다. 성장이 너무 좋아서 끝도 없이 성장하고 싶다.

스티브 잡스(Steve Jobs)는 이런 말을 했다. "흥분되는 일, 정말 좋아하는 일을 할 때는 누가 떠밀지 않아도 하게 된다. 비전이 끌어 주기 때문이다."
지금도 나는 개인적인 성장의 끌어당김을 느끼고 있다. 성장의 열정이 계속해서 나를 더 나은 리더로 이끌고 있다.

비전을 스스로 소유하라

내가 《꿈이 나에게 묻는 열 가지 질문》(Put Your Dream to the Test)에서 던진 질문 중 하나는 소유에 관한 것이다. "내 꿈이 정말로 내 꿈인가?" 이 질문이 필요한 이유는 스스로 소유하지 않는 꿈은 이룰 수 없기 때문이다.[14] 자신의 꿈을 소유하느냐 소유하지 않느냐에 따라 무엇이 달라지는지 아래의 표를 보라.

다른 누군가가 내 꿈을 소유할 때	내가 내 꿈을 소유할 때
내게 잘 맞지 않는다	편안하게 느껴진다
어깨를 무겁게 만든다	영혼에 날개를 달아 준다
에너지를 고갈시킨다	열정을 일으킨다
잠자게 만든다	밤새 깨어 있게 만든다
나의 강점 지대에서 벗어나게 만든다	나의 안전지대에서 벗어나게 만든다

사람들에게 성취감을 준다	내게 성취감을 준다
사람들이 시켜야 억지로 한다	내가 딱 맞는 일처럼 느껴진다

꿈이나 비전을 자신의 것으로 받아들이기 전까지는 그것을 이룰 수 없다. 나아가, 리더라면 자신의 것으로 받아들이지 않은 비전을 팀원들이 받아들이기를 바랄 수 없다.

오랫동안 내가 리더십 콘퍼런스에서 가장 흔하게 받은 질문 중 하나는 "내 조직을 위한 비전을 어떻게 얻을 것인가?"였다. 이런 질문을 들을 때마다 질문자에 대한 안타까움을 느낀다. 그가 그런 질문을 던진다는 것은 리더의 필수불가결한 특성인 비전 없이 리더의 자리를 지켜왔다는 뜻이기 때문이다. 비전에 관한 질문에 답하기 전까지는 명목상 리더일 뿐이다.

당신이 팀이나 부서, 조직을 향한 비전을 자신의 것으로 받아들였기를 바란다. 혹시 그렇지 못하다면 당신을 돕고 싶다. 물론 나는 비전을 대신 줄 수 없다. 그러나 대신 당신 자신과 주변 사람들을 위한 비전을 찾는 방법을 소개하고 설명해 줄 수는 있다.

자신의 내면을 보라.

"무엇을 느끼는가?"

타인의 비전을 빌릴 수는 없다. 비전은 자기 안에서 나와야만 한다. 이런 비전을 이끌어 내는 것이 바로 열정이다. 무엇에 열정을 느끼는가? 너무 중요해서 밤새 깨어 있고 피가 끓게 만들거나 말할 수 없는 기쁨을 주는 것은 무엇인가? 이런 것이 비전에 관한 단서이다.

내가 가장 존경하는 리더 가운데 한 명은 윈스턴 처칠이다. 나는 런던을 방문할 때마다 제2차 세계대전 당시 윈스턴 처칠을 비롯한 영국의 리더들이 나치에 맞서 싸울 계획을 세웠던 지하 작전실인 처칠 워룸(Churchill War Rooms)을 찾아갔다. 처칠은 승산이 없는 지독히 암담한 순간에 영국인들에게 "절대 포기하지 말라!"라고 외치면서 이렇게 말했다. "타인의 감정을 끌어내려면 먼저 자신이 감정으로 충만해야 한다. 타인의 눈물을 자아내려면 먼저 자신이 눈물을 흘려야 한다. 사람들을 설득하려면 먼저 자신이 믿어야 한다."

비전을 추구할 때 자기 안에서부터 시작하는 것이 왜 중요한가? 세 가지 이유가 있다. 첫째, 비전을 약화시키거나 버리게 만들려는 외부의 압박이 있을 것이다. 비전은 공짜로 얻을 수 있을지 몰라도 그 비전을 이루기 위해서는 반드시 대가가 따른다. 매일 누군가 혹은 무언가가 비전의 길을 가로막을 것이다. 장애물과 반대가 끊이지 않을 것이다. 그러면 지쳐서 포기하기 직전에 이를 수 있다. 그때는 내면의 힘을 끌어내어 버텨야 한다.

둘째, 자기 안에서 탄생한 비전만이 남들에게 진정성 있게 다가갈 수 있다. 전 노트르담대학(Notre Dame University)의 전 총장 시어도어 헤스버그(Theodore Hesburgh)는 이렇게 말했다. "항상 비전을 분명하고도 설득력 있게 표현해야 한다. 확신 없는 나팔을 불어서는 안 된다."

마지막으로, 내면에서 나온 비전만이 중요한 일을 하기 위해 필요한 '무게'를 지닐 수 있다. 무게 없는 비전은 쉽게 버릴 수 있다. 쉽게 얻은 것은 쉽게 사라진다. 무게 있는 비전은 선택사항이 아니라 필수사항이다. 리더가 이 점을 이해하면 기회가 찾아오지만 이 점을 무시하면 값비싼 대가를 치른다. 리더가 비전을 자신의 것으로 받아들이면 무게가 생긴다. 그리고 그 비전의 무게는 그에게 북극성이 되어 준다.

다시 말해, 그 무게가 그를 이끌어 준다. 그 무게는 그에게 신뢰성과 진지함을 주며, 비전을 향한 여행에 기쁨을 더해 준다. 무게 없는 비전은 착각에 불과할 때가 많다. 그리고 비전 없는 무게는 대개 낙심으로 이어진다.

심리학자 칼 융(Carl Jung)은 이렇게 말했다. "자신의 마음속을 들여다볼 때 비전은 분명해진다. 밖을 보는 자는 꿈을 꾼다. 안을 보는 자는 깨어난다."

자기 내면을 보고 자신의 감정에 관심을 기울임으로 리더로서의 꿈과 비전에 대해 깨어나기 시작하라.

뒤를 보라.

"무엇을 배웠는가?"

리더의 모든 훌륭한 비전은 과거, 즉 지난 교훈과 고통, 관찰의 토대 위에서 자라난다. 예를 들어, 처음 목회의 길에 들어섰을 때 나는 행정 업무에 내 시간과 관심을 집중시켜야 한다고 생각했다. 내가 어릴 적에 본 리더십 모델은 하나같이 이 영역에 초점을 맞추었기 때문이다. 하지만 곧 내게 행정에 관한 재능이 없다는 사실을 깨달았다. 재능이 없으니 재미도 없었다. 아무리 오래 그리고 열심히 노력해도 별다른 진전이 없이 깊은 좌절감이 찾아왔다. 마침내, 더 나아질 수 없다는 점을 인정할 수밖에 없었다. 교회의 중요한 행정 업무를 직접 하는 대신, 다른 방법을 찾아야만 했다. 곧 행정에 재능과 관심이 있는 자원봉사자들의 도움을 받기 시작했다. 두 번째 교회에서는 아예 행정 사무원을 따로 두었다.

그 첫 번째 리더 역할을 통해 나는 확실한 교훈을 얻었다. 그 뒤로 나는 직접 행정 업무를 하려고 '시도한' 적조차 없다. 언제나 그 방면에서 유능한 사람들에게 그 일을 맡겼다. 덕분에 나는 자유롭게 더 나은 리더로 발전해 갈 수 있었다. 내 강점에 집중할 수 있었다.

당신의 비전에 과거의 어떤 경험들을 반영할 수 있는가? 어떤 성공, 그리고 특히 실패가 당신에게 인생과 리더십에 관해 가르쳐 주었는가? 이런 것을 당신 비전에 반영해야 한다.

주위를 보라

"다른 사람에게 무슨 일이 벌어지고 있는가?"

내면에서 비전이 탄생한 뒤에는 그 비전을 실행하도록 도와줄 사람들에게 관심을 기울여야 한다. 왜 그러한가? 《리더십 불변의 법칙》에서 설명한 수용의 법칙(The Law of Buy-In)에 따라 "사람들은 먼저 리더를 받아들인 뒤에 비전을 받아들이기" 때문이다. 사람들이 받아들이지 않은 비전은 이루어지기가 불가능하다.

훌륭한 리더들은 언제 어떻게 비전을 제시할지 판단하기 위해 주변 사람들을 유심히 살핀다. 그들은 사람들의 말을 잘 듣고서 그들을 어떻게 이끌지 판단한다. 그들은 타이밍에 관심이 많다. 그것은 타이밍의 법칙에 따라 "언제 이끌지가 무엇을 하고 어디로 갈지만큼 중요하기" 때문이다.[15]

타이밍과 관련해서, 난생 처음 교향곡 공연을 본 한 소년에 관한 이야기가 떠오른다. 소년은 화려한 홀과 화려한 차림의 사람들, 프로 오케스트라의 음악에 눈이 휘둥그레졌다. 악기 중에서 소년이 가장 좋아하는 것은 심벌즈였다. 극적인 순간에 처음 심벌즈가 챙 하고 소리를 내자 소년은 가슴이 뛰는 것을 느꼈다.

그런데 가만히 보니 심벌즈 연주자는 거의 가만히 서 있다가 가끔 한

번씩만 소리를 냈다. 그마저도 한두 번 쨍쨍 하는 것이 전부였다. 공연이 끝나고 부모는 소년을 무대 뒤로 데려가 음악가들을 만나게 해주었다. 소년은 가장 먼저 심벌즈 연주자를 찾아가 물었다. "심벌즈를 연주하려면 얼마나 많은 것을 알아야 하나요?"

그러자 심벌즈 연주자는 껄껄 웃으며 대답했다. "심벌즈를 연주하기 위해서는 많은 것을 알 필요는 없단다. 언제 심벌즈를 칠지만 알면 돼."

사람들이 준비가 될 때 좋은 아이디어는 위대한 아이디어가 된다. 사람들을 참아 주지 못하고 사람들이 받아들이지도 않은 아이디어를 막무가내로 밀어붙이면 그 아이디어를 현실로 이루지 못하고 좌절감만 맛볼 수밖에 없다. 강한 리더의 증거는 마구 앞서나가는 것이 아니라 사람들의 느린 속도에 보조를 맞추면서도 리더십을 잃지 않는 모습이다. 리더가 너무 앞서나가면 사람들에게 영향을 미칠 힘을 잃어버린다.

위를 보라,

"하나님이 당신에게 무엇을 기대하시는가?"

꿈을 자신의 것으로 받아들이기 위해 마지막으로 봐야 할 곳으로 넘어가기 전에, 하나님이 내 삶 속에서 어떻게 역사하고 계신지에 관한 이야기를 하고 싶다. 나는 신앙인이기 때문에 신앙의 양심에 따라 하나님을 배제할 수 없다. 부담스럽다면 다음 내용으로 넘어가도 좋다.

나는 하나님이 잠재력을 선물로 주셨다고 믿는다. 이 잠재력으로 이루는 일이 하나님께 드리는 나의 선물이다. 나는 모든 위대한 리더가 더 높은 곳에서 내려오는 소명을 느낀다고 믿는다. 이 소명이 그들로 하여금 두각을 나타나게 만드는 결정적인 요인이다. 소명은 남들에게 의미 있는 일을 이루기 위해 노력하게 만든다. 신앙인에게 이 소명은 바로 하나님이 주시는 것이다.

성공의 사다리를 열심히 올랐더니 그 사다리가 엉뚱한 건물에 기대어져 있다면 이 얼마나 안타까운 인생 낭비인가. 이것이 내가 하나님께 인도하심을 구하는 이유다. 그래서 성공에 대한 나의 정의는 다음과 같다.

- 하나님, 그리고 나를 향한 그분의 바람을 아는 것
- 내 잠재력을 최대한 이루는 것
- 남들에게 유익한 씨앗을 뿌리는 것

비전과 소명을 이루기 위한 하나님의 도움을 원한다면 그냥 도움을 구하기만 하면 된다. 나는 하나님을 믿지 않는 친구들에게도 이렇게 하기를 권한다. 놀라운 일이 일어날 테니 일단 한번 해 보라.

앞을 보라,

"큰 그림은 무엇인가?"

자신의 느낌, 배운 교훈, 사람들에게 일어나는 상황, 사용할 수 있는 자원들, 하나님의 기대를 살핀 뒤에는 큰 그림을 봐야 할 때다. 이것이 비전을 얻기 위한 마지막 단계다.

최근 내 친구 팀 엘모어(Tim Elmore)가 이끄는 단체인 그로잉 리더스(Growing Leaders)의 팟캐스트 방송에 출연했다. 방송 주제는 '빨리 앞으로'(Fast-Forward)였다. 인터뷰 진행자가 내게 이 주제에 관한 생각을 물었을 때 점점 빨라지는 삶의 속도가 머릿속에 떠올랐다. 앞을 바라보면 미래는 점점 더 빨리 다

가오고 있다. 나이를 먹을수록 인생이 화장실 두루마리 휴지 같다는 생각이 든다. 끝이 다가올수록 더 빨라진다.

내가 리더의 길을 처음 시작했던 50년 전에는 큰 그림을 보기가 그나마 쉬웠다. 당시는 장기 계획(10년), 중기 계획(5년), 단기 계획(1~2년)을 세우는 것이 일반적이었다. 하지만 요즘 기업들에서 장기 계획이라고 해 봐야 겨우 2년 정도다. 변화의 속도가 그만큼 빠르기 때문이다. 이런 속도에서는 남들보다 더 많이 그리고 더 먼저 보는 리더의 능력이 중요하다. 이런 능력을 갖춘 리더는 현재뿐 아니라 미래도 볼 줄 안다. 그런데 내가 리더의 길에 처음 들어섰을 때는 미래를 보는 것보다 많이 보는 것이 더 중요했다. 하지만 오늘날에는 상황이 바뀌었다고 생각한다. 이제 리더로서 성공하려면 타인보다 한발 앞을 보는 능력이 필수적이다. 오늘날에는 2등이나 3등은 없는 경우가 많다. 1등만 있고, 나머지는 다 탈락이다.

타인을 위해
비전의 그림을 그리라

비전의 가치를 이해하고, 남들보다 더 많이 더 먼저 보기로 결심하고, 비전을 발견하고 키우기 위해 꽤 노력을 했는가? 그렇다면 이제 무엇을 해야 할까? 사람들에게 비전에 관한 분명한 그림을 제시하여 동참시키기 전까지는 아무런 일도 일어나지 않는다. 내 친구 앤디 스탠리의 말처럼 비전이 분명하지 않으면 마음속의 수증기가 결국 조직 전체의 짙은 안개로 발전한다.[16]

비전에 관한 그림은 백 마디 말보다도 효과적이다. 사람들이 그림으로 생각하고 기억하면 그만큼 생생할 수밖에 없다. 그런데 리더들은 주로 말로 이 그림을 그린다. 리더들과 연설가들을 광범위하게 연구한 저자 도널드 T. 필립스(Donald T. Phillips)는 이렇게 말했다. "인간의 모든 감각 중에서 소리가 주된 지적 자극제이며 시각은 그 다음이다. 연설은 소리와 시각을 결합하기 때문에 대중 커뮤니케이션에 더없이 효과적인 방법이 될 수 있다."[17]

모든 위대한 비전은 특정한 요소들을 품고 있으며, 최고의 리더들은 이 요소들을 비전에 관한 그림에 포함시켜 사람들이 생생하게 경험할 수 있게 한다.

지평선

머나먼 지평선에 관한 리더의 비전은 사람들로 하여금 자신의 가능성이 얼마나 멀리까지 뻗어나갈 수 있는지를 보게 만든다. 각자 얼마나 멀리 혹은 높이까지 갈지는 각 사람이 결정할 바이지만, 비전에 관한 그림에 머나먼 지평선과 드높은 하늘을 많이 포함시킬 책임이 리더에게 있다.

폴 하비(Paul Harvey)는 맹인의 세상은 자신의 손이 닿는 거리까지이고, 무지한 사람의 세상은 자기 지식의 한계까지이며, 위대한 사람의 세상은 비전의 한계까지라는 말을 했다. 리더가 미래에 관한 그림을 제시하면 팀원들의 지평선이 확장된다.

태양

누구나 따스함과 희망을 원한다. 리더가 밝은 미래를 그려 주면 사람들은 따스함을 느낀다. 사람들은 리더가 그려주는 '빛'을 통해 낙관적인 시각을 얻는다. 모든 리더의 가장 중요한 책임 가운데 하나는 희망을 일으키고 유지시키는 것이다.

산

모든 비전에는 난관이 따른다. 폴라로이드(Polaroid)의 창립자 에드윈 랜드(Edwin Land)는 이렇게 말했다. "가장 먼저 해야 할 일은 비전이 정말 중요한 동시에 거의 불가능하다는 사실을 느끼게 하는 것이다. 그렇게 하면 승자에게서 의욕을 이끌어 낼 수 있다."

리더는 난관이 없는 것처럼 굴지 말아야 한다. 사람들은 그 기만을 결국 알아챘다. 리더는 난관과 장애물을 인정하되 함께 최선을 다해 그 모든 것을 극복 하겠다고 약속해야 한다.

새

독수리가 날아오르는 것을 보면 우리의 정신도 날아오른다. 사람들은 이런 종류의 고무와 격려를 필요로 한다. 그들에게 높이 날아오르는 인간 영혼의 힘을 상기시켜 주어야 한다. 조지 S. 패튼(George S. Patton)장군은 이런 말을 했다. "전쟁으로 무기로 싸울지 몰라도 승리는 사람이 거두는 것이다. 승리를 이끌어 내는 것은 따르는 사람들과 이끄는 사람의 정신이다."[18]

꽃

큰 비전을 이루려면 시간이 걸린다. 많은 에너지와 노력도 필요하다. 한 번 젖 먹던 힘까지 쓴다고 해서 그 비전이 이루어지는 것이 아니다. 따라서 사람들에게 멈추어서 꽃 향기를 맡을 시간을 주어야 한다. 정신적 감정적 육체적으로 쉬면서 회복될 시간이 필요하다. 나는 쉴 새 없이 밀어붙이기를 좋아하는 성격이다. 그래서 팀원들에게 숨 돌릴 틈을 허용하는 법을 애써 배워야만 했다.

길

사람들은 방향을 필요로 한다. 사람들은 가야 할 길을 원한다. 사람들은 길을 아는 리더, 현재의 자리에서 자신들이 원하는 자리로 데려가 줄 수 있는 리더를 원한다. 한 인디언 가이드가 위험천만한 산악지대를 어떻게 무사히 통과할 수 있냐고 묻는 질문에 이렇게 대답했다. "나는 근시와 원시가 있어요. 근시로는 바로 앞에 있는 것을 보고 원시로는 별을 보고 길을 안내하지요."

리더 자신

리더 자신을 그림에 넣지 않고 비전을 그려서는 곤란하다. 리더가 그림에 포함되어 있다는 것은 비전에 헌신하고 처음부터 끝까지 사람들과 나란히 걷겠다는 리더의 의지를 반영한다. 리더는 가이드일 뿐 아니라 따라야 할 본보기이며, 사람들이 험한 오르막길에서 끙끙거릴 때 손을 뻗어 주는 사람이어야 한다. UN대사를 지낸 워렌 R. 오스틴(Warren R. Austin)의 말처럼 "나를 들어올려 주려면 더 높은 곳에 있어야 한다."

사람들이 사랑하는 것들

사람들은 사랑하는 것들에서 가장 큰 동기를 얻는다. 이것이 우리가 그리는 그림에 이런 것을 꼭 포함시켜야 하는 이유이다. 제2차 세계대전 당시 낙하산 공장들은 이 전략의 효과를 톡톡히 보았다. 당시 낙하산이 많이 필요했지만 그것을 만드는 일은 고되고 지루했다. 하루에 8-10시간 동안 재봉틀 앞에 웅크리고 앉아 끝없는 길이의 단색 직물을 꿰매어야 했으니 오죽 지루했겠는가. 애써 만든 낙하산도 형태 없는 헝겊 더미처럼 보일 뿐이었다.

리더들은 어떻게 지루함을 물리치고 실수를 방지할 수 있었을까? 매일 아침 리더들은 직공들의 바늘 한 땀 한 땀이 생명을 구하는 귀한 일임을 상기시켰다. 리더들은 직공들에게 낙하산 하나하나가 그들의 남편과 형제, 아들이 입을 낙하산임을 기억하며 바느질을 하게 했다. 덕분에 일은 고되고 끝이 없었지만 직공들은 더 큰 그림을 보며 힘을 낼 수 있었다. 그들은 가장 사랑하는 사람들을 돕는다는 비전을 이루어가고 있었던 것이다.

담대한 행동으로 당시의 고정관념을 깨뜨린 콜럼버스는 생각할수록 대단한 인물이다. 그가 서쪽 대서양을 향해 항해를 시작할 때 그의 배에 달린 스페인 깃발에는 '이 너머는 없다'(Ne Plus Ultra)라는 문구가 적혀 있었다. 전통적으로 이 문구는 헤라클레스의 기둥으로도 알려진 스페인의 지브롤터 해협을 지칭했다. 하지만 콜럼버스가 신대륙을 발견한 후로 스페인의 찰스 5세는 국가의 모토를 '이 너머로'(Plus Ultra)로 바꾸었다. 콜럼버스를 통해 세상에 대한 사람들의 비전이 바뀌면서 서구 세계 전체가 탐험에 뛰어들게 되었다.

애플의 공동 창립자 스티브 잡스는 이렇게 말했다. "위대한 일을 하기 위한 유일한 길은 자신이 하는 일을 사랑하는 것이다. 그 일을 아직 찾지 못했다면 계속해서 찾으라. 안주하지 말라. 그 일을 찾으면 온 마음으로 알게 될 것이다."[19]

비전을 발견하면 그 비전이 우리 안에 불을 일으키고 우리를 고무시키며 우리를 안내하게 된다. 아직 비전을 찾지 못했다면 포기하지 말라. 계속해서 찾으라. 찾으면 분명히 알게 될 것이다. 비전을 찾으면 가슴 깊이 받아들이고 계속해서 키우고, 사람들에게 생생한 그림으로 보여 주라. 비전은 리더십의 필수불가결한 특성이기 때문에 그것이 없으면 당신 안의 리더를 극한까지 계발할 수 없다.

당신 안의 비전을 계발하라

비전은 리더십의 필수불가결한 특성이기 때문에 비전 없이 리더의 자리에 앉아 있다면
불행이 아닐 수 없다.

√ 당신의 비전을 찾으라

리더십에 대한 분명한 비전이 없다면 이번 장에서 소개한 다섯 가지 질문을 던지고 답하
는 시간을 꼭 내라.

1. 당신의 내면을 보라 : 어떤 느낌이 드는가?

2. 당신의 뒤를 보라 : 무엇을 배웠는가?

3. 당신의 주위를 보라 : 사람들에게 어떤 일이 일어나고 있는가?

4. 당신의 위를 보라 : 하나님이 당신에게 무엇을 기대하시는가?

5. 당신의 앞을 보라 : 큰 그림은 무엇인가?

√ 당신의 비전을 키우라

당신이 이끄는 사람들보다 더 많이, 더 먼저 보고 있는가? 큰 그림을 보고 타인보다 먼저 문제를 보는가? 아니면 상황을 제대로 보지 못할 때가 많은가? 팀원들이 리더인 당신에게 문제와 난관을 미리 이야기해 주어야 하는가?

팀원들보다 앞서나가지 못한다면 결국 리더로서의 신뢰성을 잃고 만다. 따라서 더 많이 더 먼저 보는 능력을 키워야 한다. 그러기 위해 다음 세 가지 영역에 초점을 맞추라.

- 더 큰 꿈을 꾸게 자극해 줄 사람들과 어울리라 : 큰 생각과 꿈을 품은 사람을 알고 있는가? 그 사람에게 만남을 요청하거나 기회가 닿을 때 함께 어울리라.
- 더 멀리 그리고 더 넓게 보게 해 줄 질문들을 던지라 : 모든 것을 액면 그대로 받아들이지 말라. 탐구 정신을 기르라. 당신의 안전지대에서 나오라.
- 비전을 키울 계획을 세우라 : 비전을 키우기 위해 무엇을 할 수 있을까? 위대한 리더와 혁신자들의 전기를 읽어야 할까? 비전을 키우기 위해 먼저 능력을 키워야 할까? 다른 문화권을 경험해야 할까? 상상력과 기대감을 발휘하라. 더 크게 생각하는 법을 배우라.

일관성을
갖기 위해
노력하라

"아무리 어려워도 옳고 중요한 일을 하도록
자신을 훈련시키는 것이야말로 자긍심과 자존감,
개인적인 만족으로 가는 확실한 길이다."
 - 브라이언 트레이시(Brian Tracy)

해리 S. 트루먼(Harry S. Truman) 미국 대통령은 이런 말을 했다. "위대한 사람들의 삶에 관해 읽다가 그들이 거둔 첫 승리는 자기 자신에 대한 승리였다는 사실을 발견했다. 그들 모두에게 자기통제가 가장 먼저였다."

모든 뛰어난 리더는 자기통제의 미덕을 갖추었다. 훌륭한 리더들은 남들을 동참시키려고 하기 전에 먼저 자신을 통제한다. 자기통제가 선행되어야 리더십에 성공할 수 있다. 자기통제는 리더십의 대가다.

대학에서 나는 그리스어와 히브리어도 배웠다. 자기통제에 해당하는 그리스어는 '엑크라테이아'(egkráteia)다. 나는 이 단어가 효과적인 리더십에 필요한 것을 잘 말해 준다고 생각한다. 이 단어는 자신을 억제한다는 뜻이다.[1] 이 단어는 자신의 삶을 억제하고, 인생의 성패를 가르는 영역들에서 자신을 수양하는 사람을 지칭한다. 리더에게 자기통제가 중요한 것은 자신을 먼저 통제해야 사람들을 제대로 이끌 수 있기 때문이다.

리더의 가장 큰 과제는 먼저 자기 자신을 이끄는 것이다. 우리 스스로 가본 곳보다 더 멀리 남들을 이끌고 갈 수는 없다. 외적으로 가기 전에 먼저 내적으로 가야만 한다. 이 대가를 치르지 않아 자신의 잠재력보다 훨씬 못 미친 곳에서 여행을 멈춘 리더가 너무도 많다. 그들은 리더십의 지름길로 가려고 한 탓에 장기적인 유익을 거두지 못했다.

가치 있는
모든 일은 오르막길이다!

우리가 리더십만이 아니라 인생의 모든 일과 관

련해서 꼭 알아야 할 사실이 하나 있다. 작년 한 해 동안 나는 어디를 가나 이 사실을 사람들에게 가르쳤다. "가치 있는 모든 일은 오르막길이다!"

"그거야 다 아는 얘기지. 자, 다음은 무엇인가?" 하지만 이것은 보통 중요한 이야기가 아니니 잠시 여유를 갖고 찬찬히 생각해 보자. 여기서 '모든 일'은 말 그대로 모든 일을 말한다. '가치 있는'은 바람직한, 적절한, 좋은, 매력적인, 유익한 것을 의미한다. 당신이 원하는 모든 일, 당신이 이루고 싶은 모든 일은 '오르막길'이다. 다시 말해, 그 일을 추구하는 것은 고되고 힘들고 어렵다.

그 의미는 단순하다. 우연한 성공 같은 것은 없다. 성공의 산에 오르고서 "내가 어떻게 이 산의 정상에 올랐는지 모르겠어. 그냥 어느 날 아침에 눈을 떠보니 이 산꼭대기이지 않겠어!"라고 말하는 사람은 없다. 사람들을 이끌고 의미 있는 일을 해낸 리더 중에 큰 노력 없이 그렇게 된 사람은 아무도 없다. 어떤 오르막길이든 의도적이고도 꾸준한 노력이 필요하다.

"가치 있는 모든 일은 오르막길이다"라는 말은 단순히 인생을 묘사하는 표현이 아니라, 자기통제가 성공적인 삶에 반드시 필요한 이유를 설명해 준다. 그런 의미에서 이번 장에서 자기통제에 관한 몇 가지 사실을 자세히 설명하고자 한다. 이 사실들을 받아들이고 그것들에 따라 행동하면 오르막길을 즐겁게 오를 수 있게 된다. 리더십의 대가를 기꺼이 치를 수 있게 된다. 자 시작해 보자.

자기통제는
오르막길을 오를 수 있게 해 준다

"삶을 개선하고 싶은가요?" 이렇게 물으면 다들 그렇다고 대답할 것이다. 문제는 삶을 개선하고 싶은가가 아니라 '어떻게' 개선할지다. 답은, 매일을 의도성을 갖고 사는 것이다. 그러기 위해서는 자기통제가 필요하다.

자기통제는 좋은 의도를 좋은 행동으로 이어 준다. 자기통제는 말과 생각뿐인 사람과 실제 결과를 내는 사람을 가르는 결정적인 요인이다. 인생에서 가장 큰 차이 중 하나는 좋은 말과 좋은 행동 사이의 차이다. 결국 우리는 무엇을 행하느냐, 우리의 행동이 주변 세상을 어떻게 변화시키느냐로 평가를 받는다. 결과가 따르지 않으면 제아무리 세상에서 가장 좋은 의도도 기껏해야 자기만족일 뿐이다. 심하면 자기기만이다. 자기통제는 결과로 가는 길을 열어 준다.

끝도 없이 준비만 하는 사람들을 알고 있는가? 시작은 잘하지만 마무리는 못하는 사람들을 알고 있는가? 나는 많이 알고 있다. 그들은 에드거 A. 게스트(Edgar A. Guest)의 '계속해서 가라'(Keep Going)라는 시를 마음에 새길 필요성이 있다.

> 가끔 그렇듯이 일이 잘못될 때
> 터벅터벅 걷는 길이 모두 오르막길처럼 느껴질 때
> 돈은 없고 빚만 쌓여 있을 때
> 웃고 싶지만 한숨만 터져 나올 때
> 걱정이 무겁게 짓눌러올 때
> 필요하다면 쉬되 그만두지는 마시오.
> 우리 모두가 가끔씩 경험하듯이
> 우리 모두가 경험하듯이
> 인생은 새옹지마와 같소.

우리가 끝까지 포기하지 않았다면 승리했을

실패가 정말 많소.

속도가 느리게 보여도 포기하지 마시오.

한 번만 더 분발하면 성공할지 모르니

성공은 실패가 뒤집어진 것이니

의심의 은빛 구름이 일어나도

성공이 얼마나 가까운지 알 수 없는 법

성공은 멀리 보일 때 가까이 있을지도 모르오.

그러니 가장 강한 공격이 날아와도 끝까지 싸우시오.

상황이 최악처럼 보여도 그만두지 마시오. [2]

자기통제를 실천하기 위해 애를 쓰던 젊은 리더 시절, 나는 눈앞의 힘든 상황에 관해서만 생각하고 말할 때가 많았다. 내가 맡은 리더의 일이 어렵게만 느껴졌다. 오르막길이 힘겹기만 했다. 내가 성장하기 위해 얼마나 큰 대가를 치르고 있는지 주변 사람들이 알아 주기를 바랐다. 당시의 나는 더 이상 오르막길을 오를 필요가 없는 날이 빨리 왔으면 하는 마음뿐이었다.

하지만 인생은 마음대로 되지 않는다. 나는 지금도 여전히 오르막길을 오르고 있다. 그러나 이제 이 길을 오르기 위한 자기통제가 더 이상 고통으로만 느껴지지 않는다. '내가 얼마나 힘든지 아무도 모를 거야. 내 슬픔을 누구도 모를 거야.'

더 이상 이런 식으로 생각하지 않는다. 인생의 무게 아래서 성장해 온 덕분이다. 이는 노련한 산악인의 상황과도 비슷하다. 또한 내 시각도 변했다. 이제 나는 지금 지고 있는 힘든 오르막길이 아닌 저 위의 목적지에 시선을 고정한다. 저 정상이 나를 부르고 위로 끌어당긴다.

내 친구 짐 휘테이커(Jim Whittaker)는 세상의 높은 산이란 산은 다 오른 베테랑 산악인이다. 하루는 나와 점심을 먹는 자리에서 그는 산악인으로서 자신의 가장 큰 성취는 함께 정상에 데려간 사람들의 숫자라는 말을 했다. 나아가 그는 등반에 관한 몇 가지 조언을 해 주었다. 그중에서 "우리는 산을 정복하는 것이 아니다. 단지 자신을 정복할 뿐이다"라는 말이 기억에 남는다. 자기 정복, 이것이야말로 모든 리더가 감당해야 할 가장 중요한 과제다.

일시적인 성공과
지속적인 성공의 차이

가치 있는 모든 일은 오르막길이라는 말에 "처음부터 끝까지"란 한마디를 덧붙이고 싶다. 이 한마디가 왜 중요할까? 누구나 잠깐 동안은 오르막길을 오를 수 있다. 거의 모든 사람이 실제로 그렇게 한다. 최소한 한 번은 그렇게 한다.

하지만 꾸준히 오를 수 있는가? 매일, 매달, 매년 계속해서 오를 수 있는가? 낙심하라고 던지는 질문이 아니다. 인간, 그리고 리더로서 잠재력을 온전히 이루기 위해 필요한 것이 무엇인지를 알기는 바라는 마음에서 던지는 질문이다.

브라이언 트레이시(Brian Tracy)는 자신의 책에서 성공에 관한 책으로 유명한 코프 코프메이어(Kop Kopmeyer)와의 우연한 만남을 소개했다. 트레이시는 코프메이어에게 그가 발견한 천 개의 성공 원칙 가운데 무엇이 가장 중요하냐고 물었다. 그러자 코프메이어는 이렇게 대답했다. "가장 중요한 성공 원칙은 그 옛날 토머스 헉슬리(Thomas Huxley)가 말한 원칙입니다. 그는 '하고 싶든 하고 싶지 않든 상관없이 해야 할 일을 해야 할 때 하라'라고 말했지요."

코프메이어는 계속해서 이렇게 말했다. "내가 독서와 경험을 통해 발견한 원칙은 이 외에도 999개가 있습니다. 하지만 자기통제가 없으면 모두 무용지물입니다."[3]

내 친구인 12스톤교회(12Stone Church)의 케빈 마이어스(Kevin Myers) 목사는 이런 표현을 사용했다. "모두가 즉각적인 해결을 추구하지만 우리에게 진정으로 필요한 것은 단련이다. 해결을 추구하는 사람들은 압박이 가시자마자 옳은 일을 멈춘다. 단련을 추구하는 사람들은 어떤 상황에서도 해야 할 일을 한다."

매일 우리는 리더십의 대가를 치를 것인지에 관한 결정 앞에 선다. 로리 베이든(Rory Vaden)은 *Take the Stairs*(계단을 오르라)에서 이 문제를 "고통의 패러독스"라는 관점으로 바라본다. 쉬운 일을 해서 단기적으로 좋아진 '기분'을 느낄 것인가? 아니면 어려운 일을 해서 장기적으로 '실제로' 좋아질 것인가? 베이든은 스스로에게 다음과 같은 질문을 던지라고 말한다.

"당장 가서 그 물건을 사야 할까? 궂은 날을 위해 돈을 저축해야 할까?"
"저 많은 디저트를 먹어야 할까? 밤에 부대끼지 않도록 참아야 할까?"
"더 노력해야 할까? 최소한도의 요구사항만 할까?"[4]

베이든은 이런 질문을 던지면 결정에 관한 고통의 패러독스를 볼 수 있다고 말한다. 그 패러독스는 다음과 같다.

단기적으로 편하면 장기적으로 힘들어진다. 반면, 단기적으로 힘들면 장기적으로 편해진다. 인생의 큰 패러독스는, 쉽다고 생각했던 길, 쉽게 보이는 길은 쉬운 것과는 거리가 멀어도 너무 먼 삶을 낳을 때가 너무도 많다는 것이다. 반대로, 가장 어렵다고 생각했던 것, 가장 어렵게 보이는 난관, 가장 가혹해 보이는 요구들이야말로 우리 모두가 원하는 쉬운 삶으로 이어지는 활동이다.[5]

베이든은 우리 안에서 당장은 더 힘이 센 감정과 삶을 장기적으로 보는 논리 사이 전쟁이 벌어지고 있다고 말한다. 꼭 나를 두고 하는 말 같다. 나는 성격이 워낙 급하고 당장의 즐거움을 좋아하기 때문이다. 나는 이 점을 진작 파악하고서, 삶을 장기적으로 보고 미래의 성공을 추구하는 사람이 되기 위한 전략을 계발했다. 그 전략을 내 책《오늘을 사는 원칙》(Today Matters)에서 소개한 바 있다. 여기서 그 전략의 요지를 간단히 소개해 보겠다. 나는 내 가치에 맞는 삶을 위해 열두 가지 중요한 결정 사항을 규명했고, 각 사항에 대해 매우 신중하고도 논리적인 결정을 내렸다. 나는 이런 결정을 나의 '매일의 12가지'로 부른다. 내 목표는 이 12가지 가치에 따라 매일 모든 결정을 내리는 것이다.

딱 오늘만 … 옳은 태도를 선택하고 보일 것이다.

딱 오늘만 … 좋은 가치를 품고 실천할 것이다.

딱 오늘만 … 내 가족과 커뮤니케이션하고 그들을 돌볼 것이다.

딱 오늘만 … 건강을 위한 가이드라인을 알고 따를 것이다.

딱 오늘만 … 중요한 우선순위들을 정하고 그에 따라 행동할 것이다.

딱 오늘만 … 책임을 받아들이고 책임감을 보일 것이다.

딱 오늘만 … 적절한 약속을 하고 지킬 것이다.

딱 오늘만 … 좋은 관계를 쌓고 유지할 것이다.

딱 오늘만 … 돈을 벌고 잘 관리할 것이다.

딱 오늘만 … 내 믿음을 키우고 그 믿음에 따라 살 것이다.

딱 오늘만 … 자기계발을 원하고 실천할 것이다.

딱 오늘만 … 베풀 계획을 세우고 베풂의 본을 보일 것이다.

딱 오늘만 … 이런 결정에 따라 살고 이런 원칙을 실천할 것이다.

그러면 언젠가 … 잘 산 하루의 복리 효과를 보게 될 것이다.

내게 좋지 않은 일을 하고 싶은 유혹이 들 때면 나는 이 12가지를 실천
하면서 자신을 수양한다. 꾸준히 이렇게 하면 언젠가 이 열두 가지 영역에
서 큰 성공을 거둘 것이다. 여기서 관건은 꾸준함이다. 꾸준함은 복리 효
과를 만들어 내기 때문이다.

습관을 우리의 주인이 아닌

종으로 만들다

모든 사람은 좋은 희망과 포부를 품고 있다. 누구나 좋은 꿈을 갖고 있
다. 하지만 우리에겐 문제도 있다. 그것은 누구나 나쁜 습관을 갖고 있다
는 것이다. 그런 습관은 자기통제를 실천해 더 높은 곳에 오르지 못하도록
만든다. 습관은 큰 힘을 갖고 있다. 내가 오래전에 읽은 데니스 P. 킴브로
(Dennis P. Kimbro)의 다음 글을 보라.

나는 당신을 늘 따라다니는 동반자다.

나는 당신의 가장 큰 조력자이거나 가장 무거운 짐이다.

나는 당신이 전진하도록 등을 밀거나 당신을 실패하도록 끌어내린다.

나는 철저히 당신의 명령에 따른다.

당신이 하는 일의 절반은

내게 넘기는 편이 좋을 것이다.

내가 맡으면 신속하고도 정확하게 처리할 수 있다.

나는 관리하는 건 아주 쉽다.

그저 단호하게 대하기만 하면 된다.

어떤 일을 어떻게 하고 싶은지 정확히 보여 주고

몇 번만 가르쳐 주면

내가 자동적으로 해낼 것이다.

나는 모든 위대한 사람의 종이다.

그리고 안타깝게도 모든 실패자의 종이기도 하다.

위대해진 사람들은

내가 위대하게 만든 것이다.

실패한 사람들은

내가 실패하게 만든 것이다.

나는 기계는 아니지만

기계처럼 정확하게 작동한다.

게다가 인간의 지능까지 갖추고 있다.

나를 작동해 유익을 얻을 수도 있고 망할 수도 있다.

어떻게 되든 내겐 아무런 상관이 없다.

나를 가져가 훈련시키고 단호하게 대하면

내가 세상을 당신의 발아래로 가져다 줄 것이다.

나를 느슨하게 대하면 당신을 파괴할 것이다.

나는 누구일까?

나는 바로 습관이다.[6]

습관은 우리를 세워 줄 수도 무너뜨릴 수도 있다. 선택은 우리에게 달려 있다.

모든 리더는 두 가지 과제에 직면한다. 첫째, 어떻게 나쁜 습관을 좋은 습관으로 바꿀 것인가? 둘째, 어떻게 내가 이끄는 사람들이 나쁜 습관을 좋은 습관으로 바꾸도록 도울 것인가? 다시 말해, 어떻게 나와 온 팀이 나쁜 습관을 도움이 되는 좋은 습관으로 바꿀 것인가?

습관을 바꾸기 위한 첫 번째 단계는 생각을 바꾸는 것이다. 또한 남들이 생각을 바꾸도록 도우면 그들의 습관도 바꿀 수 있다. 생각은 인격을 결정한다. 그리고 인격은 행동을 결정한다. 그래서 나쁜 생각은 나쁜 습관을 낳고, 좋은 생각은 좋은 습관을 낳는다. 내가 사람들에게 딱 한 가지만 해줄 수 있다면 무엇보다도 좋은 생각을 심어 줄 것이다. 그러면 그 생각이 그들의 삶 속에서 좋은 습관을 선택하게 만들 것이기 때문이다.

좋은 생각은 신중하고 일관되고 의도적인 생각이다. 나쁜 생각은 의도적이지 않고 일관되지 못하고 불분명한 생각이다. 좋은 생각은 우리를 위로 끌어올리는 반면, 부정적인 생각은 우리를 바닥으로 끌어내린다. 둘의 차이점을 다음의 표로 살펴보자.

좋은 생각	나쁜 생각
가치가 있다	무가치하다
승리	손해
준비	복구
높은 사기	낮은 사기
높은 자존감	낮은 자존감
자기 계발	개선이 없다
목적	목적 없음
만족	공허
결과	무결과
의도적인 행동	좋은 의도
좋은 습관	나쁜 습관

구체적으로 설명해 보자. 문제나 난관을 만났을 때 아무런 긍정적인 해법이 없다고 생각하면 어떻게 반응할까? 행동을 미루고, 행동하지 않는 데 대한 변명을 하기 시작할 것이다. 하지만 변명은 발전의 길에서 벗어나는 출구다. 때로 그 결과는 비극적이다. 때로는 우스꽝스러운 결과가 따른다. 예를들어, 운전자들이 자동차 보험 회사를 상대로 다음과 같은 변명을 했다.

"교차로에 도착했을 때 갑자기 장애물이 나타나 내 시야를 가렸다." (갑자기 나타나는 울타리가 정말 싫지 않은가?)

"난데없이 투명차가 나타나 내 차를 받고 사라졌다." (슈퍼히어로처럼)

"전신주가 빠르게 다가왔다. 피하려고 했지만 놈이 결국 내 차를 들이받았다." (이 전신주들은 지능이 있다. 그리고 전혀 예측불가하다.)

"이 사고의 간접적인 원인은 큰 입을 가진 작은 차를 탄 작은 사내였다." (그림으로 그릴 수도 있다.)

"내 차를 4년간 운전하다가 운전대에서 깜박 잠이 들어서 사고가 났다." (엄청난 기록이다.)

"앞 차의 범퍼를 치지 않으려고 보행자를 쳤다!" (흥미로운 선택이다.)

"엉덩이가 아파 병원에 가는 길에 자동차의 유니버설 조인트(universal joint)가 부러져 사고가 났다." (절대 내가 건드린 게 아니다!)

생각이 부정적이면 미루고 변명하는 습관이 나타난다. 하지만 생각이 긍정적이면 책임을 지고 행동을 취하게 되어 있다. 생각이 습관을 결정하기 때문이다.

생각의 중심에는 삶을 향한 전반적인 태도가 있다. 많은 사람이 삶이 쉬워야 한다고 생각한다. 이런 생각은 노력 없이 얻기를 기대하게 만든다. 성공이 저절로 찾아오기를 가만히 앉아서 기다리게 된다. 하지만 그런 일은 일어나지 않는다. 우리는 모든 일이 저절로 이루어지기를 앉아서 기다릴 수 있다. 아니면 삶을 통제하여 일을 이루어 낼 수 있다. 스스로 삶을 통제하지 않으면 남들이 우리의 삶을 대신 통제하게 된다. 그리고 안타깝게도 그들은 우리가 원하는 것을 원하지 않을 수도 있다.

칙필에이(Chick-fil-A)의 회장 댄 케이시(Dan Cathy)는 최근 내게 내적 변화의 속도가 외적 변화의 속도보다 빨라야 한다는 말을 했다. 옳은 말이다. 생각의 변화부터 시작해서 내적으로 계속해서 성장하고 변화하라. 생각의 영역에서 자기통제를 실천하면 나쁜 습관을 긍정적인 희망으로 바꿀 수 있기 때문이다. 그 마음의 생각이 어떠하면 그 위인도 그러하다는 옛 현자의 말이 전혀 틀리지 않았다.[7]

타고나는 것이 아니라
계발되는 것이다

내가 가장 좋아하는 골프 코스 중 하나는 노스캐롤라이나 주 하이랜드 컨트리 클럽(Highlands Country Club) 안에 있다. 이 골프 코스는 바비 존스(Bobby Jones)가 오랫동안 경기를 했던 곳이다. 사실, 이 골프 코스는 1928년 존스가 첫 공을 치면서 개장했다.

바비 존스는 골프 천재로, 나중에 골프계의 전설이 되었다. 그는 1907년 다섯 살의 나이에 골프를 시작했다. 그리고 열두 살에는 대부분의 골퍼가 평생 한 번도 하지 못하는 언더파를 기록했다. 열네 살에는 미국 아마추어 챔피언십에 출전할 자격을 얻었다. 하지만 존스는 그 경기에서 우승하지 못했다. 그의 문제점은 그의 별명인 '클럽 던지기 선수'가 잘 말해 준다. 그는 이성을 잃어 경기에 지는 일이 비일비재했다. 그가 진정한 골프 잠재력을 발휘하지 못하도록 발목을 잡은 것은 기술의 부족이 아니라 급한 성질이었다. 자기통제가 부족했던 것이 부진의 원인이었다.

한편, 존스가 바트 할아버지(Grandpa Bart)라고 부른 나이 든 골퍼는 관절염으로 더 이상 경기에 출전하지 못하고 골프용품점에서 아르바이트를 하고 있었다. 하루는 그가 존스에게 말했다. "존스, 자네는 우승을 할 만큼 실력이 있지만 성질을 다스리기 전까지는 우승하지 못할 걸세. 한 번 실수했다가 화를 내면 지는 걸세."

존스는 그 노인의 말을 마음에 새겨 감정을 다스리기 시작했다. 마침내 스물한 살의 나이에 존스의 잠재력은 꽃을 피웠다. 계속해서 그는 역사상 가장 위대한 골퍼 중 한 명이 되었다. 결국 그는 그랜드슬램을 달성하고 은퇴했다. 그때 그의 나이 겨우 28세였다. 바트 할아버지는 존스의 골프 인생을 이렇게 정리했다. "존스는 14세 때 골프를 정복했지만 21세가 되어서야 자기 자신을 정복했다."

자기통제의 부족은 사람의 잠재력을 막는 뚜껑이다. 이것은 나쁜 소식이며 동시에 좋은 소식이다. 자기통제는 타고나야 하는 것이 아니라 얼마든지 계발할 수 있는 것이다. 자기통제는 주어지는 것이 아니라 노력으로 얻는 것이다. 다시 말해, 바비 존스의 경우처럼 자기통제의 뚜껑에 눌려 살았다 하더라도 얼마든지 그 뚜껑을 제거할 수 있다. 자기통제를 기를 힘이 우리 안에 있다.

자기통제를 기르기 위한 첫 번째 단계는 인식이다. 자신이 어느 영역에서 부족한지를 알아야 한다. 다행히 존스에게는 그의 문제점을 파악하고 기꺼이 지적해 줄 사람이 있었다. 하지만 누구에게나 그런 복이 있는 것은 아니다. 우리를 알고 진실을 말해 줄 수 있는 사람에게 우리가 먼저 다가가서 물어봐야 할 수도 있다.

자기통제를 기르는 데 도움이 되는 세 가지 팁을 소개한다.

TIP 1 자기통제를 갖춘 사람들은 유혹을 피한다

나의 다이어트를 코치해 주던 트레시 모로우(Traci Morrow)가 내게 이런 말을 했다. "선생님의 다이어트 성공은 마트에 달려 있습니다. 다이어트에 좋지 않은 음식을 절대 사지 마세요."

자기통제와 긍정적인 습관을 갖춘 사람들은 위험의 여지 자체를 만들지 않는다. 그들은 살을 빼고 싶으면 절대 냉장고에 인스턴트 식품을 넣어 두지 않는다. 돈을 쓰고 싶지 않으면 아예 백화점에 나가질 않는다. 그들은 유혹을 '의도적으로' 피한다.

TIP 2 자기통제를 갖춘 사람들은 언제 에너지를 써야 하는지 안다

매일 하루 종일 에너지를 100퍼센트로 쏟으며 살 수는 없다. 아니, 그럴 필요도 없다. 언제 에너지를 100퍼센트로 쏟아야 할지만 알면 된다. 왜냐하면 우리의 에너지는 한계가 있기 때문이다. 따라서 언제 에너지를 사용할지 잘 선택해야 한다.

매일 나는 내 일정표를 보며 스스로에게 묻는다. "언제 온힘을 다 쏟아야 할까?" 그런 시간을 알아낸 다음, 그 중요한 시간들에 에너지를 최대한 쏟아 낼 수 있도록 평소에 에너지를 관리한다. 덕분에 나는 자기통제를 실천해야 할 때 충분한 에너지를 발휘할 수 있다.

켈러 윌리엄스 투자개발 회사(Keller Williams Realty)의 창립자 게리 켈러(Gary Keller)는 이렇게 말했다. "매일 … 가장 중요한 것이 무엇인지 파악하라."[8] 정말 중요한 조언이다. 미리 계획해서 가장 중요한 일에 에너지를 쏟으라.

자기통제와 관련해서 두 가지 유형의 사람이 있다. 한 유형은 해야 할 일을 미루고 일단 삶을 즐긴다. 다른 유형은 당장 하기 싫어도 해야 할 일을 지금 하고, 노는 것은 나중으로 미룬다. 누구나 대가를 치러야 한다는 점을 알아야 한다. 그리고 무엇이든지 나중으로 미루면 배가된다. 예를 들어, 놀기를 미루면 나중에 더 많이 놀 수 있다. 대가를 치르는 것을 미루면 나중에 더 많은 대가를 치러야 한다. 인생에 공짜는 없다.

누구나 마음 깊은 곳에서는 이 사실을 안다. 연금을 미리 부으면 노년에 풍족하게 지낼 수 있다. 반면, 젊은 시절에 많이 쓰면 노년에 놀 수 없다. 미리미리 좋은 음식을 먹고 운동함으로써 대가를 치르면 나이를 먹어서도 건강하게 지낼 수 있다. 이런 것을 무시하면 늙어서 대가를 치른다. 선택은 각자의 몫이다.

최근 나는 학생들이 모인 자리에서 이런 말을 했다. "원하는 것만 하면 진정으로 원하는 것을 할 수 없습니다." "아니오"라고 하고 싶을 때 "네"라고 하고 "네"라고 하고 싶을 때 "아니오"라고 해야한다. 그때 자기통제가 길러진다. 인생에는 두 가지 종류의 고통이 있다. 하나는 자기통제의 고통이다. 이 고통은 옳은 일을 하면 누그러진다. 반면, 후회의 고통은 죽을 때까지 괴롭다.

자신이 강점과 열정을 보이는 영역에서
가장 쉽게 길러진다

독일 극작가 카를 추크마이어(Carl Zuckmayer)는 이렇게 말했다. "인생의 절반은 운이다. 나머지 절반은 자기통제이며, 이것은 중요한 절반이다. 자기통제가 없으면 운으로 무엇을 해야 할지 알지 못한다."

성공을 위한 자기통제를 어떻게 얻을 수 있을까? 매일 '옳은' 일을 하면 된다. 그리고 그 옳은 일에는 대개 우리가 강점과 열정을 보이는 일이 포함된다. 우리가 사랑하고 잘하는 일은 대개 우리의 옳은 일과 겹친다.

자기통제는 언제나 연료를 필요로 한다. 그중에서도 가장 강한 연료는 의욕이며, 의욕은 대개 자신의 강점과 연결되어 있다. 우리는 대개 자신이 잘하는 일과 열정을 품은 일에 의욕을 느낀다. 사랑하는 일은 아무리 해도 지루하지 않다.

강점과 열정을 보이는 영역에서 자기통제를 기르는 데 초점을 맞추면 삶이 즐거워진다. 반면, 재능도 열정도 없는 일에서 자기통제를 기르려고 하면 삶이 고되고 지루하게 느껴진다. 또한 강점과 열정의 연료로 자기통제를 기르면 그것이 긍정적인 습관으로까지 자리를 잡기가 더 쉽다. 그리고 처음에는 잘하지 못하는 일이라 해도 재능이나 열정을 보이는 일이라면 금세 실력이 늘고, 나중에는 크게 두각을 나타낼 수 있다.

나는 내 강점이 있는 영역들에서 자기통제를 기르는 데 가장 많은 시간을 투자해왔다. 그것은 그런 영역이 내 목적과 부합하기 때문이다. 내가 이 땅에 있는 '이유'를 위해 노력하면 처음의 불같은 열정과 흥분이 가라앉은 뒤에도 오랫동안 의욕이 지속된다. 이것을 '이유의 힘'이라 부를 수 있다. 이 힘은 의지의 힘만으로 충분하지 않을 때도 우리를 끝까지 이끌어준다.

인생의 시간과 에너지, 자원을 강점이나 열정이 없는 영역에 집중시키면 지금 하고 있는 일에 관해 다시 생각해 보기를 권한다. 다음과 같이 해야 할 때일지도 모른다.

- 잘하는 일을 하기 위해 잘하지 못하는 일을 그만두라.
- 열정이 가득한 일을 하기 위해 열정이 없는 일을 그만두라.
- 성과를 낼 수 있는 일을 하기 위해 성과를 내지 못하는 일을 그만두라.
- 꿈을 좇기 위해 꿈이 아닌 일을 그만두라.

하는 일을 바꾸면 즐겁고 편할까? 대개는 그렇지 않다. 하지만 가장 좋은 것을 위해 좋은 것을 포기할 줄 알아야 한다.

자기통제와 존경은
서로 연결되어 있다

자기통제만큼 자존감을 높여 주는 것도 없다. 저자이자 강연자인 브라이언 트레이시(Brian Tracy)는 이렇게 말했다. "아무리 어려워도 옳고 중요한 일을 하도록 자신을 훈련시키는 것이야말로 자긍심과 자존감, 개인적인 만족으로 가는 확실한 길이다."

존경은 자기통제의 열매다. 자존감과 타인의 존경이 모두 자기통제에서 나온다. 다른 이와 관계를 쌓는 문제에 관한 이야기를 할 때 나는 타인의 존중은 힘든 상황에서 얻어진다는 말을 자주 한다. 그런데 자존감도 힘든 상황에서 얻어진다. 힘든 상황에서 자기통제를 실천할 때 자존감을 얻을 수 있다.

성공한 사람과 성공하지 못한 사람의 차이

인격을 따라 말하는 사람들	감정에 휘둘리는 사람들
옳은 일을 할 때 기분이 좋아진다	기분이 좋아지면 옳은 일을 한다
헌신한다	편의에 따라 움직인다
원칙에 따라 결정을 내린다	인기에 따라 결정을 내린다
행동이 태도를 조절한다	태도가 행동을 조절한다
믿고 나서 본다	봐야만 믿는다
운동을 일으킨다	운동이 일어날 때까지 기다린다
"내 책임은 무엇인가?"라고 묻는다	"내 권리는 무엇인가?"라고 묻는다
문제가 발생해도 계속해서 한다	문제가 발생하면 그만둔다
꾸준하다	변덕스럽다
리더가 될 수 있다	추정자가 된다

고(故) 루이스 라무르(Louis L'Amour)는 역대 최고의 베스트셀러 작가 중 한 명이다. 그의 책은 전 세계적으로 9억 부 이상이 팔려나갔고, 1988년 그가 죽은 뒤에도 그의 책은 한 권도 빠짐없이 여전히 출간되고 있다.[9] 누군가 가 글쓰기의 비결을 묻자 그는 이렇게 대답했다. "뭐든 글을 쓰기 시작합니다. 수도꼭지를 틀지 않으면 물이 나오지 않죠."

수도꼭지를 트는 것이 시작이다. 그리고 수도꼭지를 계속 틀어 놓을

때, 즉 꾸준히 행동할 때 존경을 얻는다. 그러기 위해서 바로 자기통제가
필요하다.

자기통제는 일관성을 가능하게 하고,

일관성은 성과가 복리로 늘어나게 만든다

일관성은 그리 매력적인 단어가 아니다. 왜일까? 일관성은 금방 증명
되지 않고, 즉각적인 보상이 따르지 않기 때문이다. 요즘 사람들은 카리스
마와 천재성, 흥분, 창의성, 혁신 같은 것에 더 매료된다. 하지만 일관성을
얻기 위해 50년간 노력해 보라. 그 보상은 실로 엄청날 것이다. 일관성의
효과를 몇 가지만 소개해 보겠다.

일관성은 명성을 쌓아 준다

누구나 잠시 동안은 잘할 수 있다. 하지만 자기통제를 갖춘 사람만이
꾸준히 잘할 수 있다. 그리고 이런 꾸준함을 보이면 사람들이 주목하고, 늘
성과가 나타날 줄 기대한다.

1999년 8월 6일, 나는 사위 스티브 밀러(Steve Miller)와 함께 캐나다 몬트리
올에 다녀왔다. 우리가 그 여행을 계획한 것은 꾸준히 성과를 낸 누군가의
명성 때문이었다. 그의 이름은 바로 샌디에이고 파드리스(San Diego Padres)의
외야수 토니 그윈(Tony Gwynn)이다. 메이저리그 역사상 최고의 강타자 가운
데 하나였던 그윈은 몬트리올 엑스포스(Montreal Expos)를 상대로 결국 3,000안
타 고지를 밟았다. 프로야구 역사상 그 기록을 달성한 선수는 겨우 30명뿐
이다.[10] 그들 중 거의 대부분은 명예의 전당에 올랐다. 그윈은 어떻게 그런
대기록을 달성할 수 있었을까? 경기마다, 매년, 안타를 꾸준히 때린 덕분

이었다.

일관성은 탁월함의 필수조건이다

뭐든 처음 할 때는 잘할 수 없다. 그렇다면 왜 새로운 것을 시도할까? 우리 모두는 어딘가에서 시작을 해야 하기 때문이다. 첫 번째 단계는 기본기를 터득하는 것이다. 하지만 그 다음에는? 곧바로 탁월함에 이를 수는 없다. 그 고지로 가는 길은 바로 일관성이다. 꾸준한 연습을 통해서만 개선이 가능하다.

일관성은 남들에게 안정감을 준다

리더가 팀원들에게 줄 수 있는 것 중 하나는 안정감이다. 리더가 받을 수 있는 최고의 칭찬은 "당신은 의지할 만합니다"가 아닐까 싶다. 사람들은 일관성을 보면 기댈 만하다고 확신하고, 그 확신은 그들에게 안정감을 준다.

일관성은 우리의 비전과 가치를 더해 준다

뛰어난 리더십은 매우 시각적이다. 왜일까? 사람들은 보는 대로 하기 때문이다. 사람들에게 리더는 행동의 모델이다. 그래서 팀원들은 리더의 행동을 보면 그 행동이 좋든 나쁘든 똑같이 따라하곤 한다. 리더가 꼼수를 부리면 팀원들도 꼼수를 부린다. 리더가 늦게 나타나면 팀원들도 지각을 한다. 리더가 기분이 내킬 때만 열심을 내면 팀원들도 똑같이 한다. 하지만 리더가 '꾸준히' 대가를 치르고 일찍 출근하고 약속을 지키고 좋은 성과를 내면 대부분의 팀원들도 최선을 다한다.

일관성은 성과가 복리로 늘어나게 만든다

나는 1968년에 대중 강연을 시작했다. 1976년에는 리더들을 훈련시키기로 결심했다. 1979년에는 책을 쓰기 시작했다. 1984년에는 자료를 계발하고 만들기 시작했다. 나는 새로운 리더십의 목적을 더해도 이전 목적들을 무시하지 않았다. 이전의 성과 위에 계속해서 새로운 성과를 쌓아갔다. 지금 내가 지나온 길을 돌아보면 여태까지 이룬 성과는 나 스스로도 놀랄 정도다. 나는 1만 2천 번 이상 강연을 했다. 내 조직들은 전 세계적으로 5백만 명 이상의 리더를 훈련시켰다. 나는 1백 권이 넘는 책을 펴냈다. 내 성공은 일찍 시작해서 70대가 된 지금까지 꾸준히 노력한 결과다. 일관성의 복리효과는 이토록 대단하다.

쉬운 지름길로 가고 싶은 유혹에 시달렸던 순간들이 기억난다. 23세에 나는 열심히 준비하지 않고 즉흥적으로 해도 충분히 강연을 소화할 수 있을 정도가 되었다. 이 쉬운 길로 가도 당장 큰 무리는 없었다. 나는 이 쉬운 길로 가고 싶었다. 그렇게 하면 내가 하고 싶은 다른 일들을 할 시간이 더 많아지기 때문이었다. 하지만 마음 깊은 곳에서 그것이 실수라는 것을 알고 있었다. 재능에만 의존하면 더 나아질 수가 없었다. 그래서 나는 노력했고, 그런 결정은 계속된 성공을 가져다 주었다.

성공하는 사람들은 성공하지 못하는 사람들이 가끔씩만 하는 것을 매일 한다. 성공의 열쇠는 시작도 잘하고 마무리도 잘하는 것이다. 시작과 끝 사이에는 무엇이 있어야 할까? 일관성이 있어야 한다. 리더로서 잠재력을 온전히 이루려면 자기통제의 대가를 치러야 한다.

다음 장으로 넘어가기 전에 자기통제에 관해 마지막으로 하고 싶은 말이 있다. 내가 아는 훌륭한 리더들은 하나같이 남들을 돕기를 진심으로 원한다는 것이다. 그들은 팀원들에게 자신의 모든 것을 투자한다. 그들은 조직이 성장하기를 원한다. 그들은 팀원들이 큰일을 해내기를 원한다. 필시 당신도 이런 바람이 있을 것이다. 이 세상을 좋은 곳으로 만드는 데 일조하고 싶은가? 그렇다면 꼭 알아야 할 것이 하나 있다. 리더는 남들을 돕기에 앞서 먼저 스스로를 도와야 한다. 먼저 자신이 더 나은 사람이 되어야 한다.

비행기를 타봤다면 안전 수칙을 들어봤을 것이다. 자녀를 비롯한 위급한 사람에게 산소마스크를 씌워 주기 전에 먼저 자신부터 산소마스크를 쓰라는 기내 방송이 이륙 전에 흘러나온다. 왜 그래야 할까?

먼저 자신을 돕기 전에는 남들을 제대로 돕는 것이 불가능하기 때문이다. 자기통제는 곧 자신을 돕는 것이다. 리더는 다른 무엇보다도 자기통제를 갖추어야 한다. 그것은 자기통제가 인격과 올바른 우선순위, 영향력, 남들에 대한 섬김 같은 다른 많은 능력으로 가는 문을 열어 주기 때문이다. 먼저 자기 안의 전쟁에서 승리하면 다른 모든 승리는 이미 잡은 물고기나 다름없다.

당신 안에 자기통제를 계발하라

자기통제는 한 번만 노력하고 나서 "휴, 이제 끝났다"라고 말할 수 있는 것이 아니다. 자기통제는 매일같이 지속적으로 노력해야 하는 것이다. 하지만 좋은 소식이 있다. 자기통제를 위한 전투에서 이길수록 다음 전투는 점점 더 쉬워진다. 하나의 승리가 또 다른 승리를 뒷받침해 준다. 그리고 리더가 자기통제를 한 번 실천할 때마다 팀원들도 자기통제의 영역에서 점점 나아질 수 있다.

√ 일단 시작하라 – 승리를 차곡차곡 쌓아라

이번 장에서 말했듯이 자기통제는 주어지는 것이 아니다. 각 사람이 열심히 계발해야 하는 것이다. 지금까지 자기통제를 무시하거나 제대로 실천하지 못했다면 작은 승리들을 쌓아 성공의 발판을 만들라. 다음과 같은 영역에서 시작해 보라.

- 유혹을 피하라 : 인생의 어떤 영역에서 유혹의 상황 자체를 피해야 할까? 트레시는 내게 집에서 나쁜 음식에 대한 유혹을 느끼지 않도록 다이어트에 좋지 않은 음식을 애초에 사지 말라고 조언했다. 어떤 영역에서 유혹의 상황 자체를 만들지 말아야 할까?

- 지금 대가를 치르고 나중에 놀라 : 재미나 쉼으로 자신에게 보상하기 '전에' 간단히 할 수 있는 일을 하라. 자신에 대한 보상은 나중에 하고 먼저 자기통제를 실천할 때마다 하나의 승리를 거두는 것이다. 그 승리에 자긍심을 느끼라. 그리고 그 자긍심을, 계속해서 자기통제를 실천하기 위한 원동력으로 삼으라.

- 다시 시작하라 : 누구나 실패하며, 실패는 낙심으로 이어질 수 있다. 자기통제에 실패했다고 해서 포기하지 말라. 실패를 인정하고 거기에서 배우며 어떤 유혹을 피해야 할지 파악한 다음, 자기통제의 경주로 돌아오라.

√ 당신이 강점을 보이는 영역에서 자기통제를 기르라

강점을 가진 영역에서 자기통제의 강한 기초를 쌓거나 강화하라. 당신은 무엇을 잘하는가? 당신의 재능은 무엇인가? 무엇에 열정을 품고 있는가? 당신의 삶과 리더십을 위해 이런 것을 어떻게 이용할 수 있을까?

더 쉽게 승리할 수 있는 한 가지 영역을 찾고, 그 영역을 강화하기 위한 한 가지 활동을 정하라. 계획을 세우고 일정을 정해서 그 활동을 '꾸준히' 하라.

배우고, 배운 것을 버리고, 다시 배우는 일을 반복하라

"성장은 안전을 잠시 포기할 것을 요구한다.
성장하려면 익숙하지만 자신을 제한하는 패턴, 안전하지만 보람 없는 일,
더 이상 믿지 않는 가치, 의미를 잃어버린 관계를 포기해야 할 수 있다."
　- 게일 쉬히(Gail Sheehy)

40번째 생일에 "나는 40세이고 계속해서 나이를 세고 있다"라는 제목으로 강의 원고를 썼다. 그것은 나의 지난 성공과 실패를 돌아보면서 모든 사람이 40세까지 이루기 위해 노력해야 할 10가지를 설명하는 회고의 글이었다.

이 글을 쓴 것이 개인적으로도 너무 보람이 있었고 반응도 워낙 뜨거웠던 터라, 50번째 생일에 또 다시 강의 원고를 썼다. 제목은 "나는 50세이고 반성하고 있다 : 내가 지금까지 배운 가장 중요한 교훈들"이었다.

60번째 생일과 70번째 생일에도 당연히 강의 원고를 썼다. 제목은 각각 "나는 60세이고 복리효과를 거두고 있다"와 "나는 70세이고 변화하고 있다"다. 80번째 생일 때까지 산다면 또 다시 강의 원고를 쓸 참이다.

이 강의 원고들은 나의 지나온 인생 여정을 그대로 보여 준다. 지난 몇 십 년을 돌아보면 내가 정말 중요한 문제들을 점점 더 깊이 이해하게 되었다는 생각이 든다. 40세보다 70세가 된 지금, 내가 확신하는 것들은 더 줄어들었다. 하지만 그 몇 가지에 대해서는 전에 없이 확신하고 있다. 그중 하나, 그러니까 내가 그 강의 원고들을 돌아보면서 가장 크게 깨달은 사실은 성장이 중요하다는 것이다. 내 성장의 능력이 내 리더십의 능력을 결정했다. 지금 나는 40세 때와는 다르게, 그리고 더 효과적으로 사람들을 이끌고 있다. 그것은 단지 내가 리더의 자리에 더 오래 있었기 때문이 아니다. 그것은 내가 개인적인 성장을 늘 우선순위로 삼았기 때문이다.

몇 년 전 한 콘퍼런스의 쉬는 시간에 내 나이 또래의 한 남자가 내게 다가와 말했다. "선생님의 강연을 20년 전에 들었다면 더 좋았을 텐데요."

그때 나는 "그렇지 않습니다"라고 대답했다.

그러자 남자가 고개를 갸우뚱거렸다.

"네? 선생님의 강연을 20년 전에 들었다면 더 좋았을 겁니다."

"전혀 그렇지 않습니다."

이제 남자의 얼굴에는 혼란의 빛이 가득해졌다.

"오늘 선생님이 하신 말씀을 20년 전에 들었다면 제 인생이 바뀌었을 거예요."

"하지만 문제가 있습니다. 20년 전에는 제가 오늘과 같은 말을 할 수 없었을 겁니다. 그때는 아직 이런 것을 배우지 못했습니다." 내가 이렇게 말하자 그제야 남자의 표정은 혼란에서 이해로 변했고, 우리는 함께 한바탕 크게 웃었다.

나는 개인적인 성장에 관해 말하고 글로 쓰기를 좋아한다. 개인적인 성장은 내가 열정을 품은 일 가운데 하나이기 때문이다. 나는 늘 성장하기 위해 애쓰는 인생이 상상을 초월하는 열매로 이어진다는 사실을 직접 경험했다. 나는 성장의 힘을 분명히 보았기 때문에 어디를 가나 사람들에게 개인적인 성장을 습관으로 삼기 위한 원칙과 활동을 열심히 전해 왔다. 성장을 위한 방법이 있다. 하지만 성장의 '방법'을 배우기 전에 먼저 성장의 '이유'를 이해하고 받아들여야 한다.

성장이
중요하다

성장의 능력은 리더십의 능력을 결정한다. 성장은 중요하다. 현재 성장하지 않고 오래전에 배운 것으로만 사람들을 이끌려고 하면 당신이 리더의 자리에 있을 시간은 얼마 남지 않았다. 리더십의 발전과 확장, 미래는 개인적인 성장에 얼마나 헌신하느냐에 달려 있다. 그이유는 다음과 같다.

성장만이 미래에 더 나아질 것을
보장해 준다

2015년 7월, 나는 오하이오 주 서클빌에서 열린 고등학교 50번째 동창회에 참석했다. 나는 졸업한 뒤로 대부분의 고등학교 친구들을 보지 못했기 때문에 설레는 마음으로 친구들의 얼굴을 상상하고 만남을 고대했다. 그날 아내와 나는 늦게 도착했다. 그런데 동창회 장소로 들어가다가 나도 모르게 발걸음을 멈추고 말았다. 장소를 잘못 찾아왔나?

"여보, 여러 노인네들이 왜 이렇게 많지?"

내 말에 아내가 폭소를 터뜨렸다.

"여보, 화장실에서 가서 거울 속의 당신 얼굴을 좀 봐요!"

그날 밤 나는 옛 친구들과 옛 이야기를 나누고 함께 사진을 찍었다. 하지만 그날 모임이 끝날 무렵, 약간의 실망감이 찾아왔다. 3시간 내내 친구들은 자기 자신과 좋았던 옛날, 복용하고 있는 약에 관한 이야기만 했다. '어쩌다 이렇게 되었지?' 그런 생각을 했다. 모임을 마치고 차에 타는데 내가 너무 늙은이가 된 기분이 들었다.

세월은 늙음을 보장하지만 성장을 보장하지는 않는다. 내가 늙어가고 있는 것은 알지만 세월에 굴복할 마음은 추호도 없다. 나는 내 미래가 더 좋아지기를 원한다. 그렇게 되려면 계속해서 개인적인 성장을 이루어야 한다. 그날 저녁 호텔로 돌아온 나는 탁자 앞에 앉아 다음과 같은 글을 썼다.

늙은이처럼 행동하지 않기 위한 다섯 가지 방법

첫째, 질문을 던진다. 늙은 사람들은 호기심이 없다. 질문하지 않는 사람은 삶에 흥미를 잃은 사람이다. 나는 끝까지 호기심을 잃지 않을 것이다.

둘째, 기준을 높게 잡는다. 늙은 사람들은 기준을 낮춘다. 지쳐서 현실에 안주한다. 나는 기준을 높일 것이다.

셋째, 사람 중심이 된다. 늙은 사람들은 자기중심적이다. 늘 자신과 자신의 병, 자신의 약에 관한 이야기뿐이다. 나는 남들에게 초점을 맞출 것이다.

넷째, 자세를 의식한다. 늙은 사람들은 구부정한 자세를 취하고 있다. 어깨를 쫙 펴고 서면 더 젊어 보인다. 항상 내 자세를 신경 쓸 것이다.

다섯째, 오늘에 시선을 고정한다. 늙은 사람들은 어제에 관해 이야기한다. 나는 앞을 바라보며 오늘에 관해 이야기할 것이다.

같은 주말, 나는 내 고등학교 농구팀원들과 식사를 했다. 우리는 멋진 식사를 하고 우리 농구팀에 관한 추억을 나누었다. 이야기를 나눌수록 우리가 더 뛰어난 선수처럼 느껴졌다. 우리의 멋진 슈팅과 속공, 강력한 디펜스에 관해 쉴 새 없이 떠들었다. 우리는 우리가 최고의 팀이었다고 결론을 내렸다. 그때 톰 스미스(Tom Smith)가 불쑥 말했다.

"친구들, 내가 우리 경기 동영상을 가져왔어."

"어서 보자!"

다들 서로 주먹을 치고 하이파이브를 하며 신이 났다. 하지만 스미스가 동영상을 틀자 몇 초 만에 현실이 눈에 들어왔다. 방금 우리가 실컷 떠들었던 속도가 저거였나?

"슬로모션으로 튼 것 아냐?"

누군가가 묻자 스미스가 고개를 내저었다.

"아니야."

나는 열일곱 살의 내가 슛을 실패하는 장면을 보았다. 다들 서툴기 짝이 없었다. 볼을 빼앗기고 엉뚱한 곳으로 슛을 하고 수비는 순식간에 무너지고, 난리도 아니었다. 동영상 속의 모습은 우리가 기억하던 위대한 플레이와는 거리가 멀었다. 1쿼트를 반쯤 보다가 존 토마스(John Thomas)가 벌떡 일어나 큰 소리로 말했다. "디저트나 먹으러 가자." 그와 동시에 모두 우르르 나갔다.

그날 밤 우리는 좋았던 옛날이 사실상 별로 좋지 않았다는 사실을 깨달았다. 이 경험에서 긍정적인 측면이 하나 있다면 그것은 어제가 별로 좋아 보이지 않을 만큼 우리가 성장했다는 것이다.

개인적인 성장을 추구해야 할 이유는 한두 가지가 아니다. 개인적인 성장은 문을 열어 준다. 우리를 더 나아지게 만든다. 커리어 목표들을 이루게 해 준다. 장기적으로는, 우리 삶에 운동력을 일으킨다. 그리고 그 운동력은 더 성장하고 싶은 열망을 낳는다. 목적지에 도착하는 것보다 성장해 가는 것에 더 초점을 맞추기 시작한다. 그럴수록 실패에서 배우기가 더 쉬워진다.

하지만 이 모든 이유는 가장 중요한 한 가지 이유 앞에서 빛이 바랜다. 이 한 가지 이유는 모든 면에서 우리의 삶을 변화시키는 힘이 실로 엄청나다. 이 이유는 바로, 개인적인 성장이 희망을 키운다는 것이다. 개인적인 성장은 내일이 오늘보다 낫다는 점을 가르쳐준다. 자, 이제부터 설명해 보겠다.

성장을 추구하는 마음가짐은 희망의 씨앗이다

자연의 세계에 관해 생각해 보라. 묘목은 오랫동안 서서히 성장해서 거대한 떡갈나무가 된다. 아기는 아이로 자라고, 결국 어른이 된다. 희망도 마찬가지다. 희망은 앞을 바라본다. 희망을 품으면 더 나은 미래를 상상할 수 있다. 그런데 희망은 단순한 바람이 아니라 더 좋은 미래에 대한 굳은 믿음이다. 희망은 앞날이 더 좋다는 믿음으로 현재의 환경 너머를 바라보는 것이다.

성장의 씨앗을 심는 것은 전혀 복잡하지 않다. 아주 간단하다. 마음가짐만 바꾸면 된다. 성장이 가능하다고 믿고 성장을 추구하기로 결단하면 마음속에서 희망이 싹트기 시작한다. 초점의 변화는 첫 단계일 뿐이지만 길고 보람찬 여행의 시작이 될 수 있다.

성장의 습관은 희망을 키워 준다

성장하겠다는 결심은 중요하지만 그 결심만으로는 실제로 성장하기에 충분하지 않다. 성장이 점진적인 과정임을 인식하고 매일 노력해야만 실제로 성장을 이룰 수 있다. 다시 말해, 꾸준히 성장하는 '습관'을 길러야 한다.

매일 조금씩이라도 꾸준히 성장하면 우리 안의 희망이 점점 강해진다. 작은 단계를 완성할수록 자신이 발전하고 자신의 세상이 좋아지는 것이 눈에 들어온다. 유머 작가 개리슨 케일러(Garrison Keillor)는 이런 말을 했다. "당신이 할 수 있는 것은 많지 않지만 그것을 해야 한다. 그것이 실제로는 얼마나 많은 것인지 아무도 모른다."

성장할 때 우리가 원하는 미래가 가까워진다. 그리고 그렇게 미래를 향해 한걸음 나아갈 때마다 희망이 점점 더 활활 타오른다. 성장을 습관으로 삼으면 이런 과정이 꾸준히 지속된다.

오랫동안 성장을 꾸준히 이루면 희망이 실현된다

오랫동안 꾸준히 성장하면 희망하던 삶을 살 수 있게 된다. 매일 꾸준히 성장의 작은 단계들을 밟으면 진전이 나타난다. 그런 하루가 충분히 쌓이면 우리 자신이 변하기 시작한다. 더 나아지고 강해지며 기술도 더 좋아진다. 그렇게 우리 자신이 변하면 우리의 상황이 변한다. 그러다보면 성장이 희망을 낳고 희망이 성장을 가속화하는 선순환이 일어난다. 이런 일이 매주, 매달, 매년 반복되다보면 희망이 현실로 조금씩 이루어진다.

성장은 변화를
의미한다

내가 강연하던 콘퍼런스의 쉬는 시간에 한 젊은이가 나를 찾아와 말했다. "선생님이 하시는 일을 저도 하고 싶습니다."

내가 부러워 보였던 것이 분명하다. 하긴, 배움의 열정으로 타오르는 2천 명의 청중으로 인해 강연장이 열광의 도가니가 되었으니까 말이다. 우리 직원들 덕분에 콘퍼런스는 원활하게 진행되었고, 콘퍼런스가 끝나고서는 내 책을 사고 사인을 받으려는 사람들로 로비가 북적거렸다. 그 청년은 무대에 올라 열광하는 수많은 청중 앞에서 열정적으로 메시지를 전하는 자신의 모습을 상상했던 것 같다.

"물론 가능하죠. 이런 걸 싫어할 사람이 어디 있겠습니까?"

나는 열기가 가득한 주변을 둘러보며 말했다.

"하지만 한 가지 묻고 싶네요. 제가 이 일을 할 수 있기까지 해야 했던 것들을 할 수 있겠습니까?"

그러자 청년의 표정이 변했다. 내가 현재의 자리에 이르기까지 아주 길고 때로는 고통스러운 길을 걸어왔다는 생각은 해 보지 못했던 것이 분명하다.

우리 모두는 이 청년과 같을 때가 많다. 우리는 스타플레이어나 유명한 음악가가 그 자리에 이르기까지 감내해야 했던 희생과 고생은 보지 못할 때가 많다. 꿈을 품고 목적지까지 달려온 사람만이 그 과정에서 필요한 것을 진정으로 안다. 변화라는 대가를 치를 수 있느냐는 성장하는 사람과 그렇지 못한 사람, 꿈을 향해 성장하는 사람과 꿈만 꿀 뿐 현재의 수준에 머무는 사람을 가르는 결정적인 요인이다.

오랫동안 나는 사람들이 꿈을 이루도록 도와줄 책을 쓰고 싶었다. 하지만 헛된 희망을 주는 책을 쓰고 싶지는 않았다. 사람들을 격려하기는 하되 사람들이 헛된 바람이 아닌 현실 위에 미래를 짓도록 돕고 싶었다. 그래서 올바른 접근법을 알아내는 데 꽤 시간이 걸렸고, 결국《꿈이 나에게 묻는 열 가지 질문》을 쓰게 되었다. 이 책은 자신의 꿈을 현실로 이룰 수 있는지 판단하기 위해 던지고 답해야 할 10가지 질문을 다룬다.

이 10가지 질문 중에서 한 질문이 꿈의 실현 가능성을 판단하는 데 가장 중요하다. 그것은 바로 대가에 관한 질문인 "내 꿈을 위해 기꺼이 대가를 치르겠는가?"다. 가끔 나는 이 질문을 "내 꿈을 위해 '지속적으로' 대가를 치를 수 있겠는가?"로 바꾸곤 한다.

내 친구 제럴드 브룩스(Gerald Brooks)는 "성장의 모든 단계는 새로운 단계의 변화를 요구한다"라는 말을 자주 한다. 그렇다. 성장할수록 더 많은 대가를 치러야 한다. 나는 대개 변화라는 대가가 생각보다 더 빨리 찾아오고 생각보다 더 크며 이 대가를 생각보다 더 자주 치러야 한다는 사실을 발견했다. 사실, 지속적으로 성장하려면 지속적으로 대가를 치러야 한다.

진정한 삶은 안전지대의 끝에서 시작된다. 성장하려면 변화를 받아들여야 한다. 불편한 상황을 편하게 받아들이는 법을 배워야 한다. 안전지대의 특징은 똑같은 일을 똑같은 시간에 똑같은 사람들과 똑같은 방식으로 해서 똑같은 결과를 거두는 것이다. 많은 사람이 안전지대에 머물면서 자신의 삶이 왜 나아지지 않는지 궁금해 한다. 어리석기 짝이 없지 않은가? 매일 똑같은 일을 해서는 성공할 수 없다. 성장은 언제나 변화를 필요로 한다.

《사람은 무엇으로 성장하는가》에서 소개한 15가지 법칙 중 고무줄의 법칙은 현재와 원하는 미래 사이의 긴장을 잃으면 성장이 멈춘다는 것이다.[1] 고무줄은 어떻게 될 때 유용한가? 잡아 늘려질 때다. 잡아 늘려지지 않은 고무줄은 사실상 쓸데가 없다. 우리도 마찬가지다. 사회 비평가이자 철학자인 에릭 호퍼(Eric Hoffer)는 이렇게 말했다. "급격한 변화의 시기에 미래를 물려받는 사람은 계속해서 배울 줄 아는 사람이다. 예전에 배운 것만으로 사는 사람은 더 이상 존재하지 않는 세상에 적합한 사람이다."[2]

내가 리더십 여행의 초창기에 몸담았던 세상이 바로 그런 세상이다. 그 조직은 변화를 거부한 탓에 성장 잠재력의 대부분을 잃어버렸다(그 조직이 생각하는 진전은 조금씩 뒤로 가는 것이었다). 그곳의 사람들은 좋은 사람들이었지만 안타깝게도 내가 현재의 자리에 머물기를 원했다.

반면, 나는 새로운 성장을 경험했고 그럴수록 변화와 모험을 통해 내 잠재력을 이루고 싶다는 열망이 점점 더 강해졌다. 이 사람들과 내 꿈 사이에서 몇 개월 동안 갈등한 끝에 나는 개인적인 성장의 길로 가기로 결심했다. 게일 쉬히(Gail Sheehy)의 다음 글이 내 생각을 그대로 표현해 주고 있다.

> 변화하지 않으면 성장하지 않는 것이다. 성장하지 않으면 진정으로 사는 것이 아니다. 성장은 안전을 잠시 포기할 것을 요구한다. 성장하려면 익숙하지만 자신을 제한하는 패턴, 안전하지만 보람 없는 일, 더 이상 믿지 않는 가치, 의미를 잃어버린 관계를 포기해야 할 수 있다. 도스토옙스키(Dostoyevsky)의 말처럼 "새로운 한 발을 내딛는 것, 새로운 말을 하는 것은 사람들이 가장 두려워하는 것이다." 하지만 우리는 그 반대를 진정으로 두려워해야 한다. [3]

성장의 길은 처음에는 여간 힘들지 않았다. 성장의 산을 잘 올라가다가 미끄러지기를 반복해야 했다. 그 과정에서 내가 배워야 할 것이 얼마나 많은지를 새삼 깨달았다. 심리학자 허버트 저주이(Herbert Gerjuoy)는 이런 말을 했다. "미래의 문맹자는 읽고 쓰기를 못하는 사람이 아니라 배우고, 배운 것을 버리고, 다시 배울 줄 모르는 사람이다." [4]

나는 배우고, 배운 것을 버리고, 다시 배우는 일을 계속해서 반복해야 했다. 새로운 난관을 만날 때마다 이전과 다른 나 자신으로 성장해가야 했기 때문에 내게 변화는 일상이 되었다.

내가 더 나은 작가로 성장해온 과정이 좋은 예다. 1977년 내 멘토인 작가 레스 패럿 주니어(Les Parrott Jr.)는 내게 사람들에게 더 많은 영향력을 미치고 싶다면 책을 써야 한다고 조언했다. 그날 나는 작가가 되기로 결심했다. 결심은 순간이었지만 글을 잘 쓰는 법을 배우는 과정은 길고도 고되었다. 어엿한 작가가 되기 위해 나는 배우고, 배운 것을 버리고, 다시 배우는 과정을 따랐다.

배우라.

"오늘 나는 어제 배우지 못한 무엇을 배워야 하는가?"

나는 글쓰기에 사활을 걸었다. 글쓰기 학교에 등록하고 작가들을 인터뷰했으며 작가들에게 멘토가 되어달라고 부탁했다. 많은 책을 읽고 그 책들의 스타일을 연구하면서 내게 적합한 스타일을 계발해갔다. 무엇보다도 꾸준히 글을 썼다. 덕분에 10년간 일곱 권의 책을 썼는데, 그 모든 책의 공통점은 잘 팔리지 않았다는 것이다.

배운 것을 버리라.

"내가 어제 고수하던 것 중에서 무엇을 오늘 버려야 하는가?"

책을 쓰기로 결심하기 전까지 나의 모든 글은 강연을 위한 것이었다. 그래서 이제 새로운 글쓰기 기술을 배워야 했다. 내 글에서 강연이란 요소를 분리해야만 했다. 내게 강연은 쉬웠다. 나는 젊은 시절부터 강연을 곧잘 했다. 나는 목소리로 좌중을 사로잡고 내 성격과 카리스마를 최대한 활용하는 법을 배웠다. 청중의 반응을 읽고 청중과 연결되는 법도 배웠다. 하지만 이런 기술은 책을 위한 글쓰기에 적합하지 않았다.

다시 배우라.

"내가 어제 하던 것 중에서 오늘 바꾸어야 할 것은 무엇인가?"

나는 글로 독자들과 연결되는 법을 배워야 했다. 독자들처럼 생각하고 무대 위가 아니라 책상 앞에서 사람들의 반응을 예상하는 법을 배워야 했다. 쉽지 않은 일이었다. 나는 새로운 글쓰기 방식을 터득하기 위해 고군분투하면서 끊임없이 스스로에게 물었다. "독자가 이 장을 넘길까?" 수년간의 노력과 숱한 변화 끝에 이제 나는 독자들과 연결되는 법을 꽤 배웠노라 자신 있게 말할 수 있다.

성장의 길은 대개 외롭다. 모험하고 변화할 수 있어야 하기 때문이다. 성장은 나쁜 습관을 버리고 잘못된 우선순위를 바꾸고 새로운 사고방식을 받아들일 때 찾아온다. 성장하지 않는 사람들은 이미 알고 오랫동안 해온 방식을 버리지 못해 현재의 자리에 발이 묶여 있는 사람들이다. 그들은 실수를 통해 옳은 것을 발견하기 위한 모험을 거부한다. 아이러니하게도 그들은 옳다고 생각하는 것을 굳게 부여잡고 있는데 삶은 자꾸만 잘못되어 가기만 한다.

사람으로서, 그리고 리더로서 성장하려면 옳다고 '느껴지는' 것을 버릴 수 있어야 한다. 그래야 실제로 옳은 것을 찾을 수 있다. 꼭 똑똑하거나 재능이 많거나 운이 좋아야 하는 것이 아니다. 변화할 의지, 불편을 감수할 의지만 있으면 된다.

성장은 성공하는 사람과 그렇지 못한 사람을 가르는
결정적인 요인이다

성공하고 싶다면 평균에 만족하지 말아야 한다. 왜일까? 생각해 보라. 평균적인 식당에서의 식사를 고대해 본 적이 있는가? 평균적인 휴가를 남들에게 자랑해 본 적이 있는가? 평균적인 관계에서 깊은 만족이 느껴지던가? 평균적인 영화를 친구들에게 자신 있게 권해 줄 수 있는가? 물론, 아니다. 평균은 그리 좋은 것이 못된다. 우리는 탁월함을 추구해야만 한다.

최근 통신사 중역인 데이비드 루이스(David Lewis)가 평균의 의미에 관해서 쓴 다음 글을 발견했다.

'평균'은 친구들이 왜 더 성공하지 못했냐고 물을 때 실패자가 하는 주장이다.

'평균'은 밑바닥의 꼭대기, 최악 중 최고, 꼭대기의 밑바닥, 최고 중 최악이다. 당신은 이중 무엇인가?

'평균'은 평범하고 보잘것없고 흔하고 별 볼일 없는 것이다.

'평균'은 당당히 살아갈 용기가 없어서 되는 대로 살아가는 게으름뱅이의 변명이다.

'평균'은 아무런 목적 없이 공간만 차지하는 것, 인생을 무임승차하는 것, 자신에게 투자하신 하나님께 이자를 돌려드리지 않는 것이다.

'평균'은 죽을힘을 다해 인생을 살아가는 것이 아니라 그냥 시간만 때우는 것이다.

'평균적인' 사람은 이 세상을 떠나면 잊히는 것이다. 성공한 사람은 세상에 대한 기여로 기억되고 실패한 사람은 과감히 시도한 사람으로 기억되지만 침묵하는 다수인 '평균적인' 사람은 그냥 잊힌다.

'평균'은 자기 자신과 인류, 하나님에 대한 가장 큰 범죄다. 세상에서 가장 안타까운 비문은 이것이다. "평균 씨, 자신이 '평균'이라고 믿지만 않았다면 이룰 수 있었던 모든 것과 함께 여기 잠들다."[5]

너무 가혹한 평가처럼 들리는가? 그럴지도. 하지만 이 사람이 안전지대에서 나왔다면 분명 훌륭한 업적을 이루었을 것이다. 지금 가진 것에 만족하는 것은 좋지만, 성장하지 않고 지금의 상태에 만족하는 것은 좋지 않다.

성장의 가장 큰 보상은 그 성장을 통해 얻는 것이 아니라 성장 자체다. 나는 성장이 저절로 이루어지지 않는다는 사실을 배운 날, 개인적인 성장을 내 목표로 삼았다. 그냥 살다보면 성장하는 것이 아니다. 내가 처음 성장의 여행을 시작했을 때만 해도 목표가 많았다. 하지만 성장하고 변하면서 목표보다는 성장 자체에 더 열정을 품게 되었다. 그 결과는? 지금도 나는 늘 성장 지향적이다. 목표 지향과 성장 지향에는 큰 차이가 있다.

목표 지향	성장 지향
초점이 목적지다	초점이 여행이다
사람들의 동기를 유발한다	사람들을 성숙시킨다
시기별 목표	평생 성장
사람들이 도전하도록 자극한다	사람들을 변화시킨다
목표를 달성하면 멈춘다	목표를 달성해도 계속해서 성장한다
목표 지향적인 질문 : 얼마나 걸릴까?	성장 지향적인 질문 : 얼마나 멀리까지 갈 수 있을까?

사람들에게 내가 산을 오르는 사람이라는 말을 즐겨 한다. 그러면 나를 아는 사람들은 의심스러운 표정으로 쳐다본다. 하긴, 내 몸은 그 어떤 산도 오를 만하게 생기지 않았다. 그러면 나는 사람들이 뭐라고 말하기도 전에 "내가 오르는 산의 이름은 성장이지요"라고 말한다. 나는 매일 내 잠재력을 향해 몇 걸음을 뗀다. 70대인 지금도 여전히 성장의 산을 오르고 있다. 그 결과는 다음과 같다.

> 어제보다 성장해서 내일로 가고 있다.
> 옛 기대를 넘어 새로운 기대를 품을 만큼 성장했다.
> 지난 승리를 넘어 현재의 승리로 거둘 만큼 성장했다.
> 평범한 관계를 넘어 나날이 발전하는 관계로 성장했다.
> 예전의 모습을 넘어 더 나은 모습으로 성장했다.
> 성공한 삶을 넘어 의미 있는 삶으로 성장했다.

이쯤 하면 성장의 유익을 어느 정도 이해했으리라 믿는다. 이제 당신 안에서 성장의 열정이 불같이 타오르고 있기를 바란다. 의도성 체감의 법칙(The Law of Diminishing Intent)에 따르면, 지금 해야 할 일을 미룰수록 그 일을 결국 하지 않을 가능성이 높아진다.[6] 아직 여행을 시작하지 않았다면 오늘부터 성장의 산을 오르기 시작하라. 나와 함께 평균 이상을 향해 느리지만 꾸준히 오르지 않겠는가?

성장을 극대화하기 위해서는
전략적이어야 한다

당신의 인생에서 가장 크고 중요한 프로젝트는 바로 당신의 인생 자체다. 안타깝게도 대부분의 사람들은 인생 계획에 관해 바캉스 계획만큼도 고민하지 않는다. 하지만 저자이자 강연자인 짐 론(Jim Rohn)에 따르면 "스스로 계획을 세우지 않으면 남들의 계획에 편승하게 된다. 그런데 그들이 당신을 위해 어떤 계획을 세웠을 것 같은가? 별 다른 계획을 세우지 않았을 가능성이 높다!" 따라서 우리 스스로 의도적이고도 전략적으로 굴어야 한다.

《사업의 철학》(The E-Myth)의 저자 마이클 거버(Michael Gerber)는 "시스템은 평범한 사람들이 비범한 성과를 거두게 해 준다"라고 말했다. 전략은 바로 특정한 결과를 얻게 해 주는 시스템이다. 시스템은 고속도로와도 같다. 둘 다 우리가 원하는 곳으로 빠르고도 효율적으로 가게 해 준다. 불과 몇 년 사이에 나는 "성장 계획이란 게 뭐지?"에서 "자, 내 계획은 이런 것이고 이런 엄청난 효과가 있어!"라고 신나서 말할 수 있게 되었다. 이것이 전략적 시스템의 힘이다.

개인적인 성장을 위한 전략을 세울 때 다음 네 가지 요소를 꼭 포함시키기를 바란다.

큰 그림-어디에 성장의 초점을 맞춰야 할까?

처음에 내 성장 계획은 한마디로 요약할 수 있었다. 그냥, 성장하라! 전혀 구체적이지 않지만 일단은 그렇게 시작했다. 물론 성장하면서 내 리더십의 큰 그림을 점점 더 분명히 볼 수 있게 되었다. 그때부터 머릿속에 질문들이 떠오르기 시작했다. 어떤 영역에서 성장하기 위해 노력해야 할까?

어떤 자원이 필요한가? 그런 자원을 어디에서 얻을 수 있을까? 성장의 각 영역에 어느 정도의 시간을 투자해야 할까? 어떤 멘토들을 찾아가야 할까? 성장을 위한 어떤 경험이 필요할까? 질문 하나하나는 내 성장의 그림을 계속해서 확장시켜 주었다. 성장할수록 성장에 관한 내 그림은 점점 더 커져 갔다.

나는 활동이 곧 성과를 의미하지 않는다는 사실을 일찍이 깨달았다. 올바른 초점이 필요했다. 그래서 무엇을 언제 할지 우선순위를 짜기 시작했다. 예를 들어, 나는 아침형 인간이다. 아침은 생각하고 행동하기에 가장 좋은 시간이다. 그래서 가장 중요한 성장 프로젝트들을 이른 아침에 배치하기 시작했다.

또한 무엇을 어떻게 성장시킬지에 대해서도 개선했다. 그 결과, 다음 세 가자 주요 영역에 초점을 맞추었다.

- 내 강점 - 평균 이상으로 두각을 나타내게 해 주는, 재능 있는 영역들

  내 강점 분야에서 성장을 하면 그 분야에서 상위 10퍼센트에 이를 수 있다. 거의 모든 성공은 특정 영역에서 상위 10퍼센트 안에 들어갈 때 찾아온다. 상위 20퍼센트 안에 들어가면 남들이 주목하고 감탄한다. 상위 10퍼센트 안에 들어가면 사람들이 찾아와 따른다.

- 내 선택 - 전반적인 개선을 위해 바꾸어야 할 약점 영역들

  옳은 선택은 성장할 수 있는 가장 빠른 길이다. 왜냐하면 선택은 우리 스스로 통제할 수 있기 때문이다. 이 영역에서의 개선은 강점에 가치를 더해 준다. 나는 《최고의 나》(Talent Is Never Enough)란 책을 썼

다. 이 책의 원제처럼 재능만으로는 충분하지 않지만 재능이 좋은 선택과 결합되면 성공하기에 충분하고도 넘친다.

- 내 믿음 - 남들과의 관계에 영향을 미치는 하나님과의 관계

    내 믿음은 내 존재와 내 모든 일의 기초다. 이 분야에서의 성장은 나 자신의 삶과 내가 영향을 미치는 사람들의 삶을 부하게 해 준다.

당신의 큰 그림은 무엇으로 이루어져 있는가? 어디로 가고 싶은가? 더욱 길러야 하는 당신의 강점은 무엇인가? 가장 중요한 영역에서 자신을 개선하기 위해 어떤 선택을 해야 할까? 성장 전략에 어떤 핵심 가치들을 포함시켜야 할까? 지금 이런 질문에 답하면 보다 전략적으로 성장할 수 있다.

하지만 내가 개인적인 성장을 처음 추구할 때처럼 뭘 해야 잘 모르겠는가? 나는 일단 성장의 노력을 시작해야 했다. 그랬더니 큰 그림이 서서히 보이기 시작했다. 당신도 일단 시작하면 큰 그림이 펼쳐지기 시작할 것이다. 그 그림이 더 분명해질 때마다 성장의 우선순위를 조정해 가면 된다.

측정-내 성장을 어떻게 측정하고 수정할 것인가?

측정할 수 있는 일만 완성할 수 있다. 성장을 측정할 수 없다면 성장을 이루고 있는지 어떻게 알 수 있겠는가. 그런데 성장을 측정하는 것이 중요하긴 하지만 쉽지는 않다. 측정은 분석과 반성을 필요로 한다.

내가 경험상 진척 상황을 매일 측정하는 것보다 주기적으로 측정하는 편이 더 쉽다. 개인적인 성장을 측정하는 것은 아이의 성장을 확인하는 것과 비슷하기 때문이다. 아이를 매일 보면 성장했는지 잘 알 수가 없다. 하지만 몇 달이나 1년 뒤에 보면 변화가 확실히 눈에 들어온다.

나는 연말에 주된 평가를 한다. 한 해 동안 내 일정을 돌아보며 스스로에게 두 가지 질문을 던진다. "누가 나를 잡아 늘렸는가?" "무엇이 나를 잡아 늘렸는가?"

첫 번째 질문에 관해서 생각하면서 내 성장의 촉매제가 된 사람들의 이름을 나열한다. 그리고 어떻게 하면 다음해에 그들과 더 많은 시간을 보낼지 고민한다. 이번에는 쓸데없이 서로의 시간을 빼앗은 사람들의 이름을 적는다. 그리고 그들과 시간을 덜 보낼 방법을 고민한다.

이어서, 작년의 일정을 돌아보면서 두 번째 질문에 관해 생각한다. 어떤 아이디어와 경험, 사건, 이야기, 자원, 생각이 나를 확장시켰는지 판단한다. 그에 대한 답을 토대로 작년의 경험을 평가하고 내년에는 성장을 위해 어떤 경험을 할지 계획한다. 처음 성장을 시작할 때는 모든 사람과 모든 것이 나를 잡아 늘렸다. 하지만 성장과 경험을 거듭할수록 내 성장의 시간을 어떻게 보낼지 더욱 신중하게 판단해야만 했다. 하지만 목적은 언제나 동일하다. 나는 잡아 늘려지고 싶다.

- 한번 늘어난 정신은 원래 상태로 돌아갈 수 없다.
- 한번 늘어난 마음은 원래 상태로 돌아갈 수 없다.
- 한번 늘어난 아이디어는 원래 상태로 돌아갈 수 없다.
- 한번 늘어난 희망은 원래 상태로 돌아갈 수 없다.
- 한번 늘어난 열정은 원래 상태로 돌아갈 수 없다.
- 한번 늘어난 일은 원래 상태로 돌아갈 수 없다.
- 한번 늘어난 팀은 원래 상태로 돌아갈 수 없다.

한번 성장하면 근본적인 변화가 이루어진다. 그리고 성장하는 자신을 보면 성장을 멈추지 않고 싶어진다. 나비는 애벌레 상태로 돌아갈 수 없다. 45년간 의도적인 성장을 거듭해온 나는 예전으로 돌아갈 수 없다. 돌아가고 싶지도 않다. 당신도 그렇게 될 것이다.

일관성 - 어떻게 매일 성장할 수 있을까?

오랫동안 나는 성공의 비결이 매일 꾸준히 하는 것이라고 가르쳐왔다. 최근 전 영부인 로라 부시(Laura Bush)에게서 "우리가 가진 것은 현재뿐이다"라는 말을 들었다. 그 말을 듣고 즉시 무릎을 쳤다. 단순하면서도 심오하기 짝이 없는 말이다. 오늘은 한 번밖에 없다. 오늘을 잘 챙기다보면 반드시 엄청난 '오늘'이 올 것이다.

나는 매일 다음과 같은 방법으로 성장을 추구한다.

- 성장을 최우선순위로 삼는다. 내게 성장 없는 날은 용납되지 않는다. 나는 하루 종일 배움의 필요성을 의식하며 살아간다.
- 모든 상황 속에서 성장의 기회를 찾는다. 어느 상황에나 기회가 있음을 알기에 적극적으로 기회를 찾는다. "기회가 보이는가? 내가 이 기회를 이용했던가?" 항상 이렇게 묻는다.
- 성장에 도움이 되는 질문들을 던진다. 성장이 저절로 나를 찾아오지는 않는다. 내가 주도적으로 찾아야 한다. 나는 늘 질문을 던짐으로써 성장을 추구한다.
- 매일 배운 것을 파일로 정리한다. 최악의 시간 낭비는 잃어버린 것을 찾는 것이다. 나는 나중에 재빨리 찾을 수 있도록 아이디어와 인

용문, 이야기를 파일로 정리해서 보관한다.
- 내가 배운 것을 남들에게 전한다. 내가 발견한 것을 남들과 나눌 궁리를 '항상' 한다. 그렇게 하면 배움이 배가되기 때문이다. 또한 상대방에게도 가치를 더해 줄 수 있다.

매일 배우고 성장하기 위해 무엇을 하고 있는가? 내 목록을 사용하거나 당신만의 목록을 만들어 보라. 어떤 방법을 사용하든 성장을 위해 '언젠가'가 아니라 '매일' 노력하라.

적용 - 행동까지 나아갈 수 있는가?

지식만으로는 더 나은 사람이 될 수 없다. 적용이 필요하다. 행동으로 옮기지 않은 것은 이론에서 머물 뿐이다. 하지만 개인적인 성장의 목표는 더 나아지는 것이다. 사람으로서, 부모로서, 배우자로서, 직원으로서, 사장으로서, 리더로서 더 나아지는 것이다. 변화 앞에서 우리는 소극적으로 굴기 쉽다. 하지만 성장을 경험하려면 적극적으로 행동해야 한다.

개인적인 성장을 위해 실질적인 노력을 해야 한다. 남들은 작은 삶을 살지 몰라도 우리는 그래서는 안 된다. 남들은 자신을 희생자로 볼지 몰라도 우리는 그래서는 안 된다. 남들은 자신의 미래를 남의 손에 맡길지 몰라도 우리는 그래서는 안 된다. 남들은 하루하루를 되는 대로 살아갈지 몰라도 우리는 매일 '성장해야' 한다. 성장하기로 결심하고 끝까지 노력하라.

책이나 강의 원고를 쓸 때마다 나는 스스로에게 묻는다. "사람들이 이것을 받아들일 수 있을까? 사람들이 따라할 수 있을까? 사람들이 적용할 수 있을까? 사람들에게 도움이 될까?"

내가 왜 이런 질문을 던질까? 실천이 변화를 일으키기 때문이다. 적용하지 않으면 지식만으로는 아무런 일도 일어나지 않는다. 나는 뭔가를 배울 때마다 스스로에게 묻는다. "이것이 어디에 적용할 수 있을까? 이것을 언제 사용할 수 있을까? 누가 이것을 알아야 할까?" 이런 질문을 빨리 던지고 그 답에 따라 행동할수록 나와 남들이 더 큰 유익을 거둘 수 있다.

성장은
기쁨이다

삼십 대 때 내 멘토 중 한 명에게서 "성장은 행복이다"라는 말을 들었다. 그 말이 너무 마음에 와 닿아서 오랫동안 수없이 되뇌었다. 하지만 지금은 생각이 좀 달라졌다. 성장에 대한 이해가 더 깊어진 지금, 내게 성장은 단순한 행복이 아니라 기쁨이다.

내가 이런 말을 하는 이유는 두 가지다. 첫째, 성장은 내 안을 충만하게 만들었다. 성장은 나의 안이 밖보다 크게 만들었다. 50년 이상 나를 성장시킨 생각과 개념, 경험, 변화가 내 안을 가득 채우고 있기 때문에 내가 성장의 길에서 지치는 법은 없다. 언제나 이제 막 시작한 것처럼 에너지가 넘친다.

둘째, 리더들이 타인에게 가치를 더할 수 있도록 그들에게 가치를 더해주는 것이 내 사명인데, 그 사명을 더 잘 감당하기 위해 나를 성장시키는 것이니 기쁘지 않을 수가 없다. 저자 나폴레온 힐은 이렇게 말했다. "중요한 것은 앞으로 무엇을 할 것인가가 아니라 지금 무엇을 하고 있는가이다."

45년 동안 나는 '지금' 내 사명을 감당하려고 노력해 왔다. 그 사명이야말로 내게는 가장 보람 있는 일이다. 그 사명을 감당할 때마다 큰 기쁨을 느낀다. 그런데 내가 '지금' 그 사명을 감당할 수 있는 것은 무엇보다도 늘 성장을 최우선 사항으로 삼아왔기 때문이다. 방송인 돌리 파튼(Dolly Parton)은 "자신에게 정말로 맞는 일을 찾아 목적의식을 갖고 하라"라는 말을 했다.[7] 나는 지금까지 그렇게 해왔고, 그렇게 내게 맞는 일을 찾아서 할 때마다 말할 수 없는 기쁨을 느낀다.

나는 계속해서 세상에 긍정적인 영향을 미치고 싶다.

성장을 멈추고 싶지 않다.

내 최고의 재능을 사용하고 싶다.

나는 소명의식을 느끼고 있다.

나는 내 팀을 사랑한다.

나는 강한 책임감을 갖고 있다.

나는 새로운 도전을 사랑한다.

나는 금전적으로 보상을 받고 있다.

나는 유산을 창출하고 있다.

나는 내가 하는 일을 여전히 즐기고 있다.

당신도 이렇게 되기를 원한다. 당신도 인생의 목적에 부합하는 일을 찾고 그 일에서 성장하는 기쁨을 누리기를 바란다. 당신이 세상에 긍정적인 영향을 미치기를 바란다. 그러기 위해 당신이 자기 안의 리더를 계발하기를 바란다. 아니, 리더로서만이 아니라 인생의 모든 영역에서 잠재력을 온전히 이루기를 바란다. 폴 하비(Paul Harvey)는 이렇게 말했다. "내내 오르막길이라면 성공으로 가는 길에 있는 것이 확실하다."

성장의 길은 오르막길이지만, 이전 장에서 말했듯이 가치 있는 모든 길은 오르막길이다. 리더십 잠재력을 이루기까지 성장하는 데는 막대한 시간과 노력이 들어간다. 강한 의도성이 요구된다. 이를 악물고 노력해야 한다. 많은 시간과 돈을 쏟아 부어야 한다. 성장이 제 발로 찾아오는 법은 없다. 우리가 성장을 좇아야 한다. 뛰어난 리더십은 저절로 이루어지지 않는다. 의식적인 추구가 필요하다. 한편, 목적지만큼이나 여행 자체가 중요하다. 한 걸음을 내딛을 때마다 새로운 발견을 할 뿐 아니라 배워야 할 것이 더 많음을 더욱 절실히 깨닫는다.

너무도 많은 사람이 첫 걸음을 내딛기도 전에 이야기의 끝을 알고 싶어 한다. 이것이 그들의 한계로 작용한다. 그들은 "해 아래에는 새 것이 없나니"[8]라는 말을 듣고 집 안에 머문다. 그들은 성장을 추구하지 않는다. 그들은 인생의 깨달음이 알아서 찾아오기까지 기다린다. 하지만 물론 그런 일은 일어나지 않는다.

여행의 진정한 기쁨은 한 걸음을 내딛을 때마다 새로운 발견이 눈에 들어온다는 것이다. 새로운 것을 배운 뒤에야 우리는 뒤를 돌아보며 우리가 모르는 것이 얼마나 많았는지, 그리고 앞으로 배워야 할 것이 얼마나 많은지를 실감할 수 있다. 새로운 지식과 발견은 여행을 계속할 의지와 열정을 일으킨다. 여행을 시작하면 우리가 바라는 것이 목적지가 아님을 곧 깨닫게 된다. 여행 도중의 성장이야말로 가장 즐거운 것이다. 또한 인생의 결승선은 없음을 발견하게 된다.

성장의 여행이 당신을 어디로 데려갈까? 나도 모른다. 다만, 내가 오하이오 주의 작은 마을 서클빌에서 성장할 때는 꿈도 꾸지 못할 만큼 멀리까지 오고 많은 일을 이루었다는 사실만큼은 분명히 말할 수 있다. 그때는 지금의 내 자리를 상상조차 못했다.

자, 당신 앞에 놓인 길을 떠나라. 한 걸음을 내딛으라. 개인적인 성장을 매일의 습관으로 삼으라. 일단 눈앞의 길이 이어지는 대로 따라가라. 그리고 성장하면서 중요한 길목마다 선택을 내리라. 시간이 지나면 점점 길과 방향을 스스로 선택할 수 있게 될 것이다. 하지만 고집을 부리지 말고 언제나 열린 태도와 배움의 자세로 이 길을 가라. 매일 뜻밖의 상황에 자신을 열라. 부단히 성장하여 잠재력을 이루어가라. 그렇게 하면 절대 후회하지 않을 것이다.

당신 안의 학습자를 계발하라

개인적인 성장은 평생의 과정이므로 지금 당신이 성장을 위해서 하고 있는 일은 길지만 즐거운 여행의 출발점일 뿐이다. 6-12개월마다 여행의 과정을 점검하라.

√ 배움의 태도를 품으라

훌륭한 리더들은 하나같이 배울 줄 아는 사람들이다. 그들은 배울 기회를 일부러 찾는다. 그들은 만나는 모든 사람에게 배우기 원한다. 그들의 배움은 끝이 없다. 그들은 자신이 다 안다고 자신하지 않는다. 또한 그들은 배운 것을 버리거나 다시 배우기를 주저하지 않는다.

성장에 관한 당신의 자세는 무엇인가? 더 좋은 학습자가 되기 위해 당신의 어떤 태도를 바꾸어야 할까? 매일 뭔가를 배우기로 결심하라. 그런 다음, 그 결심이 약해지지 않도록 사람들에게 이야기하라.

√ 구체적인 성장 전략을 짜라

성장은 저절로 이루어지지 않는다. 이를 악물고 쟁취해야 한다. 성장을 매일의 습관으로 삼아야 한다. 이번 장에서 설명한 다음의 가이드라인을 바탕으로 당신의 성장 전략을 세워 보라.

- 큰 그림 : 어디에 성장의 초점을 맞춰야 할까? 성장 계획을 세워 본 적이 없다면 기본적인 것들부터 시작하라. (기본적인 것들은 무엇인가? '당신'이 생각하는 기본적인 것들부터 시작하라. 또한 멘토나 믿을 만한 동료에게 무엇이 기본적인 것들인지 물어보라. 그 목록을 출발점으로 삼으라) 개인적인 성장을 지속해왔다면 자신의 강점에 초점을 맞추라. 성장하고 싶은 세 가지 영역 중 하나를 골라 집중하라.

- 측정 : 내 성장을 어떻게 측정하고 수정할 것인가? 당신이 성장하고 있는지 어떻게 알 수 있는가? 진척 상황을 어떻게 측정할 것인가? "리더로서 성장하고 싶다"와 같은 애매한 목표를 세워서는 자신이 개선되고 있는지 알 길이 없다. 하지만 "6개월 안에 15분짜리 공식 프레젠테이션을 완벽하게 해내서 동료들에게 찬사를 받고 회의실에서 언제든지 분명하고도 단호하게 말할 수 있게 될 것이다"와 같은 목표는 측정 가능한 목표다.

- 일관성 : 어떻게 매일 성장할 수 있을까? 개인적인 성장이 매일의 활동이 되어야 한다. 성장을 매일의 습관으로 삼아야 한다. 계획하고 일정을 짜고 자원을 투자하지 않으면 성장은 이루어지지 않는다. 측정 가능한 목표를 성장 단계들로 쪼개어 매일 실천하라.

- 적용 : 행동까지 나아갈 수 있는가? 자료를 찾고 배움의 자리에 가고 성장에 필요한 경험을 추구하고 멘토들을 찾아가는 식으로 매일 배움을 위해 노력하되 반드시 그렇게 배운 것을 실천하는 데까지 나아가야 한다.

당신의 성장 목표들을 정기적으로, 이를테면 분기 혹은 6개월 혹은 1년마다 다시 점검할 것을 추천한다. 점검할 때마다 지난 성장 목표에서 거둔 성과를 평가하고 새로운 목표를 정해야 할지 판단하라. 앞서 말했듯이 나는 매년 12월의 마지막 주에 이런 활동을 한다. 당신에게 맞는 리듬을 찾기를 바란다. 어떤 리듬으로 하든 이것이 한 차례의 활동이 아님을 잊지 말라. 이것은 평생 계속해야 하는 일이다.

다음
단계는
무엇인가?

내가 25년 전 이 책의 초판을 썼을 때만 해도 리더십에 관한 책을 한 권만 쓰고 말 줄 알았다. 리더십에 관해 더 할 말이 생길 줄은 전혀 몰랐다. 하지만 그것은 오산이었다. 나는 성장과 자기계발을 위해 부단히 노력하고 있기 때문에 할 말이 더 생기지 '않을' 수가 없다. 그래서 이 책을 업그레이드할 기회를 감사히 받아들였다. 또한 1993년 이후로 다른 리더십 책들을 많이 써왔다.

당신 안의 리더십을 키우는 과정은 평생이 걸리는 여행이다. 당신이 시간을 내서 이 책을 읽고 각 장의 끝에 있는 활동을 했다면 당신의 리더십 능력에 이미 변화가 나타나기 시작했으리라 믿는다. 남들에 대한 영향력이 커졌을 것이다. 우선순위가 더 분명해지고, 그 우선순위를 더 철저히 지키기 시작했을 것이다. 인격의 전투들에서 승리하기 시작했을 것이다. 변화를 주도하고 더 뛰어난 문제 해결 능력을 발휘하기 시작했을 것이다. 남들을 믿어 주고 더 잘 섬기기 위한 태도가 형성되기 시작했을 것이다. 리더십에 관한 비전을 얻고, 그 비전을 이루기 위한 자기통제의 능력도 강해졌을 것이다. 매일 더 많은 것을 배워가고 있으리라 믿는다.

하지만 이제 겨우 시작이다. 당신 앞에 흥미진진한 모험이 끝없이 펼쳐져 있다. 리더십 기술을 끊임없이 확장하고 성장시키기를 강권한다. 이 책에서 다룬 10가지 핵심 영역을 계속해서 연마하라. 그리고 www.MaxwellLeader.com의 보너스 자료들도 잘 활용하기를 바란다. 팟캐스트도 듣고, 다른 저자들의 리더십 책도 읽으라. 특별히 나의 책《리더십 불변의 법칙》을 추천한다. 그 책에 당신이 실천하면 좋을 구체적인 리더십 원칙들을 설명해 놓았다.

우리가 리더십에 관해 알아야 할 것을 다 알게 되는 날은 오지 않는다. 어언 칠십이 된 나는 거의 50년간 리더십을 연구하고 실천해 왔지만 여전히 성장하고 있다. 첼리스트 파블로 카잘스(Pablo Casals)는 81세가 되어서도 매일 몇 시간씩 연습하는 이유를 묻는 질문에 "더 나아지는 것 같아서"라고 대답했다.[1] 누군가 내게 같은 질문을 던진다면 나도 똑같이 대답할 것이다.

카잘스의 태도를 본받아 당신 안의 리더를 계속해서 개발하라. 그것이 당신 자신을 위해서 할 수 있는 가장 좋은 일 가운데 하나다.

1장

1. James C. Georges, 1987년 1월 Executive Communication을 통해 소개된 인터뷰에서.

2. J. R. Miller, *The Every Day of Life* (New York: Thomas Y. Crowell, 1892), 246-47.

3. Warren G. Bennis and Burt Nanus, *Leaders: Strategies for Taking Charge* (New York: Harper Business Essentials, 2003), 207. 워렌 베니스, 《리더와 리더십》(황금부엉이 역간).

4. Robert L. Dilenschneider, *Power and Influence: Mastering the Art of Persuasion* (New York: Prentice Hall, 1990), 8.

5. E. C. McKenzie, *Quips and Quotes* (Grand Rapids: Baker, 1980).

6. Fred Smith, *Learning to Lead: Bringing Out the Best in People* (Waco: Word, 1986), 117.

7. James Kouzes and Barry Posner, *The Leadership Challenge: How to Make Extraordinary Things Happen in Organizations*, 5th ed. (San Francisco: Jossey-Bass, 2012), 38. 제임스 M 쿠제스와 베리 Z. 포스너, 《리더십 챌린지》(이담북스 역간)

8. "Influence", Roy B. Zuck 편집의 *The Speaker' Quote Book* (Grand Rapids: Kregel, 2009), 277.

2장

1. Jamie Cornell, "Time Management: It's NOT About Time," HuffPost's The Blog, 2016년 10월 10일, http://www.huffingtonpost.com/jamie-cornell/time-management-its-not-a_b_12407480.html?utm_hp_ref=business&ir=Business.

2. William James, *The Principles of Psychology* (New York: Henry and Holt, 1890), chap. 22. 윌리엄 제임스, 《심리학의 원리》(아카넷 역간).

3. Robert J. McKain, Tejgyan Global Foundation의 *Great Thinkers Great Thoughts: One Thought Can Change Your World…*(N.p.: O! Publishing, 2012), chap. 44에 인용.

4. Dan S. Kennedy, "5 Time Management Techniques Worth Using," *Entrepreneur*, 2013년 11월 8일, https://www.entrepreneur.com/article/229772.

5. Richard A. Swenson, *Margin: Restoring Emotional, Physical, Financial, and Time Reserves to Overloaded Lives* (Colorado Springs: NavPress, 2004), 69. 리처드 스웬슨, 《여유》(부글북스 역간)

6. John Maxwell, *The 21 Irrefutable Laws of Leadership*, 10th anniv. ed. (Nashville: Thomas Nelson, 2007), chap. 12. 존 맥스웰, 《리더십 불변의 법칙》(비즈니스북스 역간)

7. "About Emotional Intelligence," TalentSmart, http://www.talentsmart.com/about/emotional-intelligence.php.

8. Tony Schwartz, "Relax! You'll Be More Productive," *New York Times*, 2013년 2월 9일, http://www.nytimes.com/2013/02/10/opinion/sunday/relax-youll-be-more-productive.html.

9. 상동.

3장

1. Paul Vallely, *Pope Francis: Untying the Knots: The Struggle for the Soul of Catholicism*, rev. and exp. ed. (New York: Bloomsbury, 2015), 155.

2. Gary Hamel, "The 15 Diseases of Leadership, According to Pope Francis," *Harvard Business Review*, 2015년 4월 14일, https://hbr.org/2015/04/the-15-diseases-of-leadership-according-to-pope-francis의 내용을 요약.

3. 상동.

4. David Kadalie, *Leader' Resource Kit: Tools and Techniques to Develop Your Leadership* (Nairobi: Evangel, 2006), 102.

5. Stephen M. R. Covey with Rebecca R. Merrill, *The Speed of Trust: One Thing That Changes Everything* (New York: Free Press, 2006), 14. 스티븐 코비, 《신뢰의 속도》(김영사 역간).

6. James M. Kouzes and Barry Z. Posner, "Without Trust You Cannot Lead," *Innovative Leader* 8, no. 2 (1999년 2월), http://www.winstonbrill.com/bril001/html/article_index/articles351_400.html.

7. Rob Brown, *Build Your Reputation: Grow Your Personal Brand for Career and Business Success* (West

Sussex, UK: Wiley, 2016), 22-3.

8. Tim Irwin, *Derailed: Five Lessons Learned from Catastrophic Failures of Leadership* (Nashville: Thomas Nelson, 2009), 17.

9. Rosalina Chai, "Beauty of the Mosaic," Awakin.org, 2016년 2월 22일, http://www.awakin.org/read/view.php?tid=2138.

10. David Gergen, "Character vs. Capacity," *U.S. News & World Report*, 2000년 10월 22일.

11. Robert F. Morneau, *Humility: 31 Reflections on Christian Virtues* (Winona, MN: St. Mary's Press, 1997).

12. David Brooks, *The Road to Character* (New York: Random House, 2015), xii. 데이비드 브룩스, 《인간의 품격》(부키 역간).

13. 상동.

14. Parker J. Palmer, *A Hidden Wholeness: The Journey Toward an Undivided Life* (San Francisco: Wiley, 2004), 5. 파커 J. 파머, 《온전한 삶으로의 여행》(해토, 역간).

15. Brooks, *Road to Character*, 14.

16. John Ortberg, *Soul Keeping* (Grand Rapids: Zondervan, 2014), 43. 존 오트버그, 《내 영혼은 무엇을 갈망하는가》(국제제자훈련원 역간).

17. 상동 46.

18. *Webster' New World Dictionary*, 3rd college ed., s.v. "integrity."

19. Ortberg, *Soul Keeping*, 103.

20. Tom Verducci, "The Rainmaker: How Cubs Boss Theo Epstein Ended a Second Epic Title Drought," *Sports Illustrated*, 2016년 12월 19일, https://www.si.com/mlb/2016/12/14/theo-epstein-chicago-cubs-world-series-rainmaker.

4장

1. Gordon S. White Jr., "Holtz Causes Orderly Success," *New York Times*, 1988년 10월 23일, http://www.nytimes.com/1988/10/23/sports/college-football-holtz-causes-orderly-success.html.

2. Eric Harvey and Steve Ventura, *Forget for Success: Walking Away from Outdated, Counterproductive Beliefs and People Practices* (Dallas: Performance, 1997), 12.

3. 상동 2-3.

4. Malcolm Gladwell, "The Big Man Can't Shoot" (podcast), Revisionist History, episode 3, http://revisionisthistory.com/episodes/03-the-big-man-cant-shoot, 2017년 2월 10일에 확인.

5. "Wilt Chamberlain," Basketball Reference, http://www.basketball-reference.com/players/c/chambwi01.html, 2017년 2월 10일에 확인.

6. "Rick Barry," Basketball Reference, http://www.basketball-reference.com/players/b/barryri01.html, 2017년 2월 10일에 확인.

7. "Transcript: Choosing Wrong," This American Life from WBEZ (website), 2016년 6월 24일, https://www.thisamericanlife.org/radio-archives/episode/590/transcript, 2017년 2월 10일에 확인.

8. Gladwell, "The Big Man Can't Shoot."

9. Lightbulbjokes.com, http://www.lightbulbjokes.com/directory/a.html에 소개된 것을 수정, 2017년 2월 10일에 확인.

10. Rick Warren, "Why Your Way Isn't Working," Crosswalk.com, 2016년 7월 12일, http://www.crosswalk.com/devotionals/daily-hope-with-rick-warren/daily-hope-with-rick-warren-july-12-2016.html.

11. "Madmen They Were. The Greatest Pitch of Them All. True Story," StreamAbout (blog), 2012년 3월 23일, http://streamabout.blogspot.com/2012/03/madmen-they-were-greatest-pitch-of-them.html.

12. "Peter Marsh, Advertising Executive—bituary," Telegraph, 2016년 4월 12일, http://www.telegraph.co.uk/obituaries/2016/04/12/peter-marsh-advertising-executive-obituary/.

13. Samuel R. Chand, *8 Steps to Achieve Your Destiny: Lead Your Life with Purpose* (New Kensington, PA: Whitaker House, 2016), Kindle edition, loc. 997 of 1895.

14. Mac Anderson, 212 *Leadership: The 10 Rules for Highly Effective Leadership* (Napierville, IL: Simple Truths, 2011), Kindle edition, 33-4.

15. 1964년 5월 로버트 케네디가 펜실베이니아 대학 강연 중에 한 말을 조금 바꾸었다.

16. Mac Anderson and Tom Feltenstein, *Change Is Good . . . You Go First: 21 Ways to Inspire Change* (Napierville, IL: Sourcebooks, 2015).

17. Winston Churchill, *His Complete Speeches, 1897-1963*, Robert Rhodes James 편집, vol. 4 (1922-928) (N.p.: Chelsea House, 1974), 3706.

18. Maxwell, *The 21 Irrefutable Laws of Leadership*, 169.

5장

1. M. Scott Peck, The Road Less Traveled (New York: Touchstone, 1978), 15. 스캇 펙, 《아직도 가야 할 길》(열음사 역간).

2. Paul Larkin, "3 Principles of Pragmatic Leaders," LinkedIn, 2015년 7월 19일, https://www.linkedin.com/pulse/3-principles-pragmatic-leaders-paul-larkin/.

3. Jim Collins, Good to Great, (New York: Harper Collins, 2001), 81. 짐 콜린스, 《좋은 기업을 넘어 위대한 기업으로》(김영사 역간).

4. "Expectancy-Value Theory of Motivation, Psychology Concepts, http://www.

psychologyconcepts.com/expectancy-value-theory-of-motivation/, 2017년 2월 14일에 확인.

5. Louis E. Bisch, "*Spiritual Insight*," Leaves of Grass, Clyde Francis Lytle 편집. (Fort Worth: Brownlow, 1948), 14.

6. Maxwell, *The 21 Irrefutable Laws of Leadership*, 103.

7. Victor Goertzel and Mildred Goertzel, *Cradles of Eminence*, 2nd ed. (Boston: Great Potential Press, 1978), 282.

8. Glenn Llopis, "The 4 Most Effective Ways Leaders Solve Problems," Forbes, 2013년 11월 4일, http://www.forbes.com/sites/glennllopis/2013/11/04/the-4-most-effective-ways-leaders-solve-problems/#397e9edf2bda.

9. Max De Pree, *Leadership Is an Art* (N.p.: Crown Business, 2004), 11. 맥스 드 프리, 《성공한 리더는 자기 철학이 있다》(북플래너 역간).

10. Warren Buffett's Berkshire Hathaway, Inc., 1991 Letter to Shareholders, http://www.berkshire hathaway.com/letters/1991.html에 포함된 헤니 영맨(Henny Youngman)의 유머를 수정, 2017년 2월 9일에 확인.

11. Llopis, "The 4 Most Effective Ways Leaders Solve Problems."

12. Larkin, "3 Principles of Pragmatic Leaders."

13. "John F. Kennedy and PT 109," John F. Kennedy Presidential Library and Museum, https://www.jfklibrary.org/JFK/JFK-in-History/John-F-Kennedy-and-PT109.aspx, 2017년 2월 9일에 확인.

6장

1. "Charles R. Swindoll: Quotes: Quotable Quote," Goodreads, http://www.goodreads.com/quotes/267482-the-longer-i-live-the-more-i-realize-the-impact, 2017년 9월 25일에 확인.

2. Robert E. Quinn, Deep Change: Discovering the Leader Within (San Francisco: Jossey-Bass, 1996), 21. 로버트 E. 퀸, 《딥체인지》(늘봄 역간).

3. Nell Mohney, "Beliefs Can Influence Attitudes," *Kingsport Times-News*, 1986년 7월 25일, 48.

4. Danny Cox with John Hoover, *Leadership When the Heat' On*, 2nd ed. (New York: McGraw-Hill, 2002), 88.

5. "Elisha Gray and the Telephone," ShoreTel website, https://www.shoretel.com/elisha-gray-and-telephone, 2017년 3월 1일에 확인.

6. 그의 글 "Success Principles: Do You Feel Lucky—or Fortunate?" SuccessNet.org, http://successnet.org/cms/success-principles17/lucky-fortunate에서 수정, 2017년 6월 5일에 확인.

7. Richard Jerome, "Charlton Heston 1923-008," People, 2008년 4월 21일, http://people.com/archive/charlton-heston-1923-2008-vol-69-no-15/.

8. Tim Hansel, *Through the Wilderness of Loneliness* (Chicago: D. C. Cook, 1991), 128.

9. T. Boone Pickens, *The Ultimate Handbook of Motivational Quotes for Coaches and Leaders*, Pat Williams with Ken Hussar 편집 (Monterey, CA: Coaches Choice, 2011), chap. 2.

10. Diane Coutu, "Creativity Step by Step," Harvard Business Review, 2008년 4월, https://hbr.org/2008/04/creativity-step-by-step.

11. Allison Eck, "Don't Just Finish Your Project, Evolve It," 99U, http://99u.com/articles/52033/do-you-have-a-jazz-mindset-or-a-classical-mindset, 2017년 9월 25일에 확인.

12. 상동.

13. Sarah Rapp, "Why Success Always Starts with Failure," 99U, http://99u.com/articles/7072/why-success-always-starts-with-failure, 2017년 2월 21일에 확인.

14. Heidi Grant Halvorson, "Why You Should Give Yourself Permission to Screw Up," 99U, http://99u.com/articles/7273/why-you-should-give-yourself-permission-to-screw-up, 2017년 3월 6일에 확인.

15. Kouzes and Posner, *The Leadership Challenge*.

16. Mark Batterson, *Chase the Lion: If Your Dream Doesn' Scare You, It' Too Small* (New York: Multnomah, 2016), ix.

7장

1. 에베소서 4:11-12.

2. "The Servant as Leader," Robert K. Greenleaf Center for Servant Leadership, https://www.greenleaf.org/what-is-servant-leadership/, 2017년 3월 9일에 확인.

3. Eugene B. Habecker, *The Other Side of Leadership* (Wheaton, IL: Victor Books, 1987), 217.

4. 디모데전서 6:17-19 메시지 성경.

5. S. Chris Edmonds, *The Culture Engine: A Framework for Driving Results, Inspiring Your Employees, and Transforming Your Workplace* (Hoboken: John Wiley and Sons, 2014), 67.

6. Ann McGee-Cooper and Duane Trammell, "From Hero-as-Leader to Servant-as-Leader," Focus on Leadership: Servant-Leadership for the Twenty-First Century, Larry C. Spears and Michele Lawrence 편집 (New York: John Wiley and Sons, 2002), Kindle edition, loc. 1623 of 4168.

7. "Pope to Deacons: 'You Are Called to Serve, Not Be Self-Serving,'" Vatican Radio, 2016년 5월 29일, http://en.radiovaticana.va/news/2016/05/29/pope_to_deacons_'you_are_called_to_serve,_not_to_be_self-se/1233321.

8. 허락 하에 실은 곡.

9. Dan Price, "Become a Servant Leader in 4 Steps," Success, 2017년 1월 25일, http://www.success.com/article/become-a-servant-leader-in-4-steps.

10. Alan Loy McGinnis, *Bringing Out the Best in People: How to Enjoy Helping Others Excel* (Minneapolis: Augsburg Books, 1985), 177.

11. Jim Heskett, "Why Isn't 'Servant Leadership' More Prevalent?" Working Knowledge (Harvard Business School), 2013년 5월 1일, http://hbswk.hbs.edu/item/why-isnt-servant-leadership-more-prevalent.

8장

1. Andy Stanley, *Visioneering: God Blueprint for Developing and Maintaining Vision* (Colorado Springs: Multnomah, 1999), 9. 앤디 스탠리, 《비저니어링》(디모데 역간).

2. James Allen, *As a Man Thinketh* (N.p.: Shandon Press, 2017), Kindle edition, loc. 329 of 394. 제임스 알렌(James Allen), 《위대한 생각의 힘》(문예출판사 역간).

3. 상동, loc. 75 of 394.

4. William P. Barker, *A Savior for All Seasons* (Old Tappan, NJ: Fleming H. Revell, 1986), 175-6.

5. Luis Palau, *Dream Great Dreams* (Colorado Springs: Multnomah, 1984).

6. Kenneth Hildebrand, *Achieving Real Happiness* (New York: Harper & Brothers, 1955).

7. Rick Warren, "The Crucial Difference Between Managing and Leading," Pastors.com, 2015년 7월 31일, http://pastors.com/the-crucial-difference-between-managing-and-leading/.

8. Napoleon Hill, *Barry Farber, Diamond Power: Gems of Wisdom from America' Greatest Marketer* (Franklin Lakes, NJ: Career Press, 2003), 53에 인용. 배리 파버, 《다이아몬드 파워》(성우 역간).

9. Michael Nason and Donna Nason, *Robert Schuller: The Inside Story* (Waco: Word Books, 1983)에 인용.

10. Judith B. Meyerowitz, "The Vocational Fantasies of Men and Women at Mid-life" (박사 논문, Columbia University, 1989).

11. John Maxwell, *The 15 Invaluable Laws of Growth* (New York: Center Street, 2012), chap. 7. 존 맥스웰, 《사람은 무엇으로 성장하는가》(비즈니스북스 역간)

12. Dianna Daniels Booher, *Executive' Portfolio of Model Speeches for All Occasions* (New York: Prentice Hall, 1991), 34에 인용.

13. John Maxwell, *Good Leaders Ask Great Questions* (New York: Center Street, 2014), 6. 존 맥스웰, 《인생의 중요한 순간에 다시 물어야 할 것들》(비즈니스북스 역간).

14. John Maxwell, *Put Your Dreams to the Test* (Nashville: Thomas Nelson, 2011) 챕터 1. 존 맥스웰, 《꿈이 나에게 묻는 열 가지 질문》(비즈니스맵 역간).

15. Maxwell, *The 21 Irrefutable Laws*, chap. 19.

16. "Andy Stanley—hick-Fil-A Leadercast 2013," The Sermon Notes, 2013년 5월 10일, http://www.thesermonnotes.com/andy-stanley-chick-fil-a-leadercast-2013/.

17. Donald T. Phillips, Martin Luther King, Jr. on *Leadership: Inspiration and Wisdom for Challenging Times* (New York: Warner Books, 1998), 97.

18. George S. Patton, "Mechanized Forces: A Lecture," Cavalry Journal (1933년 9월-10월), J. Furman

Daniel III 편집, 21st Century Patton: Strategic Insights for the Modern Era (Annapolis, MD: Naval Institute Press, 2016), 142에.

19. Tim Worstall, "Steve Jobs and the Don't Settle Speech," Forbes, 2011년 10월 8일, https://www.forbes.com/sites/timworstall/2011/10/08/steve-jobs-and-the-dont-settle-speech/#4a2544f87437.

9장

1. "Temperance (1466) egkráteia," SermonIndex.net (Greek Word Studies), 2017년 4월 17일 확인, http://www.sermonindex.net/modules/articles/index.php?view=article&aid=35940.

2. Edgar A. Guest, "Keep Going," Brooklyn Daily Eagle, 1953년 2월 24일, 8, https://www.newspapers.com/clip/1709402/keep_going_poem_by_edgar_a_guest/.

3. Brian Tracy, The Power of Discipline: 7 Ways It Can Change Your Life (Naperville, IL: Simple Truths, 2008), 6-7.

4. Rory Vaden, Take the Stairs: 7 Steps to Achieving True Success (New York: Perigee, 2012), 35-36.

5. 상동, 38.

6. Dennis P. Kimbro의 말로 추정된다. Jeorald Pitts and Lil Tone, "Can You Identify What I Am?" Los Angeles Sentinel, 2010년 12월 16일, http://www.lasentinel.net/can-you-identify-what-i-am.html.

7. 잠언 23:7.

8. Gary Keller with Jay Papasan, The ONE Thing: The Surprisingly Simple Truth Behind Extraordinary (N.p.: Bard Press, 2013). 게리 켈러와 제이 파파산, 《원씽》(비즈니스북스 역간).

9. "Biography," LouisLamour.com, http://www.louislamour.com/aboutlouis/biography6.htm, 2017년 4월 20일에 확인.

10. "3,000 Hits Club," MLB.com, http://mlb.mlb.com/mlb/history/milestones/index.jsp?feature=three_thousand_h, 2017년 4월 19일에 확인.

10장

1. Maxwell, The 15 Invaluable Laws of Growth, 156.

2. Eric Hoffer, Reflections on the Human Condition (New York: Harper & Row, 1973), 22.

3. Gail Sheehy, Passages: Predictable Crises of Adult Life (New York: Ballantine, 2006), 499.

4. Alvin Toffler, Future Shock (New York: Bantam Books, 1970), 414에 인용. 앨빈 토플러, 《미래의 충격》(범우사 역간).

5. David D. Lewis Jr. Personal Development Page, Facebook, 2014년 11월 12일, https://www. facebook.com/DreamUnstuck/posts/743099232444718.

6. Maxwell, *The 15 Invaluable Laws of Growth*, 5.

7. Dolly Parton, Twitter, 2015년 4월 8일, https://twitter.com/dollyparton/status/58589009958339 7888?lang=en.

8. 전도서 1:9.

에필로그

1. Leonard Lyons, *Lyons Den*, *Daily Defender* (Chicago), 1958년 11월 4일, page 5, col. 1에 인용.

DEVELOPING

THE LEADER

WITHIN

YOU 2.0